Kathrin Röggla
Nachtsendung

Unheimliche Geschichten

S. FISCHER

Dieses Buch wurde durch ein Stipendium des Berliner Senats
und durch ein Projektstipendium des österreichischen Bundes-
ministeriums für Unterricht, Kunst und Kultur unterstützt.

Erschienen bei S. FISCHER

© 2016 S. Fischer Verlag GmbH,
Hedderichstr. 114, D-60596 Frankfurt am Main

Satz: Dörlemann Satz, Lemförde
Druck und Bindung: CPI books GmbH, Leck
Printed in Germany
ISBN 978-3-10-002487-9

Starter

Nach der Durchsage herrscht erst einmal Stille. Alle Passagiere warten ab, was geschieht. Niemand scheint Auskunft geben zu können. Noch ist nichts gesichert, hat man aus dem Cockpit ein paarmal vernommen, doch was da nicht gesichert ist, erläuterten sie nicht oder nur in Andeutungen. Es kommt überhaupt wenig von vorne. Zuerst hieß es, man würde noch mal Getränke reichen, das war vor zehn Minuten. Jetzt sitzt eine der Stewardessen auf ihrem Sitz neben der Cockpittür und hat sich angeschnallt, was merkwürdig wirkt, weil man ja wieder stehen geblieben ist und sich in absehbarer Zeit keine Turbulenzen ergeben können. Nicht einmal die Maschinen laufen mehr. Eine andere Stewardess geht immer wieder durch die Reihen und kontrolliert, ob alles in Ordnung ist. Dabei bewegt sich kaum jemand von den Passagieren. Niemand dreht mehr an den Lüftungen wie zu Beginn, niemand zückt noch ein Handy, es ist ruhig. Um wie vieles lieber würde man jetzt im Terminal herumsitzen und warten, man würde dann zumindest hin und wieder aufstehen können, sich ein wenig bewegen, vielleicht zum Duty-free-Shop, falls der noch geöffnet hätte. Ja, vielleicht würde dieser extra für sie wieder aufgeschlossen werden, obwohl es schon viel zu spät ist. Mit ewig Wartenden lässt sich doch das meiste Geld verdienen, das wissen alle. Sie würden zum Zeitungskiosk gehen und noch einmal die restlichen internationalen Zeitungen durchstöbern, die bereits von gestern sind und vermutlich gerade für den Grossisten verpackt werden. Sie würden in der wunderbaren Welt des Shoppings Parfüms und Spielsachen kaufen, Whisky, Wodka, jede Menge Schnaps. Sie würden sich Schals durch die Finger laufen lassen und kleine Schlüsselanhänger, die wirklich niemand braucht. Sie würden Kühlschrankmagnete betasten und sich einem lustigen Tassendesign gegenüberfinden, das als hiesige Botschaft an die vorbeireisende Welt gedacht war, die niemals ankommen kann. Knallbunte Kuscheltiere mit riesigen Augen würden ihnen dabei zusehen, kleine Martial-Arts-Figuren und diese seltsamen Gummienten, die jetzt überall an den Kassen auftauchen, als könnte man irgendetwas mit ihnen anfangen. Es wäre alles besser, als hier drinnen in der Maschine weiter zu warten. Doch schon verblasst die Vorstellung mitsamt den aufgrund der Uhrzeit langsam gewordenen Verkäuferinnen, von denen einzig ein Lächeln übrig bleibt, das ewig über der Theke schwebt, ohne jeden menschlichen Zusammenhang. Allenfalls ein paar aufwendig manikürte Fingernägel gleiten noch über die Tasten der Kasse. Im Grunde können um diese Uhrzeit auch nur noch Plastikstühle im Terminal auftauchen, Plastikstühle am Gate, im langen Gang, in der Rotunde, vor den großen Fenstern. Man müsste in ihnen mehrfach Platz nehmen, bis man es sich dort endlich bequem gemacht hätte. Dann könnte auch der

Augenblick entstanden sein, in dem man anfangen würde, miteinander zu reden. Ja, man würde aus den riesigen Fensterfronten auf die dunkel werdende Stadtlandschaft da draußen schauen und sich Dinge fragen. Wann das erste Haus zu brennen beginnt beispielsweise, ob die Explosionen überhaupt zu vernehmen sein werden, ob der Rauch im Nachthimmel verschwinden wird, oder ob es sich um ein lautloses Zurücksinken der Gebäude in die Schwärze der Nacht handeln wird, ja, ganz ohne Geräusche! Man wird sich fragen, ob diese ganze Stadt zurückgesaugt wird in eine Landschaftssituation aus der *Welt ohne Menschen*, nivelliert der Zivilisationsrahmen, auf den man bisher immer noch gesetzt hat. Man würde anfangen, miteinander zu reden, und ganz automatisch bei den Geschichten ankommen, die man sich eben erwartet von solchen Situationen. Geschichten, die einem noch übrig bleiben und die man sich etwas fahrig zu erzählen beginnt, als wäre das ein Ritus. Etwas, das einem Aufschub gewähren könnte, ein Vorgang, der allerdings hier drinnen in der Maschine mit ihren Sitzreihen und ihren Fensterwaben unmöglich scheint. Eine Erzählung nach der anderen würde man auspacken.

Die Fortsetzung

Die Leute reagierten wieder, hatte es auch in Peter Herrfurths Büro geheißen. Sie atmeten ein, sie atmeten aus und sagten dann etwas. Sie hörten einem beispielsweise am Telefon zu, und danach komme auch gleich etwas. So etwas wie eine Antwort. Herrfurth bekam aber keine Antwort. Er kriegte seit dem Aussetzer einfach nichts zu hören. Er saß da und sah zu, wie die anderen um ihn herum redeten, nur er redete nicht. Er habe das alles satt, probierte er langsam eine der in diesem Versicherungsunternehmen üblichen Formulierungen, so als müsste er sich selbst wieder in Gang bringen, aber es fiel ihm natürlich auf, dass keiner darauf reagierte, dass sie alle in der Spur blieben, einer Spur, die sich doch gerade eben erledigt hatte, oder etwa nicht? Nein, hatte der System-Admin zu verstehen gegeben, sie reagierten wieder, sie rappelten sich wieder auf. Neu hinzugekommen sei allerdings keiner, hatte er noch hinzugefügt, aber alle Alten seien wieder da. Auch diese Frauen gab es wieder, entdeckte Herrfurth, die aus dem Nichts auftauchten und die Aufräumarbeiten machten, diese Putzkolonne, die eigentlich erst für spätabends angekündigt war. Er erkannte sie, wie sie plötzlich am Ende des

Flurs erschienen, die Tische sauberwischten und den Inhalt der Papiermülleimer in Säcke schütteten, erstaunlich viele Säcke, erstaunlich viele Tische. Stetig, als wäre daran nichts Ungewöhnliches. Und vielleicht war daran auch jetzt nichts Ungewöhnliches. Vielleicht war Herrfurth das einzig Ungewöhnliche hier, denn strenggenommen sollte er gar nicht mehr *vor Ort* sein, also so prinzipiell nicht, aber das fiel komischerweise nicht auf. Vielleicht hat die ganze Sache ja eine Generalamnestie in Gang gesetzt, eine Art abrupte Resozialisierung für gefallene Mitarbeiter, deren Technik sich nur für einen Moment lang aufgehängt hatte, wie es sicherlich später heißen würde. Die Putzkolonne würde jedenfalls auch durch seinen Teil kommen, ganz bestimmt, stand in der Mail, als müssten sie jede Menge Schutt wegräumen, doch da war kein Schutt wegzuräumen, da waren nur Fortsetzungsversuche, wohin er sah. Jedenfalls war es das auch schon, was als Auskunft vonseiten der Geschäftsführung kam. Fast schon beruhigend, denn auch das war ein Zeichen der Wiederkehr alltäglicher Prozesse, die üblichen Nichtinformationen, Fehlinformationen, zu knappen Informationen, dachte Peter Herrfurth, um wie viel erschreckender wäre jetzt eine ausführliche Bekanntgabe gewisser Details. Auch wieder da: das Telefonklingeln, die Meldungen von den Märkten, die Liveticker und Tweets, da brauchte er gar nicht auf seine Bildschirme zu sehen, auf seine übliche Bildschirmlandschaft, die man auf seinem Schreibtisch wie auf allen anderen aufgebaut hatte. Es habe alles wieder eingesetzt, würde er da lesen können, nur einen kurzen Augenblick lang sei alles weg gewesen, jetzt habe man ganz allgemein den Faden aufge-

9

nommen, Gott sei Dank zeichne sich das Geschehen nicht an den Börsen ab, was an und für sich erstaunlich war, denn an den Börsen zeichnete sich ja ansonsten immer alles ab, jeder Pups in China, wie sein Kollege das ausdrückte. Aber hier: eine kleine Kursschwankung, das war alles. Es habe sich von selbst wieder repariert, das System laufe wieder stabil. Er sei einen Moment unterbrochen worden, so hatte es sein Kollege am Telefon gerade formuliert, »können Sie das wiederholen, was Sie eben gesagt haben?«. Seine Kollegin zur Linken hatte den Faden anscheinend ebenfalls wiederaufgenommen, indem sie nervös gegen den Tisch trat, eine Art körperliche Überschussreaktion, eine Abfuhr überschüssiger oder fehllaufender Energien, während sie telefonierte. Er kannte das von ihr, und es nervte ihn plötzlich maßlos. »Denken Sie doch an die Kreditunfälle: Arbeitslosigkeit, Scheidung, Krankheit!« Diesen Kinderreim seiner Versicherung hatte er selbst oft genug potentiellen Kunden gegenüber aufgesagt, jetzt aber sträubten sich ihm die Nackenhaare. Ihm war klar, wie wichtig diese Kontinuität für das Überleben des Unternehmens war, er sollte vermutlich auch weitermachen, nur fiel ihm schlicht nichts mehr *dazu* ein. Er fand den Einstieg nicht mehr, so sehr er es auch versuchte. Dabei verlor sich sein Blick nach draußen, wo selbst die Verkehrsleitsysteme und Bushaltestellen ihre Arbeit wiederaufgenommen hatten, die Gewerbegebiete und Einkaufscenter, die man irgendwann ins Weichbild der Stadt geknallt hatte. Herrfurth verspürte das Bedürfnis nachzusehen, ob auch in den Gängen alles weitermachte und vor dem Aufzug. Vor dem Aufzug konnte unmöglich alles weitermachen, da musste ein Loch klaffen, der Riss noch zu sehen sein, der alles durchzogen hatte. Er stand auf, um das zu überprüfen.

Nein, auch der Fahrstuhlschacht hatte den Faden wiederaufgenommen, bemerkte er beim Eintreten in den Aufzug, als ihm durch die Ritzen der ihm allzu bekannte Luftzug entgegenströmte. Der Geruch des alten Gebäudes hatte genauso wenig aufgehört wie die ruckartigen Bewegungen, mit denen sich der Aufzug in Gang setzte, so viel war klar. Die Kante des Fahrstuhlbodens bot immer noch genauso Anlass zum Stolpern wie vorher. »Der Fahrstuhl stoppt immer noch falsch«, hörte er sich zu jemandem sagen und entdeckte, dass seine Stimme ebenso weitermachte wie die Unsinnigkeit seiner Kommunikationsversuche, denn sein Gegenüber reagierte darauf nicht. Es war einer aus der Abteilung Schadensaufnahme, das sah Herrfurth sofort, nur erinnerte er sich nicht an dessen Namen.

Dass unten das Foyer den Aussetzer genauso gut verdaut hatte wie die Glastüren, die ins Freie führten, wie es hieß, wäre eigentlich zu erwarten gewesen. Nichts sah man ihnen an, kein Flimmern in der Optik im ganzen Vorraum, kein fransiges Gefühl beim Hinaustreten, und die hereinströmenden Menschen glichen denen, die gestern um diese Uhrzeit hereingekommen waren, beinahe aufs Haar. Nur er gab nicht wirklich die Kopie ab, die man ganz allgemein von ihm wünschte, das Reset-Gesicht war ihm nicht nachgewachsen, er war es, der ausfranste und fadenscheinig wurde. Und so wunderte es ihn nicht, dass er nicht einmal von dem Portier gegrüßt wurde, als er das Gebäude verließ.

Draußen sah Herrfurth in Richtung Parkplatz, auf dem die Autos genauso weitermachten wie das ewige Rinnsal an der Parkplatzkante, das er bisher noch keiner Ursache hatte zuordnen können. Die Autodächer hingegen wollten wie immer kein Rätsel aufgeben, ebenso die vormittägliche Menschenleere da draußen, die wie eine Ergänzung der immer gleichen Autofarben wirkte. Keine Kursänderung auch um die Autos herum. Der Luftraum schien in der Sommerhitze zu stehen, und zugleich war es, als würde die hohe Temperatur die Geräusche strengstens miteinander verbinden. Nah- und Fernwirkung waren sozusagen hochsommerlich vernetzt. Geräusche, Stimmen, Fetzen einer belanglosen Unterhaltung von Menschen, vermutlich von der Bushaltestelle, durchdrangen immer wieder unvermittelt die Parkplatzstille.

Oben würde die Putzkolonne inzwischen näher gekommen sein, Herrfurth ärgerte sich, dass er sich nicht die Zeit genommen hatte, seinen persönlichen Kram zu packen, er war sicher, sie würden ihn mitnehmen. Oder noch schlimmer: Sein persönlicher Kram würde nun wie der Kram aller anderen zum Weitermachen verdammt, wenn auch erst mal in den Schubladen, nur er stand da unten auf dem Parkplatz und konnte einen Wechsel einläuten, indem er ging.

Seine Kollegin oben würde mittlerweile nervös irgendwelche Notizzettel zerkleinern oder Krakeleien auf ihnen veranstalten und jetzt erst bemerken, dass Herrfurth längst den Raum verlassen hatte. Sie würde denken, er sei schon zum Mittagessen, und sich ebenfalls aufmachen. Bei ihrer zufälligen Begegnung mit Burri – so hieß der Typ, fiel ihm jäh ein – im Aufzug würde sie sicher kommunikativ weit besser abschneiden als er, sie würde ein Gespräch beginnen, das lachend weitergeführt werden konnte, bis in die Kantine hinein. Sie würde auch nicht aufgeschreckt auf die Geräusche aus dem Nebenraum hören und sich fragen, was diese Putzkolonne eigentlich machte. Sie räumen auf, das, was von der Sache übrig ist, würde sie sich einfach längst versichert haben, und dieses Wissen würde sich bei ihr auch automatisch verlängern. Vielleicht aber, spekulierte jetzt Herrfurth, hatte es Verdopplungen gegeben, und vielleicht war er eine dieser Verdoppelungen und saß noch in einer zweiten Version oben im Büro?

Endlich stand er vor seinem Auto. Ihm war nicht klar, wie das passiert war, aber er musste jetzt einfach wissen, ob die Straßen da draußen wirklich weitermachten, die Flughäfen, zu denen man ganz einfach gelangen konnte, und die Bahnhöfe. Ja, die Züge würden vermutlich losfahren, die Flüge würden stattfinden, als wäre nichts. Am Ende würde es so aussehen, als hätte der Aussetzer nur ihn betroffen, weil er nicht in der Lage war, so was einzustecken, wie es hieß. Er habe seine Kündigungsreife dadurch nur unterstrichen, würde man sagen. Er musste etwas finden, das auch sie nicht fortsetzte, er musste einen finden, der ebenfalls im Riss steckte.

Sofia war das nicht, ahnte er. »Da war doch nichts«, würde sie sagen, wenn er sie jetzt anriefe. »Da ist doch nichts wirklich passiert. Du regst dich wieder einmal künstlich auf.« – »Sicher, wir haben noch einmal Glück gehabt«, würde sie nach einer Weile hinzufügen. Dabei wussten sie gar nicht, ob sie wirklich Glück gehabt hatten, sie könnten es einfach nicht wissen, würde er antworten. Er ahnte aber, dass auch die Kontaktabbrüche aufrechterhalten blieben. Sofia war sicher noch immer beleidigt und hatte ihre Nicht-Erreichbarkeit einfach weiterlaufen lassen. »Ich meine, wir hätten alle tot sein können«, sagte er sich, »das sollte doch Grund genug sein, dass man zumindest einmal anruft oder das Telefon abhebt.« Man sollte doch verstehen, dass es wichtig war, jetzt zusammen zu sein, doch sie verstand es anscheinend nicht. Er wusste es schon im Voraus: Selbst dieser einfachste anthropologische Grundreflex blieb bei ihr aus. Da sollten wir jetzt beieinanderstehen und uns die entscheidenden Informationen besorgen, schoss ihm durch den Kopf, überlegen, welche Schritte die nächsten sein könnten, was überhaupt noch zu machen wäre in so einer Situation – und sie? Was tat sie? Immerhin machte auch der Autoschlüssel weiter, er fühlte sich in Herrfurths Manteltasche genauso an, wie sich ein Autoschlüssel anfühlen sollte, wenn man die Automatik betätigt. Im Auto setzten sich wie erwartet die Kontaktabbrüche fort, wie ihm sein Privathandy verriet, das er wie immer erst hier drinnen anschaltete. Er atmete durch. Warum sollte er überhaupt noch losfahren? Und wohin? Das Weitermachen der Welt hatte ihn nicht dauerhaft mitgerissen, sondern nur bis zum Parkplatz geschwemmt, auf dem er jetzt in seinem Auto saß, ein Treibgut der Zeitläufte, die sich nur kurz aufgehängt hatten.

Er sah dem Rinnsal zu, das sich seit ewigen Zeiten am Rande des Parkplatzes befand, und niemand wusste warum. Es dauerte einen ganzen Moment, bis er sich wieder darauf konzentrierte, in Aktion zu treten, d. h. die Dinge zu suchen, die nicht weitermachten. Er kannte schon einen Ort des Nichtweitermachens, und so startete er den Motor und fuhr auf die Ausfallstraße, hinein in die Stadt, in die Richtung, die sich ebenso wiederhergestellt hatte wie das Krankenhaus, das sich genau an derselben Stelle befand wie vor einer Woche, als er zum letzten Mal da gewesen war. Oder war es einige Millimeter weggerückt? Standen gar gewisse Zentimeter über? Hatte sich wenigstens hier ein Fehlerteufel eingeschlichen? Ja, ganz bestimmt, war er sich sicher. Kopiervorgänge gingen selten zu 100 % gut.

Das ganze Krankenhaus habe sich auf einen Schlag wieder zurückgemeldet, gab man ihm an der Pforte zu verstehen, zweifelsohne, es sei wieder voll da, leider auch mit seinen üblichen Problemen, seufzte der Pförtner. Ob damit die resistenten Keime, die blutigen Entlassungen, der ökonomische Druck gemeint war, darüber ließ man ihn im Dunkeln, aber er musste auch weiter, er wollte ja hinein. Das Wiedererscheinen betraf leider auch sämtliche Leiden an Herzkranzgefäßen, Schlaganfälle, Krebszellen, konnte er sich ausmalen, genauso wie die Schmerzen und Erschöpfungszustände, die postoperativen Zustände und Chemonachwirkungen, der ganze Diagnoselärm. Er konnte das unmöglich alles persönlich überprüfen, aber er rechnete es hoch. Ja, längst hatte die Hochrechnung des erneut Bestehenden in ihm begonnen, und in dieser Hochrechnung waren Probleme der Finanzierbarkeit der Massendiabetes genauso vorhanden wie die Restpatienten aus dem Zimmer 207, das er nun aufsuchte. Er musste jetzt unbedingt überprüfen, ob sein Bett noch leer war oder schon wieder belegt. Doch im Zimmer überlegte er keine Sekunde mehr, ob die Pharmafirmen etwa auch eine Pause gemacht hätten und wie sie wieder zurückgekommen waren auf diesen Planeten, den Gesundheitsplaneten. Er sah sofort, dass jemand nicht mehr weitergemacht hatte. Der Patient sei nicht mehr da, habe man ihn nicht informiert? »Hat Sie denn niemand angerufen?«, raunzte nach Herrfurths Eintreten sofort ein neuer Nachbar in Zimmer 207, als müsste er sich mit einer Deutlichkeit wieder anwesend machen, die Herrfurth an der Schwester im Gang eben vermisst hatte. Er sei kein Verwandter, insofern, wollte er zurückgeben, starrte aber nur auf das leere Bett, eine Leerstelle, die hier einen sehr kurzen Moment wieder auftauchen durfte, bevor sie ausgefüllt wurde von anderen Fortsetzungen.

Er habe nur kurz ausgesetzt, sein Atem, informierte ihn ungerührt der Zimmernachbar, jetzt sei er wieder da. Peter Herrfurth wusste nicht, ob der sich selbst meinte oder seinen ehemaligen Nachbarn, ein Nichtwissen, in das eine ganze Weile das Gefühl einer sich ankündigenden Panik hineinlief. Zumindest kam Herrfurth keinen Augenblick weiter mit der Überlegung, ob er einfach nur rauslaufen sollte oder sich aufs Bett legen.

Es gab keine Allianz zwischen denen, die am Verschwinden arbeiteten, zog er plötzlich einen gedanklichen Schlussstrich, einzig die derer, die alles fortsetzten. Es schien ihm, als wäre er in einer Art Kälteraum angekommen, oder dort, wo sie die Toten aufbewahren. Zumindest befand sich in diesem Raum, wo er jetzt war, kein Rest Leben. Wie er dorthin gelangt war, würde er später nicht mehr sagen können. Es war ihm jedenfalls so, als hätte er erst dort einen wüsten Trick durchschaut. »Ich meine, wir hätten ja alle tot sein können«, sagte er jetzt ein letztes Mal leise zu sich selbst, dann ließ er es ein für alle Mal sein. Auch nicht, dass es zu einem Schlagabtausch mit der Wirklichkeit gekommen war oder die Welt für einen Augenblick den Atem angehalten hatte, würde man von ihm noch hören. Nichts zeigte den Riss an, hatte er verstanden, in dem sie alle tatsächlich verschwunden waren, und so würde es auch für alle Zeiten bleiben.

Frühjahrstagung, Herbsttagung

Fangen sie wieder mit ihrem Schweigeminutenmurks an! Man kann ja gar nichts mehr machen, sagte sich Kurt Felsch ein paar hundert Kilometer entfernt, ohne von dieser Musik unterbrochen zu werden, die die nächste Schweigeminute ankündigt. Alle hielten inne, stellten sich auf und richteten sich nach vorne aus, oder was sie für vorne hielten, und ließen ihre Blicke nach innen fallen. Während der Schweigeminute passierte dann erst einmal nichts, doch, so war ihm klar, das stimmte gar nicht, weil jede Menge passierte, allerdings um die Schweigeminute außen herum. Er wusste: »Die Zeit steht nicht still, nur wir verlieren wertvolle Sekunden. Die Ökonomie arbeitet gegen einen in solchen Momenten«, was aber keinen zu interessieren schien. Sie waren ja auch mit anderem beschäftigt, denn wie immer brauchte es einen enormen Aufwand, um öffentliche Stille zu inszenieren. Man fuhrwerkte schon eine ganze Weile an dieser Schweigeminute herum, arbeitete angestrengt am Innehalten für einen Moment. »Dabei gibt es sie ja zuhauf, die Inseln der Nichtkommunikation inmitten der Extremkommunikation, inmitten des politischen Dauergesprächs auf allen Kanälen. Es wäre weitaus ökonomischer«, dachte Kurt Felsch, »dieses ganze Mikroschweigen zusammenzukehren zu einem einzigen Großschweigen, sie hätten plötzlich einen Sinn, die Kommunikationslöcher, die geistlosen Momente, das Abdriften, das uns alle hin und wieder befällt«, aber darauf kam natürlich niemand, sie verschwendeten wertvolle Redezeit in ihrer konzertierten Großaktion, um ein Zeichen zu setzen, ein wirkliches Zeichen, sozusagen ein unverwechselbares Schweigen, das nichts zu tun hatte mit einem Stolpern oder einem medialen Aussetzer, der berühmten Radiostille, die ganze Nationen in Angst und Schrecken versetzen konnte – dachte Kurt Felsch, während er, wie alle anderen, seinen Blick nach vorne hin richtete, auf die leere Bühne hin, als könnte man das nicht machen: schweigen und sich ansehen. Sie standen still, ein jeder für sich und doch alle zusammen. Man würde der Opfer von F. genau 60 Sekunden lang gedenken, dann würde wieder weitergemacht – schließlich musste ein Ergebnis erzielt werden hier im Hotel P. in Berlin. Auch wenn niemandem klar war, worin es genau bestehen konnte, eine schwierige Sache für Menschen dieses Schlags, die gewöhnt waren, ausnahmslos ergebnisorientiert zu arbeiten. Und doch seien alle gekommen, hatte es in der Begrüßung geheißen: »Auch wir sind nichts als Teilnehmer dieser Tagung und sind hocherfreut, dass es diesmal wieder geklappt hat«, hatte der Moderator launig ins Mikro gesagt, »obwohl es weiß Gott mehr als drei Gründe gegeben hätte, die ganze Sache abzublasen.« Felsch wusste nicht, woher sich der Übermut des Moderators speiste, aber er sortierte auch gerade das Publikum in jene, denen das Wasser bis zum Hals stand, und jene, die dabei waren, sich neu zu orientieren, wie es der Moderator nennen würde. »Auch dürfen wir eine Reihe von Politikern in unserer Runde begrüßen, die wir bisher noch nie begrüßen durften«, schloss dieser gerade etwas unvermittelt, als schon der Grüßaugust vom Ministerium aufs Podium schoss und seinen Minister und seinen Staatssekretär entschuldigte. Politiker hatte Felsch ansonsten keine gesehen. Kaum verwunderlich, schließlich hatten sie im Moment auch anderes zu tun, es herrschte ja quasi Ausnahmezustand – »ja, der herrscht«, gab ein Herr neben ihm zu, »und dieser Typ wäre gut beraten, uns jetzt nicht im Weg zu stehen«. Felsch war sich nicht sicher, ob das als Scherz gemeint war, oder ob dieser Typ zu jenen gehörte, die davon ausgingen, es könnte gar kein Ausnahmezustand herrschen, es gäbe so etwas in seinem politischen Leben nicht, aber noch bevor er das zu Ende überlegt hatte, verschwand auch der Vertreter des Staatssekretärs wieder, und man begann mit der Schweigeminutenstartmusik.

Immerhin, so dachte er jetzt, meinte hier niemand, man würde von der Krise nichts fühlen. Die Fühlgespräche fanden ja auch woanders statt, im Raum Schinkel möglicherweise, der im anderen Trakt des Konferenzhotels lag, aus dem er geflohen war in Richtung Tatsachen. Denn hier, so hatte es geheißen, fand eine Tatsachenkonferenz statt, Unwirklichkeitsgefühle hatten hier keinen Zentimeter Raum, und es gab einige, die mächtig stolz waren, es in diese Tatsachenkonferenz geschafft zu haben, quasi per Eintritt in diesen Konferenzsaal nur noch unter Tatsachenmenschen zu stehen und die Fühlkonferenz hinter sich gelassen zu haben, all die Geistesmenschen, die über Alarmismus und Bilder des Untergangs debattierten und sich insgeheim andauernd fragten, inwieweit die Medien die Wirklichkeit noch erfassen konnten, obwohl sie nichts anderes als eben diese Medien zur Verfügung hatten.

Man nannte es Frühjahrstagung als Pendant zur Herbsttagung, wohl um dem Ganzen einen wissenschaftlichen Anstrich zu geben oder um ihm jede Dringlichkeit zu nehmen, den Entscheidungsdruck zu mindern, der sich langsam bemerkbar machte. Letztendlich wussten alle, dass diese Konferenz einen Erdrutsch auszulösen in der Lage war, darüber konnten auch die Keynote Speeches und die drei vagen Panels nicht hinwegtäuschen, die ohnehin nur von ein paar Wissenschaftlern, Betriebswirte und Juristen allesamt, wahrgenommen wurden.

Hier sei er von Insidern umgeben, hatte man ihm versichert, nichts als Insider, was ihn enorm stutzig machte. Es hatte ihn nicht gewundert, dass er erst mal auf keine Insider getroffen war, nur auf irgendwelche Stiftungsleute, die ständig auf ihn zugesteuert kamen und ihn gleich volllaberten, vielleicht, weil sie auch nicht recht wussten, wie sie ihn einordnen sollten. Als ahnten sie, man dürfte ihn keinen Moment alleine lassen, womit sie ja nicht ganz unrecht hatten. Eine Frau Efferdingen hatte sich regelrecht an ihn geklammert. Sie war an der Konferenzorganisation nicht unwesentlich beteiligt gewesen und witterte einen verwandten Funktionsträger in ihm, den man zuschwallen konnte mit den Visualisierungen, die sie habe ans Bundespresseamt schicken müssen. Das Problem mit der ministerialen Schirmherrschaft etc. und wie das Stiftungsrot ganz schnell vom Bundespresseblau verdrängt werde. Das Stiftungsrot und das Bundespresseblau hatten ihr ganzes Gespräch beherrscht, und er wusste bis jetzt nicht, von welcher Stiftung sie sprach, genervt und aufgeregt gleichermaßen. Man hatte hier ja keine Dreifarbenkennung wie bei einem dieser B2B-Specials Ende der 90er, als man grüne Geldsuchende roten Geldgebern gegenüberstellte und ihnen gelbe Berater an die Seite empfahl. Heute bräuchte man eine Dreifarbenkennung, damit sich deren Träger erinnerten, was sie eigentlich darstellen sollten. Z.B. dieser Herr Berger, der vollkommen im Ludwigerhardadenauerbewunderungsstau zu stecken schien, verquere Wirtschaftswunderbilder im Kopf, ein hochroter Kopf, ungesund.

Felsch ermahnte sich, während der Schweigeminute lieber die Liste der Personen durchzugehen, mit denen er eigentlich sprechen sollte, und sortierte die Gespräche schon mal durch: Das Gesicht der Börse, Mister Dax, würde nicht dabei sein, der Katastrophenexperte aus dem Hessischen mit seinen weltweit 6000 Ingenieuren schon eher, bloß nicht dieser Chefökonom aus Genf, den er ein paar Meter weiter entdeckte. Der zog auch nur kurz die Augenbraue hoch, als er seiner gewahr wurde. Vielleicht irgend so ein BDI-Sekretär, von denen es angeblich bei solchen Gelegenheiten nur so wimmelte, Typen vom Auswärtigen Amt, die er erst einmal herausfinden musste. Sein fundamental schlechtes Namensgedächtnis hatte ihm schon so manches Window of

Opportunity, wie man hier sagen würde, wieder verschlossen und das Fehlen jeglicher Bereitschaft, die Society-Nachrichten in den Klatschzeitungen zu lesen, schon so manche Peinlichkeit eingebracht. Wen man alles kennen musste, das hatte sich ja ausgeweitet. Es waren längst keine Funktionen mehr, sondern Namen, die eine Rolle spielten. Man hatte kleine Fürstentümer aufgemacht, von denen man geglaubt hatte, man habe sie vor knapp 200 Jahren verabschiedet.

Sie hatten im Raum Bismarck das Licht nicht extra heruntergedimmt wie bei anderen Schweigeminuten, Konkurrenzschweigeminuten in Konkurrenzräumen, es war von Anfang an relativ dunkel. Vielleicht, um es gemütlicher wirken zu lassen. Irgendein Lichtdesign spukte da in den Köpfen herum, das er noch nicht ganz verstand, ein Lichtdesign des Undramatischen, sanft, aber doch abwechslungsreich, den Raum gestaltend, Nischen bietend, und doch die Gesichter verdunkelnd. Dazu passten die schwarzbraunen Holzpaneele phantastisch, die sattblauen Teppiche, die schweren Türen, die jegliches Geräusch schluckten – klopfende, pöbelnde und schreiende Menschen waren hier einfach nicht vorstellbar. Auch hatte man anscheinend darauf verzichtet, irgendein Schweigeminutenbegleitgeräusch erklingen zu lassen, ja, ihm fiel erst jetzt auf, dass es nicht einmal die Musik, die ewige Schweigeminutenmusik gab, die das Ganze normalerweise untermalte. Immerhin nicht die Nationalhymne, wie es im Raum Potsdam der Fall gewesen wäre. In diesem Raum schien die kleine Startmusik zu reichen. Aber man hatte wohl auch nicht zu viele Gedanken auf die Beendigung der Aktion verschwendet, denn niemand machte Anstalten, ein Ende anzudeuten, obwohl seines Erachtens eine Minute nur 60 Sekunden hatte. Mittlerweile war schon eine kleine Unruhe, eine Schweigeminutenunruhe entstanden, d. h. der Mann mit der rosa Krawatte bewegte sich vorsichtig aus dem Raum, als müsste er eine dringende Angelegenheit klären. Er versuchte, dies so leise und unauffällig wie möglich zu machen, und erregte natürlich auf diese Weise die größte Aufmerksamkeit.

»Es ist ja so gespenstisch«, wusste Felsch, würden sie im Raum Schinkel sagen, »wieder hat man den wirtschaftlichen Zusammenbruch einiger Länder, darunter quasi Nachbarländer, nicht mitgekriegt, und jetzt entfaltet sich dort eine politische Katastrophe, die uns demnächst erreichen wird. Wieder ist eine gewaltige Geldvernichtung an uns vorübergegangen, und wir haben sie nicht wirklich zuordnen können.« – Sie schlafen im Raum Schinkel, wurde außerhalb des Raumes Schinkel gesagt, was aber nicht stimmte. Er hatte sich selbst davon überzeugen können, dass sie hellwach waren. Dort wurde genauso wenig geschlafen wie hier. Sie waren wach und standen vermutlich jetzt ebenfalls da und schwiegen, nur eben schlechter bezahlt. Sie dealten genauso innerlich vor, was dann äußerlich nachgedealt werden musste: ihre Symbolpolitik, Medienhoheiten, was auch immer. Und insofern regten sie sich nur künstlich darüber auf, wenn sie sagten, ganze Unternehmenskäufe würden im Raum Bismarck schon innerlich durchgegangen, die dann nachher nur äußerlich ausgespuckt würden. Ganze Volkswirtschaften, so behaupteten sie, würden einkalkuliert und auskalkuliert, während dort eher heftig nachgedacht wurde über den Zustand des Schweigens als solchen oder über die Problematik der Komplexitätszuwächse. Aber man sollte nicht denken, überlegte Felsch, im Raum Schinkel werde gejammert. Man wurde hier im ganzen Gebäude ja ziemlich schnell verdächtigt, ein Jammerer zu sein, so viel hatte er schon rausgefunden, insofern war klar, dass auch auf dieser Tagung offiziell kein einziger Jammerer zu finden war, obwohl es weiß Gott genug Anlass dazu gäbe.

Die Opfer von F. machten den Opfern von W. Konkurrenz, so war das nun. Sie überlagerten sich quasi, die aus F. allerdings wirkten irgendwie lauter. Es war ein regelrechter Opferwettstreit entbrannt, aber die Angehörigen waren darüber nicht enttäuscht, nein, die einen Angehörigen drückten angeblich den anderen Angehörigen ihre Anteilnahme aus, sozusagen wechselseitig. Das eine Psychologenteam vermischte sich mit dem anderen aber nicht, das war mehrfach betont worden, wo war das noch? Egal, sagte sich Felsch. Im Raum Bismarck sprach ohnehin niemand davon. Opferkonkurrenzen waren auch eher Thema für den Saal Chamisso, soweit er sich erinnern konnte, ein kleiner Saal, mehr ein Sitzungszimmer für fünf Leute, so genau wusste er das nicht. Er hatte ihn noch nicht gefunden, aber er würde jetzt nicht wie Frau Efferdingen verkünden: Es war, als ob sich der Saal vor ihr versteckt hätte. Nur mit Handylotsung sei sie überhaupt hier angekommen, das Gewirr der Aufgänge im Parkhaus müsse das Ergebnis einer heillosen Fehlplanung sein. Es half natürlich nicht, dass dort alles voller schwarzer Mercedes stand.

Amokläufer habe es immer schon gegeben, hörte er sie murmeln, das sei nichts Neues. Schon während der ersten Schweigeminute war hauptsächlich die Rede von rein technischen Problemen gewesen, die man in Zukunft vermeiden müsse. Auch in Bezug auf die Opfer von S., flüsterten sie jetzt neben ihm, unsicher, ob man schon wieder reden durfte. Viel interessanter, fand er, war doch, wer wem in welcher Reihenfolge gleich wieder nicht zuhören würde. Dass die Kanzlerin ihrem Minister nicht zuhörte, war ein offenes Geheimnis, genauso wie sich dieser nicht auf unabhängige Politikberater einlassen würde, die wiederum ihren wissenschaftlichen Mitarbeitern kein Ohr liehen, den Zuträgern, dem Bodenpersonal. So was in der Art. »Und daneben«, hatte Frau Efferdingen hinzugefügt, »stehen Beamte, die alles einzig von den Endergebnissen her betrachten und von den Ausgangsproblematiken keine Ahnung haben.« Ja, wer alles mit wem nicht mehr sprach! Er stellte sich vor: Anfangs hatte Herr Berger nicht mit Herrn Schneider gesprochen, dann hatten sich Zeitz und Serner auf einen Nicht-Antwortpakt geeinigt, Frau Binswanger und Herr Letzi schwiegen aus Tradition, und Herr Mirl und Frau Hinterberger tauschten nur noch Höflichkeitsfloskeln aus. Felsch wusste, es hatten sich Hierarchien des Nicht-miteinander-Sprechens und der Kontaktabbrüche durchgesetzt. Natürlich redete man offiziell miteinander, offiziell redete man immer miteinander, »und das bei dauerndem Schneefall«, mischte sich Frau Efferdingen erneut ein, »von wegen Klimawandel. Es schneit seit zwei Wochen ohne Unterlass.« Der Schneefall war Alltag geworden, da gehörten die Totalausfälle der Bahn genauso zur Routine wie die Ausfälle des Stromnetzes. Handymasten seien auch schon manipuliert worden, hieß es, und dass Autos brannten, sei doch wirklich nichts Neues, es gehöre ja schon beinahe zum touristischen Inventar der Stadt.

Frau Efferdingen: Man setzt nun auf den Ausbau eigener Netze, was die Handys angeht.
Herr Berger: Aber eigene Straßen haben die nicht im Sinn.
Frau Efferdingen: Wie denn auch, das heißt, der eine oder andere Innenstadttunnel wird wohl daran glauben müssen.
Herr Berger: Aber ein eigenes medizinisches Versorgungssystem, das kann ich mir nicht vorstellen.
Frau Efferdingen: Aber hallo. Die eigenen Restaurants, Schulen, Wohnbezirke gibt es ja schon längst.
Herr Berger: Bitte?
Frau Efferdingen: Aber ja!
Herr Berger: Das ist was anderes.

Überhaupt, woher der Lärm kommt, hörte Felsch sich jetzt fragen. »Ach, irgendwo im Hotel verleihen sie wieder einen dieser Negativpreise.« Irgendein *Goldener Humbug* oder eine *Goldene Kartellkarte* oder eine *Goldene Marktzwiebel.* Felsch erinnerte sich, dass bei der Rezeption ein Schild mit den Namen der Preise gestanden hatte und wo die Verleihungen stattfänden, eine lange Liste, die einen zum Lachen brachte. »Es ist eben ihre Art, Kontakt mit unsereins aufzunehmen«, witzelte der Mann neben ihm. Er habe mal die *Goldene Auster* für Auskunftsverweigerer bekommen, fügte er lächelnd hinzu.

Auch die Nachricht von den Panikeinkäufen hatte Felsch nicht ganz verstanden. Fanden sie nun statt oder nicht? Niemand wusste das so genau. Panikeinkäufe waren im Raum Bismarck etwas Abstraktes. Waren sie gut, weil sie die Konjunktur ankurbelten, oder schlecht, weil sie keine Nachhaltigkeit aufweisen konnten? Mal ganz abgesehen von den logistischen Problemen, die sie nach sich zogen – man wusste es schlicht und einfach nicht. Vom Raum Schinkel hörte man jedenfalls nichts Gutes, gab Berger flüsternd bekannt. Es habe einen Hotelbrand gegeben. Oder Vergiftungserscheinungen, oder Heiligenerscheinungen mit drastischen Folgen. Die Meinungen gingen diesbezüglich auseinander.

Noch immer war kein offizielles Ende der Schweigeminute in Sicht, und doch löste sich alles langsam auf. An manchen Ecken wurde noch die letzte Ansprache der Kanzlerin auseinandergenommen. »Wie viele Neujahrsansprachen kann man eigentlich in einem Jahr halten?« – »Es ist, als wollte sie das Jahrhundert abkürzen!« Das Ergebnis der Tagung?, würde man sich nicht lange fragen. Immerhin hatten sie es beinahe geschafft, eine Schweigeminute weiterzukommen. »Die nächste werden wir wohl nicht überstehen«, lachte Frau Efferdingen. Bei der nächsten Schweigeminute, so viel wusste Felsch, würden es ja auch die Opfer von D. sein oder Z., da war er sich noch nicht ganz sicher, und sie würden ihnen noch viel mehr Kopfschmerzen bereiten als alle Opfer zuvor, das könne er mit Sicherheit sagen, sie hätten eine andere Opferqualität, würde es dann heißen, und man müsste nun eine andere Schweigeminutenqualität finden. Man würde diesbezüglich auf jeden Fall einen Schritt weitergekommen sein im Raum Attila, den er lange geplant hatte und jetzt endlich eröffnen könnte.

Tangente

Ein paar Flugstunden davon entfernt hörte Lavinia Prerow: »Keine Sorge, wir sind praktisch in der Nähe des Flughafens.« D. h. sie glaubte es zu hören, sie sah aber keinen Flughafen. Sie konnte sich auch beim besten Willen nicht vorstellen, dass diese Straße zum Flughafen führte. So sehen keine Straßen aus, dachte sie sich, die zu Flughäfen führen, allenfalls Landstraßen, nein, was sagte sie da, Pisten. Doch sie befanden sich ja nicht in irgendeiner Landschaft, sondern in einer Stadt, einer Millionenstadt, was sagte sie da, einem Schwergewicht an Metropole. Da gab es schon gewisse Erwartungen, vor allem, was Flughafenstraßen anging: Sie müssen Zubringer sein, sie müssen Autobahncharakter annehmen, irgendwann, sie dürfen nicht nach links noch nach rechts biegen, sondern müssen geradeaus auf das Hauptgebäude zusteuern. Flughafenstraßen, so wusste sie, dürfen nicht eng sein, eingekeilt zwischen Häusern, Hongkong mochte da eine Ausnahme bilden, aber sie war nicht in Hongkong, und so musste es ein Highway sein mit riesigen Verkehrsschildern und Werbetafeln am Straßenrand, die Kaufkraft suggerierten, saubere neuwertige Produkte zeigten. Das hier fühlte sich mehr nach verhutzelter Seitenstraße an, so ganz war das in der Dunkelheit nicht zu erkennen – ja, die Straßenbeleuchtung fehlte, dabei sollten Straßen, die zu Flughäfen führten, hell erleuchtet sein, weil Flughäfen selbst hell erleuchtet waren, und ein beleuchtungstechnischer Kontrast zur Umgebung nicht erwünscht war. Taschkent mochte da eine Ausnahme bilden, aber sie waren nicht in Taschkent, weiß Gott nicht, man durfte sich mehr erwarten, zumindest freie Marktwirtschaft mit Beleuchtung. Dazu kam, es war hier an der Straße plötzlich menschenleer. Wo sie bis eben noch reges Geschäftstreiben wahrgenommen hatte, Menschen, die in der Dunkelheit miteinander sprachen, Waren anboten, Versammlungen abhielten – »Waren das Sikhs, Ganesh? War das eine Wahlkampfveranstaltung?« –, herrschte jetzt völlige Totenstille. Nein, zu diesem Land passte keine Menschenleere, Menschenleeren waren etwas für Nordkasachstan, aber sie war nicht mehr in Nordkasachstan, erinnerte Prerow sich, sie hatte die Einladung angenommen, kurzfristig, hatte sich aus Nordkasachstan rausbewegt, hatte auch Südkasachstan hinter sich gelassen und war über Wien zurückgeflogen in diese Region.

Nur, um hier in dieser Düsternis zu landen. Vielleicht eine durchschnittliche Düsternis für den Großraum Mumbai, aber mit Sicherheit keine durchschnittliche Menschenleere für die Flughafenregion. Die Menschenleere schaute hier anders aus, sie schaute nach Geschiebe und Gedränge aus. Ein Gedränge voller Handyklingeltöne, was sie zugegebenermaßen anfangs erstaunt hatte. Sie hatte sich gesagt, »das ist doch nicht Westeuropa«, aber hatte sich erinnert, dass selbst im ansonsten mittelalterlichen Jemen

Handyklingeltöne zu hören waren, und von Indien war ja ohnehin eine Vervielfachung der Handyklingeltöne zu erwarten, eine Multiplizierung, wie aus dieser Region überhaupt nur Multiplizierungen kamen. Die Multiplikation hatte hier quasi ihr Basislager aufgeschlagen, was sich schon an der Immobiliensituation im Dekkanhochland ablesen ließ. Ein paar Stunden früher hatte sie auf ihrer Fahrt die riesigen Bauvorhaben Hunderte Kilometer entlang der Autobahn betrachten können, sie hatte den Hightechwillen, den Modernisierungsschub, der durch die ganze Hochebene ging, vorgefunden, eine Nachricht aus der Zukunft, die bis hin zur Autobahnraststätte am Fuße der Westghats gelangte, am Rand jenes berühmten zersiedelten Mumbaiküstenstreifens, der bereits reine Gegenwart war. Nur nachts schien er vollends in Unverständlichkeiten und Unbetretbarkeiten zu zerfallen, ein Moloch, der alle Mobilität schluckte und Airportwahrscheinlichkeiten drastisch zu reduzieren verstand.

Man hatte, überlegte Prerow weiter, es hier entweder mit dem Flughafen nicht sehr ernst gemeint und ihn auf diese Weise zugebaut, oder etwas stimmte mit ihrem Fahrer nicht. »Hast du die Kinder gesehen, Ganesh, die über den Zaun geklettert sind? Und was sollte der Metallschrott, dieser riesige Friedhof der Lastwagen und Busse mitten auf unserer Straße? Ich meine, was waren das für ausrangierte Fahrzeugruinen? Wer stellt die auf einer Stadttangente einfach so ab? Und hast du die Wahlkampfveranstaltung gesehen, Ganesh, direkt an der Autobahn? Waren das Sikhs?« Er antwortete nicht. Sie hatte aber auch nicht »wirklich« gefragt, wie sie hier selten etwas »wirklich«

fragte. Es ging einfach nicht, die Antworten wären zu kompliziert, sie würden nur ablenken vom Geschehen. Denn äußerste Konzentration, so viel wusste sie, wurde gebraucht für den Verkehr, normalerweise ein Millionenverkehr, ein Aberwitz an Verkehr, der nur Kompromisse kennt und keine Regeln. Für europäische Autohände nichts, für europäische Autofüße nichts, die ganze europäische Autoausstattung brachte hier nichts. Die Konzentration wurde gebraucht für die Frage, ob dies die Straße zum Flughafen sei, denn das musste jetzt endgültig festgestellt werden, sonst kriegte sie es mit der Angst zu tun, »hörst du, Ganesh?«. Er hörte es nicht, sie hatte es auch nicht laut genug gesagt, denn wo kämen wir hin, wenn der Innenraum eines Autos sich anfüllte mit ängstlichem Vokabular?

Dabei, erinnerte sie sich an ihre eigene Aussage vor zwei Stunden, sei Angst eine Möglichkeit der Landesberührung, und eine Landesberührung sei wünschenswert, man wolle ja wirklich da gewesen sein. Wollte man? Ihr Gegenüber lachte: »Na, man möchte jedenfalls einen Fuß auf den Boden gekriegt haben, auch wenn man ihn schnell wieder wegzieht.« – »Richtig! Hast du Angst, bist du irgendwie angekommen, oder etwas von dir ist angekommen«, hatte sie sich noch vor ein paar Stunden selbst äußern gehört, und jetzt war tatsächlich etwas angekommen, ein Teil, den sie nicht im Griff hatte, der sich gerade verselbständigt hatte und aus dem Fenster sah, verzweifelt nach Hinweisschildern Ausschau hielt. Ein Teil, der unerbittlich den Rest nach sich zog.

Ein Flughafen, so überlegte Prerow jetzt, war doch eigentlich immer das Hauptgeschehen einer Stadt und kein Nebenschauplatz, der langsam zuwuchs und zuwucherte, von Slums und Gebäudekomplexen besetzt wurde, die keiner verstand. Kein Terrain, das zurückerobert werden durfte von den Übriggebliebenen und dem Rest der Welt, der hier freie Platzwahl witterte. Am Ende streunten Hunde übers Gelände, und kleine Hütten versperrten den großen Maschinen, die nach Europa wollten, die freie Fahrt aufs Rollfeld. Wollten sie noch nach Europa? Man sagt, so viel wusste Prerow, es gehe von hier aus hauptsächlich nach Asien, ins Fernöstliche, die Flugrichtungen hätten sich geändert. Auch nach Amerika gehe es nur noch über den Pazifik mit Zwischenstopp in Hanoi oder Hongkong. China, Korea, Japan, Vietnam würden auf der Landkarte erscheinen, auf der Europa langsam verschwand, zum vergessenen Kontinent mutierte.

Ach, wäre sie doch zurückgeblieben beim Abendessen in Pune, hätte sie ihnen doch einfach weiter zugesehen, den über einer Pizza aufatmenden Locals, über einem Bier aufatmenden Deutschen und Franzosen, die für einen Augenblick lang so taten, als wären sie zu Hause. Da hatte sie es festgestellt: Sehr viel von ihr war noch nicht angekommen. – Indien hielte sich ein paar Zentimeter auf Abstand, konnte sie aber auch nicht sagen, man hatte sie freundlich empfangen, und nie während der ganzen Woche hatte sie auch nur eine Sekunde lang das Gefühl einer Flughafenentfernung oder Flughafenenttäuschung gehabt, hatte auch immer Gesprächspartner zur Hand, die ihr was über

Auftragslagen und Auftragszahlen erzählten, über Schul-
klassen mit Deutschunterricht und boomende Geschäfts-
zweige, nachhaltige Entwicklung und das ganze inter-
nationale Brimborium. Jetzt wurde ihr auch noch übel.
Warum war sie der Empfehlung ihrer Vorrednerin nicht
gefolgt und hatte *Himalayan Water* oder *Catch Water* gekauft, sondern stattdessen *Package Water* – also Wasser, dem
man *alles* entzogen hatte. Man bekomme Nierenschmer-
zen davon, hatte die Vorrednerin sie gewarnt, wenn man
zu viel davon trank, aber da die hochschwanger war, hatte
Prerow das nicht ganz ernst genommen. Schließlich hatte
die Kollegin ihr auch in einer Hektik von ihrer Organisati-
onsarbeit erzählt, wie Prerow es in ihrer Branche zuvor
nicht erlebt hatte. Im Moment sei sie dabei, Erleichterun-
gen im Grenzverkehr einzurichten – ja, boarder manage-
ment, antitrafficking –, aber natürlich nicht hier, hatte
sie ein wenig verhalten gelacht und dann anschlusslos wei-
tergeredet von kambodschanischen Kontrollchipkarten,
deren demokratischer Charakter sich schlagartig ändern
würde, wären sie burmesische. Sie hatte von den libyschen
Flüchtlingslagern gesprochen, die die EU zu Gaddafis Zeiten aufgemotzt hatte, von dem UNHCR, dessen Vertreter
ganz schnell aus der Stadt draußen waren, bekamen sie
einen Wink, dass etwas im Gang war. In Windeseile hatte
ihre Kollegin all die hübschen zynischen Anekdoten be-
reitgestellt, die man in ihrer Branche schon aus purer Höflichkeit bereithielt und die man von Veranstaltung zu Veranstaltung von neuem aufhäufte, bis die lange Nacht der
Diktatorengespräche anbrach, die immer etwas erstaunlich Übersichtliches hatte. Übersichtlicher als diese Form

der Infrastruktur in jenem überdemokratischen Land – »Was ist da los, Ganesh? Was machen diese Menschen da? Sollen wir anhalten? Halten wir nicht an? Wieso halten wir nicht an?« Sie fuhren sehr langsam an einer Engstelle vorbei, aber sie konnte nicht sehen, was da los war, »eine Wahlkampfveranstaltung? Waren das Sikhs, Ganesh?«. Ein paar Locals hatten ihr von dem lebhaften Wahlkampf erzählt, aber sie hatte schon nicht mehr recht zugehört, war mit den Gedanken schon bei ihrem Abflug nach Kairo oder bei der übernächsten Geberkonferenz in Tokio. Sie sah nach oben, um am nächtlichen Himmel Flugzeuge zu erspähen, die Hinweis auf einen Flughafen geben konnten. So ein Mumbaiflughafen musste doch einen Takt haben: Jede Minute eine Landung, jede Minute einen Start, und war man in Flughafennähe, müsste man doch dort oben riesige Maschinen sehen, es musste doch Flugschleifen geben, die lange Perlenschnur der Anfliegenden und Abfliegenden, wie sie sie vom Frankfurter Flughafen her kannte. Aber sie waren nicht am Frankfurter Flughafen, weiß Gott, sie waren noch nicht einmal an irgendeinem Flughafen, der nächtliche Himmel blieb schwarz.

Vielleicht aber stürzten die Flugzeuge hier schon gleich über der Innenstadt ab, wurden von der nächtlichen Metropole einfach verschluckt und wieder ausgeatmet, ein animalisch-technischer Fortsetzungsroman, und sie eine anachronistische Irrläuferin, die auch einmal dabei sein wollte bei der Zukunft des Reisens – im Absturz ohne Nebengeräusche. Schon 500 Meter vom Einschlagort entfernt hörte man nichts, weil der allgemeine Lärm der Stadt die

Explosionsgeräusche unkenntlich machte, aber vielleicht waren sie auch gar nicht mehr in der Nähe der Stadt, nicht mehr im Großraum Mumbai, schließlich waren sie stundenlang auf der Stadttangente an der Skyline vorbeigefahren, und ihr Handy war alle fünf Minuten begrüßt worden: »Aircel welcomes you to Mumbai«. Jetzt begrüßte sie niemand mehr, ihr Handy blieb still, als wäre es aus allen Handyzonen rausgefallen. Aber sie sollte ja auch verabschiedet werden, vielleicht auf stumme Weise, die Welt um Lavinia Prerow herum wurde dunkler, stiller, und irgendwann war nichts mehr da, noch sie alleine saß auf einer Rückbank im Nichts, d. h. Ganesh drehte sich plötzlich um, um sie zu fragen, an welchem Terminal er halten solle, sie seien jetzt da.

Bürgerbeteiligung

Währenddessen bat einer in Südwestdeutschland zum dritten Mal um Ruhe, schließlich, so Heinz Conradi, befinde man sich mitten in einer Versammlung. Die Vorsitzende der Bürgerinitiative aus F. solle genauso gehört werden wie das Aktionsbündnis M.-Nord, das sich schon oft zu Wort gemeldet habe. Der Vertreter der Geschäftsführung des hiesigen Postdienstleisters würde morgen dasselbe Recht haben zu sprechen wie heute der Bürgermeister von L., aber heute habe er es eben noch nicht. Conradi machte eine kurze Pause, als wäre ihm erst in diesem Augenblick aufgefallen, dass das Maß der Unruhe im Saal den üblichen Sitzungstumult übertraf. »Wir sind im Verzug, und jetzt sprechen die Delegierten der umliegenden Kommunen, und niemand hat ihnen ins Wort zu fallen.« Fielen sie aber, wusste er, sie würden das nicht mehr ändern können. Es gab die hitzigen Wortmeldungen, wer nun doch wirklich das schlechtere Los gezogen habe und welche Umstände noch gar nichts seien, es gab die Überbietungswortwechsel der hier und dort ansässigen Unternehmen. Er versuchte es noch einmal: Es habe die Vorsitzende der Bürgerinitiative aus F. das Wort, und er würde sie bitten, sich knapp zu halten. Conradi stützte sich noch für einen Moment auf den Tisch, dann ließ er sich abrupt auf seinen Stuhl fallen. Der Raum wirkte auf ihn auf einmal fleckig, als würden einige Stellen eine schwächere Präsenz haben und andere stärker hervortreten, aber das konnte auch an seinem Kreislauf liegen, für den er in den letzten Stunden etwas das Gespür verloren hatte. Wie lange tagte man schon? Und warum waren sie heute hierhergekommen und nicht vor über zehn Jahren, als es tatsächlich um etwas ging? Die Antwort war denkbar einfach, strukturell bedingt und ans fehlende Vorstellungsvermögen geknüpft. Jetzt blieb man unter sich, aber dieser Zustand machte aus ihnen plötzlich Gegner. Parteien, die sich nicht gewogen waren, die unterschiedliche Interessen verfolgten. Die einen waren für die Südumfliegung, die anderen gegen diese Routenlösung, die einen waren für eine Erweiterung des Zonenstreifens, die anderen für eine Ausweitung des Nachtflugverbots, wofür im Grunde am Ende immer alle waren. Und auf dieses Ende galt es zuzusteuern, dachte Conradi. Damals, als die Flughafenanrainer, nein, diese ganze Flughafenbevölkerung noch etwas Besseres zu tun gehabt hatte, als sich in Offenbach in einer blau ausgeschlagenen Mehrzweckhalle einzufinden, um einem absurden Schauspiel mit dem schönen deutschen Namen »Planfeststellungsverfahren« beizuwohnen, hätte man die Vertreter der anderen Seite wirklich noch vor sich gehabt. Man hätte mit denen streiten können, die die Sache in Gang gesetzt hatten, aber damals schlief man eben.

»Wo sind sie, die vielen«, hatte man ihn gefragt, »auf denen Sie immer herumreiten? Wo sind sie, mit denen Sie an-

geblich immerfort sprechen, in Wirtshäusern und Vereins-
lokalen, in Schulen und Privaträumen? Wo sind die, die Sie
langsam ins St.Floriansprinzip einführen und wieder hin-
ausführen? ›Heiliger Sankt Florian, verschon mein Haus,
zünd andre an!‹ Wie ein Webschiffchen bewegen Sie sich
doch emsig durch die ganze Region, um Ihren Antiteppich
zu knüpfen, Ihren Wachstumserstickungsteppich.« Sie gaben ihm damals deutlich zu verstehen, wen sie an der Hand
hatten: zum einen die Region. Also die echte Region, die
wirkliche, die, die wachsen wollte, und nicht die, die stecken geblieben war in irgendwelchen Startbahn-West-Zei-
ten. Zum anderen sämtliche verfügbare Gutachter in allen
Belangen: ob es um Vogelflug, Naturschutz oder Grund-
wasserfragen ging. Um Gesundheits- und Lärmschutzfra-
gen. Er wusste schon damals, dass sie alle Augenblicke ihre
Gutachter anbringen würden, während Conradi die Gutachter nach und nach abhanden kamen. Da war der Herr
E., der Vogelflugexperte aus der Region, den er nach dem
ersten Verfahren nur ein einziges Mal besucht hatte. Der
hatte ihm nicht einmal die Tür öffnen wollen. Es hieß,
der sei verrückt geworden, seit er auf der anderen Seite
stand, er spreche mit niemandem mehr. Conradi hatte etwas durch die Tür gerufen, er verstehe das grundsätzlich,
schließlich wolle E. auch nach dieser Geschichte Arbeit
haben, und wer, außer dem Flughafenbetreiber oder dem
Land Hessen, habe hier überhaupt Arbeit zu vergeben?
Herr E. hatte ihm aber sein Verständnis nicht geglaubt, nur
sehr verwirrt gewirkt und sich auf kein weiteres Gespräch
eingelassen. Nach dem Vogelflugexperten, den Raumord-
nungsexperten, den medizinischen und den Tiersortenex-

40

perten waren ihnen am Ende nur die Gutachter der Wiesen übrig geblieben, deren Gutachten so unbeschreiblich unterschiedlich ausfallen sollten.

Ja, einzig die Biosphärengutachter waren eine Weile noch mit am Tisch gesessen, die Trockenwiesenspezialisten, die versuchten, sich gemeinsam über einen Fleck Wiese zu beugen, was erwartungsgemäß schiefgehen musste. Juristisch konnte man so ein Stück Wiese eben sehr unterschiedlich auffassen, das war das, was die Menschen in diesem Saal hier nun zur Genüge gelernt hatten. Der ganze Rechtsraum ließ sich von der einen oder der anderen Seite aufrollen, hatten sie gelernt, er ließ sich krümmen, und Totholzkäfer, rote Milane und diverse andere Vogelzüge würden schnell darunter verschwinden, als wären sie niemals dagewesen. Aber das war ohnehin Vergangenheitsmusik und keine Gegenwartsmelodie, auf die man sich noch einstimmen konnte. Man hatte das alles juristisch schon durchdekliniert und ausgemustert. Dass man im Kampf gegen die Unternehmen nicht sehr weit gekommen war, durfte man sich aber nicht vorwerfen, erklärte er immer wieder denen, die es wissen wollten, die Leute hier hätten ohnehin von Anfang an äußerst geringe Chancen gehabt, schließlich handelte es sich um einen Schulterschluss des Bundeslandes mit der sogenannten Wirtschaftskraft des Landes. Allerdings blieb da immer ein Rest Zweifel, ob das auch zu 100 % stimmte.

»Wir haben schon unsere Leute, glauben Sie uns.« Diesen Satz hatte er ganz zu Beginn versuchsweise ein paarmal ausgesprochen, aber natürlich hatte man ihm nicht ge-

glaubt. Er hatte ja damals seine Leute eben nicht, er hatte
sie damals nur fiktiv beschworen, hatte natürlich den Auftrag der Kommunen, die den Braten gerochen hatten. Dieser ließ sich aber nicht in wütende Menschenmengen über-
setzen, Anwohnermeuten, wie sie heute zu organisieren
wären, sondern wirkte erst einmal nebensächlich, dazu
völlig unangemessen Conradis rhetorischer Auftritt. Kraft-
meierisch wurde Conradi genannt. Heute hatte er zwar alle
Leute, wie es aussah, und sie hatten sich auch alle in dieser
Schule versammelt, wo sie wie verzweifelte, leidgeprüfte
und unzeitgemäße Lehrer herumstanden. Und jetzt wollten diese Lehrer alle gleichzeitig reden, als wäre es ihre
letzte Möglichkeit. Sie wollten die durchschlagende Kraft
ihrer Sprache erproben, wie es aussah, obwohl das Spiel bereits abgepfiffen war. Was niemanden hier im Saal davon
abhielt, weiterzureden über die unerträgliche Lärmsitua-
tion, das ewige Kerosin, die Peitschenschläge durch den
Landeanflug. Jetzt sei der politische Wille gefragt, hatte
einer in seine Rede das Mantra der Übriggebliebenen, die
Allianzen hinein in die Parteienlandschaft suchten, einge-
schleust. Es waren Allianzen, die sich ohnehin in dem
Hickhack zwischen Lokalparteien und Landesparteien verlieren würden. Jetzt gehe es um die kleinen Siege, ergriff
die Leiterin der Bürgerinitiative aus F. das Wort, darauf
solle man sich konzentrieren, auf die kleinen Siege wie ein
erweitertes Nachtflugverbot, nachdem die großen Siege
schon lange für die andere Seite entschieden worden seien.
Die kleinen Siege hatten sich aber schon lange rhetorisch
gegen die großen Siege stemmen müssen und wirkten etwas erschöpft. Die Großen seien außerdem schon längst

beschlossene Sache, schoss der Deligierte aus M. in der dritten Reihe. Insofern legten sich die kleinen Siege für heute schlafen und ließen den unterschiedlichen Interessenslagen den Vortritt. Als nun endlich sich der zu Wort meldete, den er für den Bürgermeister von K. gehalten hatte, wechselte die Stimmung augenblicklich. Aber nicht, weil er von einem Maschinengewehr sprach, das man ihm im Augenblick besser nicht geben solle, genauso wie man es gestern schon einem alten Richter nicht habe geben sollen, ebenso wenig wie diverse andere Schnellfeuerwaffen nicht in die Hände des Vorstands des Krankenhauses gelangen sollten. Man solle so einige besser nicht bewaffnen, fuhr er fort, und Conradi kannte das schon. Von direkter Waffengewalt war bisher zwar nicht wirklich die Rede gewesen, aber das rhetorische Spiel mit dem erregten Bürger, der zur Waffe greifen konnte, war in den letzten Tagen oft genug durchexerziert worden. Der vermeintliche Bürgermeister von K. konnte sich darüber auslassen, wie er sich ebenfalls für keinen Terroristen gehalten habe, aber nun in jedem Moment einer werden könne, das beunruhigte Conradi nicht. In Windeseile schienen sich alle daran gewöhnt zu haben, dass man hier mit einer Dringlichkeit sprach und dass dieses Sprechen gewissermaßen folgenlos war. Folgenloses Sprechen war ja an sich nichts Unbekanntes, die folgenlosen Reden der Kanzler und Kanzlerinnen reihten sich an die folgenlosen Reden der zivilgesellschaftlichen Organisationen, die wiederum mit den folgenlosen Reden der UNO verwandt schienen. Sie hatten sich komplett von der konkreten, immer gleichen politischen Arbeit abgelöst und schienen ein Rest aus anderen Zeiten zu sein, dem man rituell Raum einräumen musste, während das eiserne und nicht verbriefte Rahmenwerk des Lobbysystems Geschichte schrieb. Das alles war Conradi bekannt, es konnte ihn und die Menschen im Raum nicht mehr irritieren. Das, was den Stimmungswechsel hervorrief, kam vielmehr aus Conradis Mitte. Als hätte er einen Entschluss gefasst, als wäre die Sache nun abgeschlossen.

Conradi war klargeworden, dass sie nie aufhören würden, verstehen zu wollen, wie das passieren konnte, dass dieser Lärm plötzlich um sie herum war, und dass man das auch nie wirklich verstehen würde können. Sie hatten den Bau unterschätzt. Sie hatten die Auswirkungen für die Region unterschätzt, sie hatten die falsche Anrede unterschätzt. Sie bemerkten immer mehr, dass sie als Zausel abgetan wurden, die bei irgendwelchen Medien wahlweise als Gutmenschenfressen oder als Opferfressen ankamen, und waren natürlich zu Recht beleidigt. Sie durchschauten zwar schon lange, dass die kommunalen Parteien eine andere Sprache sprachen als die Landesvertretungen, dass eine Position innerparteilich immer von übergeordneten Gegenpositionen konterkariert wurde, wie von Geisterhand sich immer wieder ein schon gewonnener Schritt in einen Rückschritt verwandeln konnte, aber dass das konkrete, direkte, körperliche Auswirkungen für sie hatte, mussten sie immer noch verdauen und würden es immer müssen, bis nichts mehr von ihnen übrig war. Sie erkannten ihre Gesellschaft nicht wieder, und es war äußerst ungemütlich, bei diesem Prozess dabei zu sein.

Der Raum, in dem er saß, begann zu flimmern. Er sah sich gezwungen, weitere Redezeiten zu entziehen, damit sie vorwärtskamen, es oblag ihm, gleich dem Fährmann Charon, sie in die Zukunft zu hieven, eine blau ausgeschlagene Zukunft, die sich eben nicht auf einer dieser Reichtumsinseln befand, die in diesen Tagen stets Stilleinseln waren. Eine Zukunft, die für die meisten nur noch aus jeder Menge Geräuschen bestand. Geräuschen vom Airbus, von einer Boeing 727, von einem Jet, dem Postflieger um 17 Uhr, dem Morgenflieger aus den Staaten, der aufgrund der Jetwinde oft zu früh ankam und aufgrund des Nachtflugverbotes, so feixten die Betreiber, noch eine ganze Zeitlang über dem Flughafen kreisen musste. Geräusche von ausfahrenden Fahrgestellen und Umkehrschüben, zum Landeanflug ansetzenden und startenden Maschinen. Windgeräusche, Dröhnen und Maschinenkrach. Er wusste, sie würden bald in diesen Geräuschen verschwinden, selbst 500 000 Menschen konnten heute schneller von einer Blase aus Lärm verschluckt werden, als man es für möglich halten würde. Die rasante Entwertung ihrer Wohnlagen würde die Gegend Schritt für Schritt entvölkern, und irgendwann würde es so aussehen, als hätte es niemanden betroffen, als hätte sich alles wie von Zauberhand gefügt, auch wenn das in Wirklichkeit sich komplett anders verhielt. Von den Toten auferstehen würde niemand, wusste er, und das war es, womit die Betreiber des Flughafens rechneten. Langsam bewegte er sein Tagesordnungsfloß über den Styx. Als Lebende würden sie kaum noch was in der Sache bewegen, wohl aber als die Toten, oder das Tote, das aus ihnen ausbüchsen würde. Und das würde es, das zeigte sich ihm nach und nach. Er musste es in die Gegenwart bugsieren. Es war nicht nur juristisch gesehen der komplizierteste Auftrag, der ihn je ereilt hatte. In jedem Fall drohte er in einem Vorgang zu münden, der ihn, wider Willen, zum Vollstrecker eines Prozesses ohne wirklichen Ausgang machen würde. Dem Geschehen wohnte eine Schärfe und Präzision inne, die sich mehr und mehr seiner bemächtigte. Er schauderte. Dem würde er sich nicht unterwerfen. Nein, im Gegenteil, er würde das Schwert, die Klinge und Bewegung werden, um den Saal zu einer ganz anderen Art des Verstummens zu bringen, in einem Jetzt, das einfach nur schlagend war. Davor gab es allerdings noch diesen einen kurzen Moment, diesen kurzen Moment der Stille, der sich vermutlich nur in seinem Kopf abspielte. Danach bewegte er sich rasend schnell weg davon.

Off the record

Manuela Briese konnte es drehen, wie sie wollte, es fehlte ihr einfach der Donnerstag. Sie war sich sicher, gestern war Mittwoch gewesen, und jetzt sollte schon Freitag sein. Alle in ihrem Büro behaupteten, »gestern war Donnerstag«, aber davon hätte sie etwas mitbekommen sollen, oder? Man könne nun nicht ihr zuliebe den Donnerstag noch einmal veranstalten, »tut uns leid«, lachte ihr Kollege, der sie wohl nicht ganz ernst nahm. Nicht, dass sie am Donnerstag weiß Gott welche wichtigen Termine gehabt hätte, d.h., fiel ihr ein, da war doch dieses Treffen mit Schubert, dieses Vorgespräch für das Projekt am Taunuspark, und nun gab es kein Vorgespräch, d.h. ihr Kollege sagte, »wieso? Ich dachte, du warst da«. Auch das interne Meeting hätten sie doch gemeinsam erledigt. Zu welchem Ergebnis, fragte sie lieber nicht, obwohl es durchaus angebracht gewesen wäre. Die Donnerstagslücke begann sich auszuweiten, die Dinge, die einfach so passiert waren, mehrten sich. Der Vertreter der Bürgerinitiativen sei da gewesen, auch dieser Lobbyist aus Frankfurt. Es sei zu Unterschriften gekommen, ja, zu Unterschriften, ulkte ihr Kollege, die würden ihnen sicher nicht leid tun. Die Donnerstagslücke nahm hinterrücks Platz in all ihren Gesprächen. War sie noch morgens völlig lückenlos aufgestanden, hatte ein lückenloses Frühstück im vermeintlichen Vollbesitz ihrer Kontinuität verspeist, hatte bei der Zeitungslektüre erst relativ spät gemerkt, dass sie die Freitagsausgabe in der Hand hielt, wo sie doch eine Donnerstagsausgabe erwartet hatte, so stand sie jetzt unter permanentem Lückenschlusszwang. D. h. sie konzentrierte sich voll darauf, alle notwendigen Informationen zu besorgen. Falls ihr was fehlte. Das würde sie nun auch noch überstehen, hatte sie sich geschworen, mit ein wenig Disziplin gelänge ihr das schon. Irgendetwas musste ihr Kurzzeitgedächtnis gelöscht haben, und nun ging es einfach darum, sauber und unauffällig zu rekonstruieren, die Betonung lag allerdings auf unauffällig. Umso mehr überraschte es sie, als Hartmut Terge zu ihr kam und sie beglückwünschte zu ihrem gestrigen Erfolg. Sie habe die anderen ja direkt vom Tisch gefegt. Es sehe ganz so aus, als habe sie den Machiavelli inzwischen gelesen, zu dem er ihr geraten habe. Chapeau! Er ging grinsend weiter und hinterließ bei ihr das gewisse Gefühl, als wüsste er Bescheid. »Großartige Performance!«, hörte sie nur eine Woche später, »du hast sie alle um einen Kopf kürzer gemacht!« Es war wieder Freitag, und sie musste feststellen, dass der Donnerstagsverlust sich wiederholt hatte. Nur noch Spuren an Erinnerungen glaubte sie in sich aufzufinden, aber vermutlich bildete sie sich diese nur ein. Fake memory, das kannte man doch. Sie war allerdings eine gewissenhafte Person, die alles ordentlich erledigte und es hasste, wenn der berühmte Fehlerteufel sich einschlich oder Probleme verschoben wurden. Doch

jetzt musste sie ihre Unterlagen einsehen und sich einge-
stehen, dass da Dinge standen, mit denen sich etwas anfangen ließ. Mehr noch, an denen sich eine völlig neue Strategie abzeichnete, die sie nur begrüßen konnte, wenn sie
ehrlich war. Und sie war meist ehrlich, vor allem sich selbst
gegenüber. Insofern nahm sie ihre eigene Anregung dank-
bar auf und fuhr mit dieser Strategie fort, auch wenn ihr
die Umsetzung etwas schwerfiel, schließlich musste sie
jede Menge Leute vor den Kopf stoßen. Jedenfalls besser als
das Vor und Zurück der letzten Monate, das sie als öffentliche Institution nicht wirklich gebrauchen konnten. Und
dennoch war ihr eine gewisse feindselige Stimmung bei ein
paar Mitarbeitern nicht entgangen, die sich nun einem gewissen Druck ausgesetzt sahen, der dem Teamgeist widersprach, auf den man eigentlich seit Jahren eingeschworen
war. Und: Neider gebe es immer, besonders, wenn man etwas bewegen wolle. »Das gilt es jetzt auszusitzen«, riet
Terge ihr, »und erst mal möglichst wenig zu agieren.« Dass
sie diesen Rat nicht befolgen konnte, ahnte sie. Am Don-
nerstagmorgen der darauffolgenden Woche war sie etwas
nervös und erwartete schon die Fortsetzung der Verlust-
reihe, aber die blieb diesmal aus. Sie ging zum Meeting irgendwie doch erleichtert, dass es ein Ende damit hatte und
sie konzise die neue Strategie umsetzen konnte, auf ihren
Aktionen der letzten Woche aufbauen, um zu bemerken,
dass sie dafür eine andere Person hätte sein müssen. Ihre
Erleichterung hielt auch nur kurz an. Denn es gingen ihr
der darauffolgende Montag und Dienstag verloren, just die
Tage, die für die Planung der ganzen Konferenz wesentlich
waren. »Du hättest Terge ja schon einmal zu Wort kom-

men lassen können. Du weißt, was du da ausgelöst hast bei ihm. Er ist ja seit Monaten mit dem Projekt befasst.« Das hätte sie ja alles noch gut verkraftet, hätte sie nicht in derselben Woche den Donnerstag vermissen müssen, der den Vorfall um Kristina Gelders mit sich brachte, und danach auch den nächsten Montag und Dienstag, die sie irgendwie den Überblick verlieren ließen. Immer wieder: das Lob für die Ergebnisse, das mehr und mehr von vorsichtigen Sprüchen abgelöst wurde. »Wo gehobelt wird, fallen nun mal Späne, Frau Briese!« Sie habe voll durchgegriffen. Habe das richtig gut gelöst, lange werde sie wohl nicht mehr hierbleiben, sie werde wohl weiterziehen, schon bald. Sie wollte aber nicht weiterziehen, das entsprach doch auch nicht dem Geist der Institution, oder? »Entspricht es schon seit einiger Zeit, Frau Briese, dafür haben Sie ja gesorgt.« Sie wollte dafür nicht gesorgt haben, sie wollte sich eigentlich auch nicht an das Fehlen einer zunehmenden Anzahl an Tagen gewöhnen, aber es passierte ganz einfach. Sie merkte, dass es gar nicht notwendig war, immer geschickter ihre Gedächtnisverluste, wie sie es jetzt selbst nannte, zu kaschieren, man erwartete das schlicht nicht von ihr. Die Erfolge sprachen für sich. Doch waren es wirklich die ihren? Manuela Briese war sich nicht ganz sicher. Das, was die anderen da verbuchten unter »sauber gearbeitet« und »drei Schritte weitergekommen«, wirkte doch eher so wie eine besonders gelungene Kollegenarbeit, die sie sich selbst niemals zugetraut hätte. Allerdings von einem für sie unsichtbaren Kollegen, jemandem, so nahm sie an, den sie nie kennenlernen würde, aber der immer stets zur Stelle war und in die Lücken sprang, die sie ihm anscheinend bot.

Irgendwann, so ahnte sie, würde sie ihm alles anbieten, aber so weit war sie derzeit noch nicht. Darauf bestand sie. Allerdings alleine vor sich selbst, und das war nicht viel, denn sie war ja immer öfter abwesend.

Sie wusste nicht, wann ihr der Gedanke gekommen war, dass es den anderen auch so ergehen könnte. Er hatte sich einfach eingeschlichen, d. h. eigentlich ertappte sie ein Gegenüber, das sichtbar Spuren eines Gedächtnisverlustes an sich trug. Sie fragte Daniel Havemann direkt. Er gab es zu. Der Amerikaner wurde nervös. Man könnte es für Anpassungsschwierigkeiten halten, sie solle es niemandem verraten. Aber derzeit mehrten sich diese Tage, sagte er, was soll's, lachte er, die Geschäfte liefen prima. »Du bist ein echter Killer!«, musste sie ihm noch zugerufen haben – »Ja, super Performance, echt!«, aber so genau wusste sie es kurz darauf schon nicht mehr. Als sie Nicole Sandner dabei ertappte, wie sie ihre eigenen Mails las, wurde ihr klar, dass Havemann nicht die Ausnahme war, die sie zu finden geglaubt hatte. Zumindest ein ganzer Teil des Büros, und vielleicht nicht nur dieses Büros, arbeitete so. Die ganze Institution verbuchte ein sogenanntes fiktives Umsatzplus, das sogar die Businesswelt ins Staunen versetzt hätte. Aber »die Konkurrenz« schlief nicht, hieß es plötzlich, auch wenn man sich nur sehr ungenau vorstellen konnte, welche Konkurrenz es für sie geben könnte, »und auch nicht die Nachbarschaft dieser Konkurrenz«, fuhr man fort, und Manuela Briese dämmerte, dass in den meisten Unternehmen schon lange das grassieren musste, was sie »die Frankfurter Krankheit« nannten. Aber sollte sie an dieser Stelle wirklich pathologisieren, was sich als alltäglich, ja Normalzustand herausstellte? In dem Moment, in dem sie beschließen würde, ganz auf die andere Seite zu wechseln, würde sich daraus doch eher ein Zustand *ganzer Gesundheit* ergeben, nach dem sie sich immer schon gesehnt hatte. Der Zeitpunkt lag nicht wirklich in ihren Händen, aber der Tag näherte sich in rasender Geschwindigkeit, den sie den Wendetag nennen würde, falls sie dazu noch in der Lage sein sollte.

G7

»Massaker sprengen ganz einfach den Rahmen.« Hatte
sie der Dolmetscherin eben gesagt. »Auch bei mir«, hatte
sie gesagt, tatsächlich, es war nun mal so: Alexandra Neuer
musste eine Auswahl treffen, das war ihr ganz klar, und
diese Auswahl fing schon weit vor den Massakern an. Doch
ihre Interviewpartnerin schien Neuers Ansage zu ignorieren und begann schon wieder, davon zu sprechen. Sie wolle
eigentlich nicht mehr erzählen, wie es gewesen war, als
sie den serbischen Kriegsverbrecher in Den Haag gedol-
metscht hatte, aber sie müsse es heute noch einmal tun.
Neuer ahnte, diese Aussage hatte ihr Gegenüber schon oft
getätigt, und »ja«, knüpfte diese an Neuers Gedanken an:
Zu oft habe sie darüber gesprochen und den Stoff ver-
brannt, wie Neuer als Journalistin es wohl bezeichnen
würde, die sich ihrerseits nicht ganz sicher war, ob sie darüber überhaupt etwas hören wollte, weil sie es ohnehin
nicht verwerten konnte. Aber sie verstand sehr wohl, sie
musste ganz Ohr sein, wenn ihr daran gelegen war, sich
ihre Gesprächspartnerin zu erhalten. Unumgänglich war
diese Wiederholung der Reise durch dieses Untersuchungs-
gefängnis in den Niederlanden, in dem erneut erstaunlich

viel geraucht wurde, was bei der Dolmetscherin erneut einen Teil der Kopfschmerzen auslöste, unumgänglich die Information, dass die Täter sich ihre Verteidiger selbst buchten, im Gegensatz zu den Opfern, weswegen man auch als Dolmetscher diese Mandanten bei Laune halten musste, unumgänglich die Schauplatzbesichtigung in gewissen Teilen Bosniens, immer mit den Ohren voraus, um irgendwann möglicherweise bei jenem G7-Umweltgipfel in Kopenhagen anzukommen, den Neuer brauchte und den sie wohl irrtümlicherweise ihrer Gesprächspartnerin zugeschrieben hatte. Denn die wollte keinesfalls beim G7-Gipfel landen, sie blieb auf ihrer Bosnienstrecke, bei ihrem längst vergangenen Kriegsverbrechen. Warum war Neuer da? Egal! Ihr Gegenüber war jedenfalls einzig da, um eigentlich nicht mehr an die ewig langen Sitzungen zu denken, in denen die einzelnen Zwischenfälle, die Übergriffe, die Massaker durchgearbeitet wurden, und gleichzeitig, diese noch mal zu beschwören. Sie wolle das alles hinter sich lassen, sagte sie erneut. Sie habe eine Weile gebraucht, um darüber hinwegzukommen, und habe sich vorher einfach nicht vorstellen können, wie es sein würde, über lange Zeitstrecken im Kopf eines Kriegsverbrechers und Massenmörders zu sitzen – the devil himself – und mit ihm quasi durch all diese Gräueltaten zu spazieren, sie hinüberzutransportieren in diese andere Sprache. Sie habe übelste Migräneanfälle bekommen und habe den Job nach zwei Jahren aufgeben müssen. »Immerhin zwei Jahre!«, warf Alexandra Neuer ein und rätselte, wie sie die Antworten in Richtung Dolmetscheralltag einer G7-Konferenz bugsieren konnte. Sie waren davon noch allzu weit entfernt. Immer noch standen sie irgendwo im serbischen Teil Bosniens, ein Kaff wie jedes andere, wo ein Autohändler beteiligt gewesen sein musste an einem der Ereignisse, wie sie euphemistisch bezeichnet würden. Immer noch standen sie da und ließen die Schlägertrupps Revue passieren, die von der Bereicherung an den Besitztümern der Ermordeten lebten. Autohändler, die mittels Denunziationen ein Geschäftsmodell der anderen Art durchexerzierten, irgendetwas mit Gebrauchtwagen jedenfalls. Immer noch standen sie in diesen ewigen Nachkriegsprovinzdörfern, in denen sogenannte Nachkriegssprachregelungen längst Usus geworden waren, und kamen selbst sprachlich keinen Schritt vorwärts. Sie steckten in einer Vergangenheitsform fest, die sich niemals mehr in eine Gegenwart transportieren ließ, G7-Gipfel waren dagegen die reine Gegenwart, eine Gegenwart, in der sich Dolmetscher mitunter über Sicherheitsbestimmungen aufregten, die sie wertvolle Minuten kosteten, aber nicht diese Kopfschmerzen auslösten, die langsam auch Neuers Kopf besetzten. Es musste ein Fluch sein, sagte sie sich. Hatte sie nicht vorgestern jene andere Dolmetscherin interviewt, die nicht und nicht über jenes Arbeitsgruppentreffen der Minister reden wollte, sondern plötzlich damit begann, von ihrer ehrenamtlichen Arbeit zu erzählen, Folteropfer in Psychotherapiesitzungen eines humanitären Vereins sprachlich zu begleiten? Sie konnte nicht mehr aufhören, bis der Tschetschenienkrieg allzu fett am Tisch des eigentlichen Gespräches über politische Konferenzen saß, ein Krieg, der nachweislich niemanden mehr interessierte, vor allem nicht ihre Leser und Leserinnen. Neuer war dem durchaus gefolgt, auch wie sich die posttraumatischen Störungen mit den Folgeproblemen in der tschetschenischen Folgecommunity in dieser Stadt verbunden hatten, und hatte sich die ganze Zeit gedacht, »das geht jetzt aber nicht«. Es sollte das Einfachste der Welt sein, von einer G7- oder G20-Konferenz zu berichten, fand sie, doch ihre Gesprächspartnerin steuerte zielsicher auf irgendwelche Schilderungen von Opfern, deren Körper nicht mehr identifiziert werden konnten, brennenden Häusern und psychologischen Kriegsführungen zu.

»Man müsste so viel Kontextwissen voraussetzen«, dachte sich Alexandra Neuer, Kontextwissen, das man einfach nicht elegant einbauen könne in den Artikel, »und außerdem ein Interesse für historische Ereignisse, mit denen wir uns heute nicht mehr befassen wollen. Wir«, sagte sie sich, »können uns nur mit den gegenwärtigen Ereignissen beschäftigen, wir müssen in einer Gegenwärtigkeit bleiben, die sich bei G7-Gipfeln von selbst versteht.« Sie wusste es zu jenem Zeitpunkt noch nicht: Abhilfe würde erst viel später von einer weiteren Dolmetscherin kommen, die zumindest ein wenig von dem zweiwöchigen Treffen der internationalen Arbeitsorganisation in Genf, dann über den Lenkungsausschuss Weißrussland berichten und letztendlich dann immerhin bei irgendeiner EU-Ministerkonferenz zu Bildungsfragen im Berliner Marriott ankommen würde. Dass ihre Darstellung nicht sehr anschaulich ausfallen würde und ihre Version der Geschichte auch nicht mit der offiziellen übereinstimmte, würde Neuer dann so ziemlich egal sein. Immerhin würde der Dolmetschalltag mehr Sichtbarkeit erhalten, glaubte sie, als in jenen gierigen Kontexten, die alles plattmachten oder an sich rissen. Im Augenblick aber steckte sie tief drin im Schlamassel mit weiteren nicht behandelbaren Todesfällen unweit von Srebrenica, und sie war sich nicht sicher, ob sie jemals hinauskommen würde.

Europäisches Forum Alpbach

Niemand hat die Frau gesehen – »Niemand außer dir!«, sagten sie zu Georg Brucker, »und das ist es ja«, erwiderte er, »ich meine, wie kann das sein, dass niemand sie wahrgenommen hat? Sie hat doch das Panel geleitet, sie war doch am Bildschirm!« Eine Frau mit langen Haaren, die ihr ins Gesicht fielen. Sie war auf der Bühne hin und her getigert und hatte anscheinend Dinge von sich gegeben, die einen einfach unruhig machen mussten. Das schloss Georg Brucker aus dem, was er auf dem Bildschirm wahrgenommen hatte. Erst beim zweiten Hinsehen habe er erkannt, dass es sich um eine PowerPoint-Präsentation gehandelt hatte. Zumindest habe sie immer auf die Leinwand hinter sich gedeutet, die aber auf dem Bildschirm im Presseraum nur zu erahnen gewesen sei. Aber jetzt waren sich alle ohnehin einig: Es gab diese Frau nicht. Hatte sie nicht gegeben, würde sie nicht geben. Er habe sie daher erfunden – »Ich meine, wie spät war es, und wie lange hast du da drin gearbeitet?«, so Andruchowitsch. Als wäre ihm da eine Privatvision unterlaufen nach all den kollektiven Visionen, die sich oben in den Konferenzsälen ausbreiten durften. Als wäre sie nicht auch draußen auf den anderen Bildschirmen zu sehen gewesen, wo sie sich alle aufhielten. Doch die anderen waren anderweitig beschäftigt gewesen, wie es aussah, mit Networking, mit Kontakten und mit den berühmten Begegnungsgesprächen. Da konnte schon was anfallen bei 14 000 Menschen in drei spätsommerlichen Wochen, den Gesprächswochen, den Begegnungswochen, den Arbeitsgruppenwochen, und alle in der Panik, etwas zu verpassen. Für Panik habe er aber zu viel zu tun, frotzelte Andruchowitsch. Seine Mission sei schließlich Berichterstattung, Berichterstattung, Berichterstattung. Einschätzung der Gespräche, der Gesprächsergebnisse, der Präsenzen und Auftritte in jenem Alpenhotel, in jener zu einem Kongresscenter hochgemotzten Sportimmobilie, in jener vollendeten Kostümierung des Skiparadieses als Konferenzwelt – ein Holzdorf, normalerweise in die Gesichter von Touristen geschossen, das jetzt in journalistischer Kleinstarbeit aus den Konferenzfressen herauszukratzen war. All die Pseudogemütlichkeiten, die Milliardengeselligkeit neben einer Sesselliftanlage, all die Kaminabende, die ausgerichtet wurden von dieser oder jener Stiftung, dieser oder jener Organisation, diesem oder jenem Militär mit zivilem und kirchlichem Obersegen. Und er mittendrin mit seinen Stimmungsberichten, die doch etwas konvergieren sollten mit dem, was man Realität nennt, so Andruchowitsch, und nun konvergierten sie immer weniger.

Brucker hörte ihm nicht zu und ging innerlich die Liste der Personen durch, der auch diese Frau entstammen könnte. Er kannte ja die meisten Gesichter, »Hör auf! Es gibt sie nicht!«, wiederholte schon der Wiener Kollege. »Tatsache ist, wir stecken so ziemlich fest in diesem Alpendorf!«, versuchte der Typ von der Gazeta Wyborcza dem Ganzen eine diplomatische Wendung zu geben, »keiner kommt rein, keiner raus, das ist doch das Prinzip hier!« Das Ganze verlief sich, und Brucker konnte schon bald nicht mehr erklären, wie sonderbar es war, der Einzige zu sein, der diese Erscheinung überhaupt wahrgenommen hatte. »Wieso auch? War sie denn wichtig?«, setzte Andruchowitsch nach. Stimmt, wichtig waren nur diese Technologiegespräche in Ministernähe – Minister, die man auf dem Gebirgssträßlein auf und ab wandern sehen konnte samt Mitarbeiterinnen in Mitarbeiterinnenkostümen. Wichtig waren nur die Vorwärtsgänge, die man hier einlegen konnte, das etwas beleibte Interesse für das profitable Ineinandergehen von Zukünften. Ausschau der voraussichtlich Überlebenden des Ganzen, witzelte Andruchowitsch weiter, was Brucker schon wieder nervös machte. Vom Überleben war bisher noch nicht die Rede gewesen. Das Überleben wurde hier noch nicht so ausgeparkt und eingeparkt wie andernorts in diesen Tagen.

»Mal ehrlich – die Dame hat auch andere Menschen verschwinden lassen?«, fragte jemand von hinten, der ihn an Bobrowski erinnerte. Es war aber nicht Bobrowski. Mit einer Handbewegung hatte er gerade Bruckers Protestversuch unterbrochen: »Stellen Sie sich diesen Minister auf der Bergstraße mit seinem Handy vor.« – »Schon wieder?«, freute sich der Wiener. So was sagten sie ja alle andauernd, und Georg Brucker sagte es normalerweise auch. Er mutmaßte genauso wie alle über geheime Abmachungen, die im zehnprozentigen Bergstraßenneigungswinkel getroffen wurden und sicher nicht zu weit von denen waren, die ebenerdig stattfanden. Aber die Ebenerdigen bedeuteten Alltag, die Bergstraßenabmachungen waren im besonderen Flair getroffen, in lockerer Atmosphäre, die Brucker in diesem Jahr so sehr vermisste. Doch »der Meisinger«, begann der Wiener wieder von neuem, und Brucker stellte sich prompt den Meisinger in seiner Frühstückspension vor, wie er sich von seiner Skipensionswirtin ein Skipensionsfrühstück auftischen ließ und Skipensionsgespräche durchführte, wo doch alles zu den Technologiegesprächen auf der Handystraße aufbrach. Er stellte sich vor, wie der Meisinger in diesen Skipensionsgesprächen und im Pensionswirtinnenalltag zurückblieb, obwohl wirklich alle, aber auch alle bereits auf ihren Plätzen saßen. Er stellte sich das Abschmieren des Meisinger immer weiter vor, den er im Grunde gar nicht kannte und auch nicht die Art und Weise, wie der sich über die neuen Kontrollen lustig gemacht hatte und eine Sicherheitsexpertise durch den gestrigen Abend spazieren hatte lassen, an dem Brucker nicht teilgenommen hatte, weil er, wie Andruchowitsch es ausdrücken würde, »mit seiner heiligen Lady am Bildschirm beschäftigt war«. Das Bild des Meisinger stand dennoch fest vor seinen Augen, es brauchte ihn sozusagen selbst gar nicht mehr dazu. Die Menschen waren hier immer bereits da, so kam es Brucker vor, bevor sie real erschienen, und nur manchmal kam es diesbezüglich zu Konflikten. Konflikte wie jene kleine Aufregung, die der ex-äthiopische Wirtschaftsmensch gestern im Restaurant verursacht hatte, als er verkündet hatte, er wolle diese Dinge nicht mehr hören über sein Land. Das war erstaunlich, denn alle hatten gedacht, es gebe sein Land nicht mehr, zumindest in seinem Kopf, doch plötzlich lag es vor ihnen auf diesem Tiroler Wirtshaustisch. Tatsächlich aber musste ein Typ aus irgendeiner Abteilung des Verteidigungsministeriums etwas über Äthiopien geäußert haben, wollte aber nicht die europäische Wirtschaftspolitik in Hinblick auf Afrika ernsthaft diskutieren, was die Drohung des Äthiopiers nach sich gezogen hatte, dass sich hier niemand zu wundern brauche, wenn sie alle nach Europa kämen. Er musste das Schreckbild der Masseneinwanderung aus dem Süden nur kurz beschwören, die Stimmung war danach wie zerschlagen.

»Du solltest schlafen, das ist alles!«, meinte der Wiener. Dabei war Brucker schon längst mit weiteren Dingen beschäftigt, es waren augenscheinlich die anderen, die von den Mutmaßungen nicht lassen konnten. Sie standen gemeinsam vor dem Pressezentrum, und der Wiener stellte sich vor, wie drinnen in diesem Augenblick diese Paneltussi, so Andruchowitsch, Bruckers Gespensterfrau, auf und ab gehen würde mit ihren langen Haaren und ihrem Gesicht ohne Augen, wie er sie beschrieben hatte. »Hab ich gar nicht.« Wenn sie einen kommen sehe, stoße sie mit Sicherheit einen lautlosen Schrei aus – »kennt man doch!« – »kennt man doch!« –, und dann würde der, der ihr gerade gegenüberstand, verschlungen sein. Andruchowitsch feixte: »Vielleicht sollten wir hineingehen und mal nachsehen, ob sie wieder Menschen auf dem Podium verschwinden lässt.« Brucker war sich noch immer sicher, so was gar nicht erwähnt zu haben. »Man müsste die Kameraleute fragen, was da passiert ist!«, schlug etwas trocken der Typ von der Gazeta Wyborcza vor – Brucker wusste jedoch, es gab keine Kameraleute, es gab nur die Technik, anonym und abstrakt, vollautomatisiert im sogenannten ORF-Raum, in dem sich vermutlich noch nie ein Mensch aufgehalten hatte. Dieses Vertrauen auf die Technik gehörte zu irgendeinem Festigungsritus des europäischen Geistes, um den sich hier alles drehte. Es hieß, hier fänden sich Reste der Ursprungserzählung des gemeinsamen Europa, mitten im Tiroler Altweibersommer, jenseits von Frontex und Grenzschutzbegebenheiten fänden sich Überbleibsel der Nachkriegsstimmung, aus der sich das Ganze ja entwickelt hatte.

Eben defilierten die letzten Gattinnen in Cocktailkleidern an der Seite ihrer Männer zum Technologieempfang im Hotel Bögerl, »zum Theater hier«, wie es der Meisinger beim Pensionsfrühstück ausgedrückt habe. Er genieße das Theater hier, habe er gesagt, diese Live-Stimmung, die einem mehr sage als diese ewigen Verlautbarungen, dass sich die Regierungen letztendlich schon richtig entscheiden würden. Dass bisher nur die Zeit gegen sie gearbeitet habe. Dass sie manche Langfristziele den Kurzfristtaktungen ihres politischen Alltags hätten opfern müssen, dass sich aber letztendlich die Expertenmeinung durchsetzen werde.

Ja, und die Skilifte an den Hängen sahen sich das alles an und blieben trotzdem stehen! Brucker musste beinahe lachen. Abgeschaltet wirkten sie auf ihn wie seltsame Artefakte aus der Raumfahrt, Requisiten für die den gesamten Tag über stattfindenden technologischen Vorträge, die abends etwas schutzlos zurückblieben. Auch der Himmel stand um diese Uhrzeit sehr weit oben, präsent und doch entrückt, als wollte er etwas durchlassen, nur was? »Es kommt etwas über den Bergrücken – bestimmt!«, unterbrach grinsend Andruchowitsch Bruckers Gedanken. Da fiel es ihm wie Schuppen von den Augen: Sie kommen hier über den Bergrücken, diese Gespenster, wie einst Hannibal über die Alpen. SIE war nur die Vorhut. Ein erster ausgebleichter Elefant, lachte er, unter lauter ausgebleichten Elefanten, immer unterwegs, allerdings in die Gegenrichtung, in Richtung Afrika. Er blickte immer noch hoch zu den Almen und dem Alpenspaßpark, der irgendwo gleich hinter dem Berggipfel sein musste, aber von hier aus kein bisschen zu erahnen war. Zu erahnen war nur dieses ganz leise Surren, das er nicht zuordnen konnte. »Kommst du?«, drängelte Andruchowitsch. Da wurde Brucker schlagartig klar, dass er seine Kollegen nicht davon abhalten konnte, und sah sie schon im abendlichen Konferenzgebäude verschwinden. Drinnen hörte er den Wiener rufen: »Solche Bilder gibt es ja gar nicht mehr!« Es stimmte, was Brucker beim Eintreten in die Halle sah, wirkte wie aus dem Videozeitalter herausgeholt, als hätte jemand eine Uraltkopie eingelegt: Ausgefranst, mit verschobenen Farben, rotstichig, konturarm, beinahe lächerlich, und doch erschreckte es ihn, als sie erneut auf allen Bildschirmen auftauchte, d.h. ihr Gesicht wie beim ersten Mal nicht zu sehen, die langen Haare verdeckten es fast vollständig. Sie verkündete jetzt etwas, das er zwar nicht hören konnte, aber Brucker verstand gleich so, auf was sie hinauswollte.

Er ahnte, keiner von ihnen würde jene dunkle Bergstraße zur Pension weiter hinaufgehen, sie alle würden das fabelhafte Mondlicht verpassen, das jeden Moment hinter dem Bergkamm auftauchen musste. Ein Tag vor Vollmond, hatte jemand gesagt, nur wer wohl? Der Pole? Andruchowitsch? Brucker selbst? Egal, es war unerheblich. Er würde nicht mehr sehen, wie die malerischen Tiroler Holzhäuser von dem Mondlicht angestrahlt, sich von ihrem Alpenhintergrund abhoben. Häuser wie unerwartete Zähne in einem ansonsten leeren Gesicht. Die weitere Stilllegung der Almen und Erlebnislandschaften oben auf den Berggipfeln mitsamt der Wiederkunft Hannibals würde er nicht mehr mitbekommen. Brucker war sich aber sicher: Auf den Bildschirmen im Presseraum würde einiges zu sehen sein, wenn sie im großen Panel-Saal zu ihr auf die Bühne stiegen.

Klassentreffen

Er würde sich danach Vorwürfe machen, so viel konnte er jetzt schon sagen. Warum war ihm das nicht gleich aufgefallen? Sie wirkten alle so verändert. Hartmut Terge hatte damit gerechnet, seine Klassenlehrerin nicht wiederzuerkennen, er hatte sie ja kaum noch in Erinnerung, aber den einen oder anderen Mitschüler wollte er schon wiedererkannt haben. Hatte er aber nicht. Sie sahen für ihn alle fremd aus, und er hatte es einfach nicht gleich kapiert. Er war mitgelaufen, zunächst durch die alte Schule, dann durch die halbe Stadt bis zu jenem Lokal, in dem sie gerade saßen. Die ganze Zeit über hatte er sich mit dem Gedanken beruhigt, dass dreißig Jahre eben eine lange Zeit waren. Und die Gespräche waren ja auch auf Themen gekommen, die er für vertraut hielt. Nicht zuletzt wussten sie Geschichten von ihm, die konnten sie sich nicht ausgedacht haben. Und doch wollte er nicht mehr leugnen, dass er zu einer Art Parallelklasse gestoßen sein musste. Schließlich sagten sie ihm alle nichts, er wusste keine einzige Anekdote beizusteuern beim gemeinsamen Erinnerungslauf, er hinkte sozusagen immer hinterher. Aber hatte er sich denn nicht schon schwergetan, sich in seiner alten Stadt zurechtzufinden? 15 Jahre war er nicht mehr hier gewesen, oder waren es mehr? Alleine wie einem Straßennamen entfallen konnten! Nur mit Navi hatte er die alte Schule aufspüren können, aber vielleicht hatte sich sein Navi geirrt, und er war in einem völlig falschen Gebäude gelandet, in einer Parallelveranstaltung einer Parallelschule. Vielleicht aber war wirklich nur alles umgebaut worden, wie sie behaupteten. Obwohl es nicht so aussah, als hätte man da jemals etwas umgebaut. Schlechte Bausubstanz, hatten sie alle gelacht, als wäre das ein alter Scherz. Auch in S., hörte er sich da sagen, wo er heute wohne, gebe es kein Geld, die Kommune sei pleite, und die Schulhäuser verfielen einfach, genauso wie die Krankenhäuser, Straßen und Brücken. Er war erstaunt, dass er das eben gesagt hatte, es passte nicht zu ihm, aber er musste wohl angenommen haben, dass so etwas in der Art hier angebracht war – »wie man sich doch irren kann!«. Man sah ihn nur erstaunt an, und er erinnerte sich, dass man ihnen kurz vor dem Eintreten in die Schule erzählt hatte, ein regelrechter Lernparcours sei entstanden. Die starke Alumnibeteiligung mache es möglich, aber hier sah einfach nichts nach Alumnibeteiligung aus. Schon bei der Bezeichnung Alumni musste er lachen und kassierte auch gleich die Belehrung, dass diese Schule sich durch die treuesten Abgänger der ganzen Region auszeichne, die jede Menge Geld reinsteckten, damit das Gebäude nicht nur erhalten bleibe, sondern erweitert werden könne. Terge hatte daraufhin etwas ratlos durch die nicht besonders anheimelnde Eintrittshalle gesehen. Er war hinter den anderen durch die ihm gänzlich fremden Flure gegangen und hatte sich plötzlich gefragt, ob er

schon zu denen gehörte, die im Internet Klassenkamera-
den suchten, um irgendeinen Anschluss an ein soziales
Netzwerk zu finden. Oder ein Irrtum: Die Einladung zum
Abi-Treffen in dieser Schule hatte eigentlich einem anderem gegolten, einem Hausnachbarn, der Brief war aus Ver-
sehen in seinem Briefkasten gelandet, und er hatte den
Adresskopf nicht wirklich gelesen. Auch hatte er auf der
Fotografie, die auf der Einladung abgedruckt war, einige
Gesichter wiedererkannt, da war er sich sicher. Lediglich in
natura wirkten sie wie Fremde auf ihn. Aber was hatte er
erwartet? Das Leben musste sie verändert haben. Sie hatten
jetzt Häuser im Grünen, leitende Funktionen, mischten
irgendwo mit oder waren mal arbeitslos, d. h. arbeitslos
waren nur die anderen, die nicht gekommen waren. Es gab
jedenfalls Familien und Familienteile, sie fuhren in Ur-
laube und berichteten von neuen Ereignissen in Brüssel
oder Berlin und Umstrukturierungen im Ingenieurswesen.
Es fiel ihm eigentlich recht leicht, sich da einzuklinken.
Man war, da das alte Wirtshaus von früher dichtgemacht
hatte, in eine nahe liegende Pizzeria gegangen, die von
allen im Ort Verbliebenen empfohlen wurde. Eine Silke, an
die er sich ebenfalls nicht erinnern konnte – aber hatte
man nicht immer eine Mitschülerin namens Silke? –,
lachte beim Eintreffen im Restaurant laut auf: »So sieht
das also immer noch aus, wenn man hier etwas Pizzeria
nennt.« Er konnte nicht mitlachen, nicht, weil er das un-
höflich gegenüber den Kellnern gefunden hätte, mehr aus
seinem Abstand zur ganzen Situation heraus. Silke wohnte
schon seit längerem in Paris, und er wunderte sich, dass sie
überhaupt gekommen war. »Eine Möglichkeit, sich wie-

derzusehen, ergibt sich so selten«, hatte sie ihm gleich anvertraut, als hätte sie seine Frage geahnt. »Man muss doch hin und wieder nach seinen Wurzeln sehen.« Sie schien sich überhaupt an gewisse Dinge aus der Vergangenheit zu erinnern, die ihm entfallen waren. Er habe zum Beispiel mal für sie geschwärmt. Mehr noch, schmunzelte sie, sie hätten sich heimlich getroffen. Die Eltern seien damals sehr vorsichtig gewesen, fuhr sie fort und schwieg dann einen Moment. Er konnte sich nichts unter der Vorsichtigkeit ihrer oder seiner Eltern vorstellen, aber fand die Idee ganz lustig. Sie war verheiratet, klarer Fall. Auch er hatte seinen Ehering gut positioniert, auch wenn er nicht mehr ganz stimmte. Ein Typ namens Klaus fragte ihn, ob er seine alte Vespa noch habe – »natürlich nicht«, antwortete Terge etwas zu eilfertig, als müsse er einen Test bestehen, und überlegte, ob er jemals so ein Gefährt gehabt hatte. »Was?«, rief Klaus sofort enttäuscht aus, »damals habt ihr, du und das Ding, so unzertrennlich gewirkt.« Er habe sie noch im Schuppen seiner Eltern, zumindest Teile davon, verbesserte er sich schnell und war sich einen Moment lang sicher, dass dieser Schuppen existierte. Genauso wie die ganzen Ersatzteile. »Ach, deine Eltern leben noch!«, rief Klaus überrascht aus, als wäre das eine kolossal überraschende Information. Ein unangenehmer Schauer überfiel ihn. Vielleicht, weil Klaus ihn so komisch ansah, vielleicht, weil er plötzlich an seinen Bruder denken musste, den er seit einer Ewigkeit nicht mehr gesehen hatte. »Es gibt sie eben doch, die Parallelwelten«, würde er gerne in diesem Augenblick zu irgendjemandem sagen, aber er wusste nicht, zu wem. Silke unterbrach seine Gedanken: »Ihr habt euch wohl auch auseinanderdividiert.« Sie sah ihn bedeutungsvoll an, und er brauchte einige Momente, bis er verstand, dass sie nicht von seinem Bruder sprach, sondern von seiner Ex. »Woher hast du das gehört?« Man habe es ihr erzählt – wer es war, habe sie jetzt nicht mehr auf dem Schirm, ruderte sie zurück. »Ja, weißt du, es ist noch relativ neu«, begann er nach einer Weile zaghaft, »ich habe es eigentlich noch gar nicht rumerzählt.« Strenggenommen hatte er es noch niemandem gesagt. Die Trennung wurde erst vor drei Wochen beschlossen, drei Wochen, in denen er wie in Watte gepackt herumgelaufen war. »Ist schwer, was?«, versuchte sie es wieder, »Wie lange wart ihr zusammen? Zehn Jahre? Fünfzehn?« – »Zwölf«, sagte er langsam, immer noch vor den Kopf gestoßen von Silkes Mitwisserschaft. »Glaube mir, kenne ich, kenne ich alles«, schloss sie etwas unvermittelt.

Sie hörten wieder den anderen zu, die neben ihnen von einer wüsten Geschichte sprachen, die typische deutsche Energieversorgerskandalgeschichte, wie sie es immer bei jedem Klassentreffen geben musste, in die ein gewisser abwesender Roland verwickelt war, der anscheinend Lobbyist oder so was Ähnliches geworden sein musste. »Und zwar wie es im Buche steht!«, witzelte ein kleiner Drahtiger, dessen Namen er noch nicht herausbekommen hatte. »War von ihm nicht anders zu erwarten, nicht?«, alles lachte. Man kannte schließlich Roland, und auch er glaubte plötzlich, ihn zu kennen. Er war froh, nicht mehr über seine Exfrau reden zu müssen, und so hörte er sich selbst eine Geschichte über Roland erzählen. Wie der schon damals

Vespas gekauft und verkauft und die Leute reingelegt hatte. Mit einem Mal konnte er Details des gesamten Vespazusammenhangs auspacken, von dem er bis vor fünf Minuten keine Ahnung gehabt hatte, er wusste es einfach wieder, dachte er sich. »Ihr wart gute Freunde, was?«, fragte der Mann ihm schräg gegenüber, der gleich von Hartmut Terges Nachbarn unterbrochen wurde. »Ja, ja – ihr habt mich ganz schön fertiggemacht«, sagte der bullige kleine Typ mit mehr als Bauchansatz und der alterstypischen Halbglatze. »Walli!! Du erinnerst dich doch noch an mich? Das gibt es doch nicht – er erinnert sich nicht mehr an sein ehemaliges Opfer!«, rief Walli mit überzogener Scherzhaftigkeit. Dabei zeigte er rüde mit dem Finger auf Terge. Ein schlechtgekleideter Typ, schlechter, als es seinem Einkommen entsprach, wie es vielen Männern seiner Generation geschah. Die Frauen rissen sich am Riemen, wurden ab einem gewissen Alter wieder schlanker, schminkten sich und zogen Kostüme an, wirkten allesamt sportlicher als ihre männlichen Mitschüler, die sich gehenließen. »Ganz schön fertig!«, prustete es aus Walli noch einmal heraus, und es war Harald Terge unangenehm, so nah an dem zu sitzen. Ihm schwante plötzlich, dass seine Gegenwart hier insgesamt keine so gute Idee gewesen war, vermutlich hatte er Walli damals eine schwere Zeit bereitet.

Die Klassenlehrerin saß weitab von Terge am anderen Kopfende des Tisches, eine alte Frau mit auf ihn dürr wirkenden Augen, die nervös hin und her sprangen und manchmal zu ihm blickten, als wollten sie was sehen, was da ganz und gar nicht war. Sie schien äußerst angespannt zu sein und zitterte. Wer weiß, sagte sich Terge, vielleicht litt sie an Parkinson? Alte Leute taten das oft. Sie sah eher aus wie eine Gefangene als eine Eingeladene, schien sich vor ihren Schülern regelrecht zu fürchten. Sprach man sie an, sagte sie immer nur monoton: »Ihr ward eine so liebe Klasse!« Ansonsten rührte sie in ihrem Kaffee und sah manchmal auf die Uhr. Es musste ihr schon immer an natürlicher Autorität gefehlt haben, überlegte er, bzw. war sie wohl auch ziemlich unbeliebt gewesen, denn keiner schien sich um sie zu kümmern oder das Gespräch mit ihr zu suchen. Als sich ihre Blicke für einen Augenblick trafen, zog sich in Terge etwas zusammen, er senkte instinktiv die Augen und wusste, das mit der Autorität musste er noch mal neu überdenken. Ja, schoss es ihm plötzlich durch den Kopf, hatte man sie nicht unheimlich gefunden und ihr jede Menge angedichtet?

Der Kellner kam und nahm weitere Bestellungen an. Niemand wollte zahlen, das fiel auf. Normalerweise gingen doch einige Leute immer sehr früh bei solchen Gelegenheiten, weil sie noch was zu arbeiten hatten oder kranke Kinder zu Hause oder weil sie einfach langsam betrunken wurden. Aber hier: Alle wollten dableiben, alle wirkten blitznüchtern, dabei musste dieses Treffen schon Stunden dauern.

»Und? Wohnt ihr schon getrennt?« Silke gab einfach nicht auf. »Wir«, so erzählte sie bereitwillig, »hatten zuerst ein Jahr getrenntes Leben, bevor wir uns scheiden ließen. Wir haben uns vorgemacht, wir kämen wieder zusammen.« Er nickte stumm. Das Ultimatum seiner Frau, wieder ins Leben zurückzukehren, wie sie es formuliert hatte, hatte er verstreichen lassen. »Will sie die Kinder für sich?«, bohrte Silke weiter, und er schmiss sein Weinglas um. Jetzt wurde es ihm wirklich zu viel. »Nein«, brummelte er und fragte laut aufs Geratewohl nach einer Andrea, die er sich eben ausgedacht hatte. »Ja, wo bleibt eigentlich Andrea?«, nahm jemand rechts neben ihm die Frage auf und kicherte böse. Er verstand sofort, dass er etwas falsch gemacht hatte, dass diese Andrea mindestens die Drogentote abgeben musste, die jede Schulklasse zu bieten hatte, oder eine Exgeliebte, die er grausam links liegen gelassen hatte. »Meine Andrea ist nicht eure!«, rief er deswegen schnell, und alles lachte, als hätte er einen besonders guten Scherz gemacht. Er war froh, dass die Pizza kam, die er schon ganz vergessen hatte. Große, viel zu hell aussehende Kreise mit tomatenmarkartigem Belag und viel zu orangefarbenem Käse lagen auf dem Tisch. Ihm wurde übel, und er stand auf.

»Auch dein Job macht uns zu schaffen«, hörte er von hinten jemanden sagen, und er drehte sich um. Hinter ihm stand ein dünner großer Mann mit grauen Schläfen, der ihn ernst anschaute. Er war aus dem Nichts aufgetaucht und auch nicht vorher am Tisch gesessen, dessen war sich Terge sicher. »Ich meine, überlegt ihr da oben, wie wir vor die Hunde gehen? Denkt da irgendjemand darüber nach?« Bevor sich Terge überlegen konnte, wie er den Vorwurf zu verstehen hatte, denn er fühlte sich keineswegs denen »da oben« zugehörig, bemerkte er, wie alle ihn ansahen. Das, was er am wenigsten verstehen würde, dachte er einen Moment später, war, warum er diesen Vorwurf einfach akzeptiert hatte. Warum dachte er: »Recht hat er«, obwohl er sich doch keiner tatsächlichen Schuld bewusst war? Warum hatte er nicht gegengesteuert?

Jedenfalls musste das ungefähr der Zeitpunkt gewesen sein, an dem ihm klar wurde, dass er zu handeln hatte, und zwar schnell. Er musste irgendetwas gemurmelt haben, war aufgestanden und zur Toilette gegangen, um Zeit zu gewinnen. Kurz darauf befand er sich vor der Toilettentür und atmete durch, bevor er sie öffnete. Aus den Augenwinkeln sah er, wie sich die Lehrerin ebenfalls in seine Richtung bewegte. Wie ein Pubertierender, der nicht von einer Rückholaktion eines Erziehungspersonals betroffen sein wollte, zog er sich etwas zu eilig in den Innenraum des Herrenklos zurück und hörte mit klopfendem Herzen, ob sie ihm nachfolgen würde. Sie tat es. Er sagte zu ihr höflich bemüht: »Entschuldigen Sie, das ist die Herrentoilette!«, und wies in die andere Richtung, in der er das Damenklo vermutete. Sie sagte nur bitter: »Ich weiß!« Dann holte sie ihr Spray aus der Handtasche und machte ihre Arbeit. Ihm wuchsen erwartungsgemäß keine nennenswerten Kräfte zu, sich gegen sie zu wehren. Als sie fertig mit ihm war, konnte er sich immerhin ein für alle Mal vor der Gegenwart sicher sein, nur noch die Vergangenheit würde ihn jetzt ständig einholen.

Deutsche Wälder

»Bei dieser Familiengeschichte, die sich plötzlich in deutschen Wäldern verläuft, wo es vorher noch belgische und österreichische gewesen sind, mache ich nicht mehr mit.« Jan Hundt wollte nicht mehr durchs ICE-Gelände fahren und familiäre Verbindungen nach Göttingen herstellen, nach Wiesbaden oder gar nach Lippstadt, Eisenach. »Das geht jetzt nicht mehr«, sagte er sich. Er wollte nicht mehr aus irgendwelchen Wäldern herauskommen und sagen: »Das bin ich, frisch aus einem 16. Jahrhundert, das es so niemals gegeben hat, das sich aber bald im Gesicht irgendeines Sohnes erstrecken wird, den man mir zuschreibt. Ein 16. Jahrhundert, das wir immer neu erfinden, weil uns die Gegenwart nicht ausreicht«, alleine, es half nichts. Denn schon wieder befand er sich auf Familienfahrt, bog ein in die Familieneinfahrt, auf die alles im Moment zusteuerte, weil sonst nichts übrigblieb. Er sah deutsche Wälder vorbeiziehen, die er sich nicht ausdachte, ja, niemals ausgedacht hatte, eine ICE-Realität zwischen Göttingen, Fulda und Kassel, deutsche Wälder, an deren Rändern man Mittelalterwochenenden abhielt, während zwischen Fachwerkhäuschen die Idylle ausbrach, beinahe ganz von alleine, mit Forsythien, Tulpen und Gänseblümchen, gleich neben den tristen Emanationen der strukturschwachen Zonen: Recyclinghöfe, Physiopraxen und Betonflachbauten, Arbeitslosigkeit auf dem Vormarsch. Leicht zu erkennen an den Physiognomien der Kleinstädter, in den verrammelten Miniläden am Bahnhof, der auch schon bessere Zeiten gesehen hatte. »Und nur ein Streifenpolizist in der Stadt«, hatte ihm eben noch eine Frau im Abteil zugeflüstert, die dann aber schnell ausgestiegen war, ohne ihm zu sagen, was es mit dem auf sich hatte. Jenseits der Speckgürtel um Frankfurt und Kassel gab es das, jenseits der Ausläufer von Fulda, Hannover und Göttingen gab es das, ja, es gab sogar ein Jenseits von Bebra, Bad Hersfeld und Eschwege – denn schließlich musste er auch stattfinden, der Landkreis Werra-Fulda, der Knüllwald, die Rhön, und überall saßen Familienmitglieder drin. Nicht selten waren seine Freundinnen daran schuld. »Sabrina ist schuld«, konnte er sich sagen, »Sandra oder Sabeth.« Aber im Augenblick hielt er vergeblich Ausschau nach einer von ihnen. Anscheinend waren sie schon verschwunden, untergegangen im Familienpulk, der sich doch erst vor wenigen Minuten hier am Bahnsteig über das Fortkommen hin zum Erlebnisgasthof, zum Gutshof, zur Burg unterhalten hatte: »Nehmen wir ein Großraumtaxi, oder warten wir auf das Auto von Regine?« Man musste ihn irgendwie vergessen haben, übersehen und stehengelassen auf diesem überdimensionierten Bahnhofsrest eines Provinzstädtchens, an dem man nichts als Abstandsmessungen unternehmen konnte. »Da ist es, das 20. Jahrhundert!«, hatte er zumindest gerade noch zu Sabeth gesagt, als sie an dem ehemaligen Verkehrsknotenpunkt angekommen waren. Das 20. Jahrhundert war hier ansonsten nämlich eher weiter weg als so manch anderes Jahrhundert, stellte er jetzt an diesem Typen in Mittelalterkluft fest, der nur 50 Meter entfernt von ihm ebenso unschlüssig zu warten schien.

Man musste ihn vergessen haben. Dabei habe man ihn sofort adoptiert, wusste zumindest Sabrina, er sei auch so nett. Im Moment war er aber etwas von seiner Nettigkeit abgelenkt durch die drei Bahnhofsalkis, die wohl auf der Suche nach der alten Bahnhofskneipe vergeblich irgendeine Information aus einem vierten rauszubekommen versuchten. Geheimnisse der Provinz, tief vergraben in dem vom Alkohol aufgeschwemmten Gesicht. Dann hörte er Autotüren zuschlagen. Er vermutete auf Angehörige wartende Autofahrer und behielt recht. Würde auch er in wenigen Augenblicken wieder eine Schwiegermutter haben wie bei den Brüdern Grimm? Und rotwangige Neffen, einen Onkel, der immer zu spät kam, weil er noch einen Termin in Frankfurt gehabt hatte? Einige würden als Gruppe ankommen, hatte es geheißen, sie hatten schon Treffpunkte ausgemacht an den gegenwärtigen Verkehrsknotenpunkten, die das Land so hergab. Spätestens an diesem Bahnhof würden sie dann alle zueinanderfinden und dann neben Mittelalterrollenspielern, Motorradbegeisterten und Fahrradtouristen wieder ihre feste Stellung einnehmen im hiesigen Gast- und Hotelgewerbe, sofern es noch existierte. Man sollte es nicht glauben, aber in dieser Region war einiges im Umbruch. Der ganze Tourismus werde neu organisiert, hatte Sabeth erzählt, was wie ein

Witz klang. Reiterhöfe machten zu und anderswo wieder auf, aus Klöstern wurden Gaststätten, ein lustiges Maisfeld entstand aus den Untiefen der Landwirtschaft, das Spaßbad wurde jahrelang umgebaut, und der Naturlehrpfad des Heimatvereins war zugewachsen. Dafür blieben die Burgen. Mit den Burgen würde in der Gegend zu rechnen sein, mit der Tannenburg beispielsweise. »Zur Tannenburg!«, so hatte Sabrina erzählt, werde man auch dieses Jahr wieder aufbrechen, »lasst uns zur Tannenburg gehen!«, obwohl alle ahnten, dass die Tannenburg wieder besetzt sein würde von Gnomen, Elfen und Rittern, die den *Herrn der Ringe* auf eigenwillige Weise interpretierten. Man habe sich an ihre Nachbarschaft gewöhnt und frage nicht mehr nach, wenn Menschen in Kutten an ihnen vorbei in ein Gelände drängelten oder sich in merkwürdigen Sprachen unterhielten, manchmal sogar mit Schwertern aufeinander losgingen. Burgen seien eben stabile Äußerungen anderer Jahrhunderte, hatte man ihm gesagt, stets bereit, Geschichte auszuteilen, wenn man sie nötig habe, und hier hätten sie alle nötig. »Ich aber nicht!«, hatte Hundt sich beeilt dazwischenzurufen, und jetzt fragte er sich einzig, warum sie nicht zurückkamen, um ihn abzuholen, ja, warum seine Abwesenheit nicht einmal Sabrina auffiel.

Sie gingen vermutlich schon mal zur Tannenburg, erzählte er einen Moment später dem Mittelaltertypen, mit dem er sich ganz plötzlich das einzige Taxi des Ortes teilte und darin einen schmalen Wortwechsel zwischen 12. und 21. Jahrhundert versuchte. Er sei ein Zwerg, hatte der sich gleich vorgestellt, und sei unterwegs zu irgendeiner Entscheidungsschlacht zwischen Gut und Böse, ob Jan Hundt mitkommen wolle? Zur Tannenburg? – Aber ja! Jan Hundt war sich sicher, dass dieser Zwerg auf seiner Reise in die Vergangenheit irgendwann auf dieses typische Kunstidiom umschalten würde, das er dem gegenwärtigen Geschehen auf der Tannenburg zuschrieb. »Weherr seiett ihrrr?« Hundt hätte lieber die reine Gegenwart gehabt, die Gegenwart eines Doppelkopfspiels, die Gegenwart eines Drinks auf einer Sonnenterrasse im Grünen, ein wenig Ballspiele mit den Kindern. Da saßen sie nun in dem Gemeinschaftstaxi und hielten jeder für sich einen Moment lang den Atem an. Hundt hatte gehört, dass das ortsansässige Taxiunternehmen von zwei Achtzigjährigen betrieben wurde, die sich auf diese Weise die Rente aufbesserten. Sie waren dafür stadtbekannt. Aber hier war sicherlich alles stadtbekannt, vermutete er. Und schon wurde er durch die Landschaft gekarrt, mit spitz angewinkelten Knien, diesmal nicht zwischen Nichten und Neffen eingeklemmt, die alle einen Kopf kleiner, alle ein paar Jahre jünger und in gewissen Sozialberufen drin waren. Praktika hie und da, Veganer die Jüngeren, Anthros die Älteren, eine angebliche Linksradikale, die sich bei näherer Betrachtung als Anarcholiberale entpuppte, falls es so was überhaupt noch gab. Stattdessen der Zwerg, selbst ein Meter neunzig groß, unaufhörlich auf dem letzten Stück des Weges vor sich hin erzählend: Es seien böse Mächte in die Burg eingedrungen, die müssten nun geschlagen werden, vertrieben allemal, ins Tal hinunter mit ihnen, in die Wälder hinein! »Und weherr seiett ihrrrr?« Jan Hundt hätte ihm gerne gesagt: »Wir sind ein Familientreffen, nein, wir

sind die mittlere Generation, unterwegs zu einem Doppelkopfspiel!«, aber er nickte nur und sagte, er suche dort
seine Familie.

Mit einem Doppelkopfspiel endete bei ihnen alles, selbst
das Kusinenessen, während dem sich Eltern einmal nicht
über ihre Kinder unterhielten, sondern miteinander Ju-
gendlichkeit zelebrierten. Und immer war Sabeth oder
Sandra oder Sabrina die Lieblingskusine und er ihr ange-
schleppter Lieblingsfreund. Man habe ihn adoptiert, hatte
Cousin Markus das letzte Mal dazu gesagt, er sei einge-
meindet, würde die etwas ältere Generation das bezeichnen. Die noch Älteren sagten nichts dazu, sie baten ihn immer nur, den Gartentisch aufzustellen oder den Korb mit
Getränken hinunterzutragen. Und dann blickte man auf
Sabrinas oder Sabeths Bauch und fragte nach Daten. Nach
dem Befinden, nach der Zeit, die verging.

»Aber was nicht stimmt, ist, dass wir hier alle Landrover
fahren«, hörte er sich unvermittelt vor dem Burgeingang
dozieren, »und Rechtsanwaltskanzleien führen. Was nicht
stimmt, ist, dass wir den Museumsverein unterstützen und
über großartigen Landbesitz verfügen.« Und, ganz profes-
sionell, ein Stück weiter drinnen: »Auch auf Industrielle,
die hier über Strohmänner Landbesitz aufkaufen, treffe ich
niemals persönlich, sie tauchen nur auf als Legenden in den
Gesprächen der örtlichen Kneipen.« Mit einem Mal fühlte
er sich als Experte, ein Botschafter, der einen Zwerg aus
dem Mittelalter einführt in das erweiterte Familienfeld.
Ein Zwerg, der nicht Klaus oder Gernot heißt, sondern vermutlich ganz anders, und der seinerseits begonnen hatte,

über die Wälder zu reden, die endlosen Wälder, die hier alles verschluckten, wie er das formulierte.

Es fiel Hundt bald schwer zu sagen, wie lange er schon in dieser Erlebnisgastronomie der Burg saß mit ihrer lustigen Bierauswahl und den Gästen aus anderen Jahrhunderten, deren Treiben allenfalls vom kurzfristigen Auftreten der Fahrradgespenster und Nordic-Walking-Ruinen unterbrochen werden konnte, diesen reichen Fünfundsechzigjährigen, die in Neoprenanzügen mumifiziert über Deutschlands Landstraßen heizten. Noch waren sie nicht aufgetaucht, »erstaunlich eigentlich, wenn man bedenkt«, gab Hundt seine Irritation zu verstehen. Er wollte wieder auf Kurs kommen, auf Gegenwartskurs. Sein Gegenüber knallte gerade den Bierhumpen auf den Tisch und begann unvermittelt, von seiner Entscheidungsschlacht zu sprechen, die ihn aus irgendeinem Grund bereits zu beschäftigen schien, obwohl sich hier noch nichts davon bemerkbar machte. Gnome gegen Elfen, Elfen gegen Waldschrate, vermutete Jan Hundt, so was in der Art, »aber leider nicht heute, lieber Zwerg, du hast dich geirrt!«. Der Zwerg, der vermutlich nicht Klaus oder Gernot hieß, beharrte darauf, gut schießen zu können. »Du solltest mal sehen, ich treffe einen Apfel auf 100 Schritt.« Jan Hundt wollte das aber nicht sehen, er wollte lieber rätseln, ob Doch-nicht-Klausoder-Gernot an derselben Krankenkassenstudie wie er mitmachte, jenem Aktiv-Passiv-Modul, das sie alle zu Datenstaubsaugern mutieren ließ, aber immerhin die Gebühren senkte. Er wollte lieber überlegen, ob der Zwerg genauso zwischen Aldi-Süd- und Aldi-Nord-Welt zu trennen verstand wie jeder andere hier, »denn so musste es doch sein, oder?«, sagte er etwas aggressiver als gewollt. Er fragte sich, ob Doch-nicht-Klaus sich mit den Neoprenmenschen auskennen würde, die er immer noch nicht, genauso wenig wie seine Familienmitglieder, hier aufkreuzen sah. Wer war denn überhaupt hier? Doch-nicht-Klaus packte ihn am Arm: »Ich denke, es sind die Wälder. Die Wälder machen sie alle verrückt.« In den Wäldern finde es statt. »Was?«, fragte Hundt und bekam keine Antwort. Der Zwerg seinerseits wollte jetzt schießen gehen – ob Hundt es wenigstens mit ihm und seiner Steinschleuder aufnehmen wolle? Auf einen Wettkampf mit ihm könne er sich unmöglich einlassen, sagte Hundt bloß bemüht ernst und stand langsam auf. »Geh nicht!«, rief der Zwerg erschrocken, »du weißt nicht, was da draußen los ist!« Doch Hundt wollte nichts als zurück zum Bahnhof. Sein Familienleben aufgeben, sein Dasein in den Wäldern von Mitteleuropa, er wollte nichts, als einfach ein ganz normaler Städter sein, der Krankenkassenstudien mitmachte und weiter zwischen Aldi-Nord und Aldi-Süd zu unterscheiden verstand.

Als er aus der Gaststätte heraustrat, wünschte er für einen Moment, der Himmel in dieser nordhessischen Provinz wäre voller Kondensstreifen, als wäre ein Verkehrsknoten verrutscht, eine plötzliche Neueinteilung des Luftraums vonstatten gegangen. Das wäre wenigstens ein Zeichen gewesen, irgendein Aufgebot an Gegenwart! Er ahnte nämlich, es würde kein Gemeinschaftstaxi mehr geben, das ihn zum Bahnhof zurückbringen könnte, auch der Bahnhof würde verschwunden sein und mit ihm das gemütliche Restbeisammensein in einem ICE-Abteil. Selbst vom Businessclasshaufen, der ihn auf der Herfahrt argwöhnisch betrachtet hatte, würde keine Spur mehr übrig sein. Angestrengt lauschte er, ob zumindest das Surren der Windräder zu hören war oder eine Starkstromleitung, die man auch hier vermuten musste. Wälder sind niemals still, so war ihm klar, still ist einzig das Flugzeug, das über ihnen auf 10 000 Metern seine einsame Spur zog. Es würde das Letzte sein, das er jemals gesehen hatte.

Das abgekürzte Lanzarote

Jetzt waren sie also abgereist. Heidrun Paetz musste sich erst einmal erholen von den ganzen Nichtbesuchen, die sie gemacht hatten, dem ganzen Nichtkontakt, dem Nichterscheinen ihrer beiden Freunde, die während der Festtage kein einziges Mal zu ihnen raufgekommen waren, kein Fest mit ihnen feierten, obwohl gerade die Feste verabredet waren. Ihnen sei eben mehr nach Nichtfeiern, nach Aussetzen und Abstand zu allem gewesen, gaben sie an, ein Zustand, der erstaunlicherweise bei Heidrun Paetz und ihrem Lebensgefährten Stefan Kovac eine regelrechte Paranoia hervorgerufen hatte, weil man nicht aufdringlich wirken wollte und jede erneute Begegnung mit den beiden nun einen anderen Charakter annehmen würde. So hatten sie an der ständigen Sorge gelitten, dem anderen Pärchen quasi zufällig auf der LZ-30 oder auf der LZ-10 zu begegnen, an einer Kreuzung des Hafenstädtchens stehen zu bleiben und im Wagen neben sich plötzlich die beiden vorzufinden. Dann wäre man nebeneinander vor dieser Ampel gestanden, und es wäre und wäre nicht grün geworden. Aber das sei ja nun vorbei, versuchte es Stefan Kovac. Gott sei Dank, so Heidrun Paetz, aber zum Erholen vom Nichtkontakt blieben ihnen gerade mal drei Tage. Nicht viel, wenn man bedenke, wovon sie runterkommen müssten, beurteilte ihr Lebensgefährte ironisch die Lage. Zumindest die seiner Partnerin, die unaufhörlich davon redete, wie es ihr nicht in den Kopf wolle, dass es sich bei dem Zustand ihrer Freundin Claudia um eine tatsächliche Erschöpfung gehandelt habe. Und zwar eine Erschöpfung, die Claudia eben nicht mit ihr geteilt habe wie eine frisch erlebte Liebesgeschichte. Stefan Kovac war es nun langsam überdrüssig, davon zu hören, dass man hierhergekommen sei, um sich gemeinsam zu erholen und nun gar nichts Erholungsmäßiges miteinander unternommen habe, oder dass die anderen doch rein gar nichts von der Insel wahrgenommen hätten. Claudia habe das Landesinnere nicht gefallen, sie sei nur auf das Landesäußere aus gewesen, auf die Küstenlinie, sagte Paetz, während sie beide immer im Landesinneren saßen, weil sie Urlaubsprofis waren und wussten, dass man das hier so machte. Beide schwiegen einen Augenblick. Kovac ließ das Fenster herunterfahren, als wollte er endlich etwas Luft hereinholen und dazu die Auskunft, wo nur die große Palme geblieben war, an der sie links hätten abbiegen sollen?

Sei's drum: Umsonst sei Heidruns Paranoia gewesen, an den üblichen Sehenswürdigkeiten aufeinanderzustoßen, d. h. einmal, so erinnerte sie sich nun weiter, wären sie sich beinahe begegnet. Claudias Freund habe aus heiterem Himmel angerufen, als ob da nichts wäre, als ob da keine Abwesenheit um dieses Telefonat herumstehen würde, um sich nach einer Restaurantadresse zu erkundigen. Dabei

habe man doch festgestellt, dass man sich in der Nähe voneinander befinde, was im Heidrunauto wieder eine Lawine
an Überlegungen nach sich zog, warum man sich nicht einfach habe verabreden können. Die hätten doch letztendlich
den Kontakt mit ihnen vermieden, und die ganze Erschöp-
fungsnummer sei nur eine Ausrede, mutmaßte Heidrun
Paetz und schwieg einen Augenblick. Aber es war mehr
ein rhetorisches Schweigen, das nicht wirklich auf eine
Antwort von Stefan Kovac wartete, es war ihr vielsagendes
Schweigen, das in ein »Ach, die sind einfach Gespenster geworden, Schatten ihrer selbst« mündete. Früher, so fuhr
Paetz fort, hätte Claudia trotz Stress andauernd Partys ge-
schmissen, da habe immer dieser große Tisch in deren
Wohnung gestanden, um den sich alle versammelt hätten,
auch wenn am nächsten Tag eine Deadline alle in Panik
versetzt habe. Ja, wie es aussah, wollte Heidrun Paetz immer noch darüber sprechen, was früher war und was heute
nicht mehr sein konnte, obwohl Stefan Kovac immer mehr
der Meinung war, es gebe da nicht mehr viel zu vermel-
den: »Burn-out, das ist doch klar. Deine Freundin ist fertig,
die steht doch total neben der Kappe, und ihr Mann muss
mit.« Er machte ein Gesicht, als hätte er gerade aufge-
legt, während sich Heidrun im Stillen weiter über das Gefühl ärgerte, von ihrer Freundin verlassen worden zu sein
wie eine Ehefrau, die im gemeinsamen Urlaub merkt,
dass der Ehemann gar nicht mehr da ist, auch wenn er ge-
genwärtig neben ihr in der Sonne brät. Kovac hingegen
wollte endlich wieder auf Paetz' Bildfläche erscheinen,
doch er rang sich nur zu der Bemerkung durch, dass es
schockierend sei, jemanden zu beobachten, wie er sich so

ausbeuten ließ und niemals Grenzen setzte. »Wieso? Du lässt dich doch auch ausbeuten!«, konterte Heidrun etwas zu scharf. – Das sei etwas völlig anderes! – »Anyway«, schnitt sie ihm das Wort ab, »sie sind abgereist. Sprechen wir nicht mehr davon!« Stefan stutzte. Sie habe doch angefangen.

Sie saßen eine Weile lang grimmig schweigend nebeneinander und blickten übers Land. Plötzlich wirkte die Insel anders. Es war sozusagen schwieriger, sich an die Abreise von Nicht-anwesend-Gewesenen zu gewöhnen als an die von anwesenden Reisepartnern. Es war, als wären die beiden heimlich doch dageblieben, als versteckten sie sich nur noch besser, wären tiefer eingesunken in den Sandboden, den Vulkansteinboden. Man wähnte sie auf den Bergen mit den Sendemasten oder hinter merkwürdigen Bauernhäusern, die mehr wie Kleinindustrieanlagen aussahen, um die herum der Plastikmüll auf den Feldern ganze Arbeit leistete und dem Plateau eine Anmutung von unentschlossener Müllhalde gab. Ohne Zweifel: Die Erschöpfung von Heidruns Freundin war in die Landschaft eingetreten und hatte sich breitgemacht. Plötzlich wirkte die Insel unbetretbar, da die anderen mehr als Fußstapfen, nämlich Nicht-Fußstapfen zurückgelassen hatten.

Kaum zu glauben, dass aus den beiden Heidruns, wie Paetz und Kovac gerne von den anderen tituliert wurden, in den letzten Tagen zwei Personen geworden waren. Ein genervter Stefan und die ständige Gesprächsinhaberin, wie er das nannte. Der genervte Teil möchte bitte nichts mehr von der

Tante hören, sonst würde er aussteigen, sagte Kovac auch schon und gab Gas.

Er hatte recht, sah Paetz ein, sie musste Claudia mit ihrer ganzen Erschöpfung loswerden, hinter der garantiert etwas anderes stand, das sie einfach nur nicht benennen konnte. Irgendein Konflikt zwischen ihnen, der ungelöst blieb und ihr nun im Nacken hing. Paetz musste es loswerden, nur wie? Ein Ritus, ein Spruch, ein Hexenreim? Ihr fiel nichts dergleichen ein. D. h. mit ihrem Inselopel wollte sie morgen an die Stelle fahren, der man magische Kräfte nachsagte, und sie würde diese verdammten Zettel mitnehmen, auf denen sie alles, aber auch alles, was sie loshaben wollte, aufgeschrieben hatte, und sie in dieses Loch werfen, in dieses Jahresendloch, das von vielen Touristen, so die Leute aus dem Nachbarappartment, genutzt wurde. Es befinde sich mitten in dieser kargen Vulkanlandschaft zwischen zwei Weingütern und fresse, was man ihm besonders kurz vor Neujahr anbiete. Es rückte die Dinge auch sicher nie wieder raus. Wenn das zusammengeknüllte Papier darin verschwunden sein würde, wusste Heidrun Paetz, würde ihr erst einmal flau im Magen werden, aber danach würde sie sich schnell besser fühlen. Sie musste es einfach nur tun, auch wenn sie es nachher nie wieder rückgängig machen könnte. Und wenn sie dann nach Europa zurückflog, würde sie schon bald die Nachricht erhalten, was mit ihrer Freundin passiert sei. Es musste ja nicht unbedingt ein Ableben sein, aber etwas Vergleichbares, das sich schon abgezeichnet haben würde, »damals auf der Insel«. Über die wahren Ursachen würde sie allerdings ihrem Lebensgefährten niemals etwas erzählen können, das war ihr klar. Sie fühlte sich müde.

Zum Jahreswechsel schienen sich sogar die Lichter zurück-zuziehen. Das knallbunte Feuerwerksgeschehen hielt sich jedenfalls sehr weit im Hintergrund, an der Küstenlinie. Kein Silvestergeräusch, also nicht irgendeines. Totale Stille um kurz nach zwölf. Niemand wollte ihnen Bescheid ge-ben, keine Anrufe kamen durch, kein SMS-Ton, als hätte auch kein neues Jahr angefangen. Irgendwelche Hunde lie-fen die nächtliche Landstraße entlang. Katzen miauten, aber ohne ersichtlichen Grund, in ihr Eigengeschehen ver-wickelt. Draußen auf dem Meer hielt sich das erwartbare Schiff auf der immergleichen Höhe. Silvester war ein Rück-schritt, so fühlte es sich an. Man hätte besser mit dem letz-ten Jahr weitergemacht und bloß kein neues angefangen. Und es kam so, wie es kommen sollte. Zwei Monate später waren Heidrun und Stefan getrennt.

Biopolitik

»Der Alkohol verschwindet«, aus den Mündern, aus den Köpfen, aus den Kehlen und Gesprächen und Meinungen, aus den Straßen und Kaffeehäusern, aus den Schulen, wo er angeblich noch nie gewesen war. »Der Alkohol verschwindet«, und Herbert Jause sah dabei zu. Er sah zu, wie er sich zurückzog aus gewissen Restaurants, erst den einen, dann den anderen, aus den Discountern und Eisläden, aus den Kiosken und den ziemlich bunten Ecken in seinem Viertel. Den Bänken am Kanal beispielsweise, den Gehsteigen, wo Scherben von Bierflaschen immer von seiner Existenz erzählt hatten, erzählte keine einzige mehr von ihm. Herbert Jause war dabei! Immer dort, wo er verschwand, fand man ihn. Jause war auch schon dabei gewesen, als er aus den Betrieben und Instituten verschwunden war, zuerst von den Rechnungen runter, dann aus den Kehlen, erst aus den Zugrestaurants, dann den Weihnachtsfeiern, aus denen auch der Zigarettenrauch einmal verschwunden war. Jause hatte ihn abziehen sehen, den letzten Dampf, die letzte Trübung der Luft hatte er erlebt und sich gedacht: »Bald kommt der Alkohol dran.« Das war lange her, und jetzt war es so weit, jetzt hatte es ihn erwischt, beobachtete er. »Ach was«, fiel jemand Jause ins Wort, »da kommt vorher noch anderes dran: Die Gewichtszunahmen würden verschwinden, zumindest die übermäßigen, die Fresskinder würden genauso verschwinden wie die Tortentanten, die übergewichtigen Paare aus der Innenstadt genauso wie die fettleibigen Opas. Der Hungerast würde verschwinden, der aus uns allen Junkies macht. Die Zuckerindustrie« – »Nein, nein«, versuchte Jause, den Mann zu unterbrechen, »der Alkohol muss zu allererst und noch viel weiter verschwinden, z.B. aus den Gesundheitsdiskussionen.« – »Stimmt, solange er nicht aus den Gesundheitsdiskussionen, aus den Ärzteblättern und von den Patientenseiten verschwunden ist, ist er noch nicht wirklich weg. Aber dort hält er sich hartnäckig«, sagte jemand links neben Jause, der langsam wissen wollte, wer da noch alles sprach, aber den Kopf nicht drehen konnte, weil er ganz starr darauf ausgerichtet war, dem Alkohol nachzusehen. Saß er etwa in einem Straßenbahnwagen? Aber ja! Gerade verschwand der Alkohol nämlich aus dem Straßenbahnwagen, in der Hand eines jungen Mannes, und Jause war dabei. Gleich würde man ihn nicht mehr sehen. »Irgendwann wird es zu Ende sein«, beruhigte Jause seinen Kollegen, »selbst in dem Gedanken an Bezeichnungen wie ›Weinflasche‹ oder ›Bierhumpen‹ wird er nicht mehr enthalten sein, sogar in der Bezeichnung ›Schnapsglas‹ liegt dann keine Erinnerung mehr an ihn.« Jause würde noch viele Dinge über das Verschwinden des Alkohols sagen, man würde ihn aber nicht mehr hören können, weil die Alkoholstille sich über alles legte, der man etwas sensationell Erleichterndes nachsagte.

Wohin sie fuhren, war ihnen nicht bekannt, aber alles würde besser werden, so viel war klar, für alle. Und die Krankenkasse.

Diagnosefront

Jemand sagte: »Acht Ärzte sind gerade online, stellen Sie jetzt Ihre Frage!« Jemand sagte: »Kindermode von Hessnatur – farbenfrohe Kinderbekleidung aus schadstoffarmen Naturtextilien«, und Elena Tsangaris rief: »Das bin ja ich!« D. h. ihr potentieller Konsumwunsch, auch wenn sie in Wirklichkeit noch nie etwas bei Hessnatur gekauft hatte. Aber sie könnte, so zielgruppentechnisch. Man beobachtete sie also wirklich, stellte sie fast erfreut fest, das ist nicht nur Paranoia, das findet statt. Jemand sagte: »Hallo, Leute, ich bin bei der Suche zum Thema Herzrasen auf diese Seite gestoßen.« Und nun stand er da in diesem Forum und wunderte sich, am meisten über sich selbst. Doch dann kam er gleich zur Sache, denn er hatte da eine Frage zu seinem Zustand. Er heiße *MRtin*, aber das sei ein Tippfehler, und den bekomme er im Augenblick nicht weg. *MRtin* sagte, er sei ja nicht der unsportlichste Mensch, auch wenn man das bei seinem Gewicht denken könne, und doch, seit drei Jahren leide er unter Herzrasen, obwohl er sich nicht sicher sei, ob sein Herz wirklich rase, aber er habe das Gefühl, dass es wirklich schneller schlage als sonst. Das Herzrasen stelle sich in den unterschiedlichsten Situationen ein, ob er im

Bett liege oder am Computer sitze oder sich mit Kumpels in der Kneipe treffe. Er könne da kein Muster erkennen. Und, weil sein Kardiologe das auch gleich gefragt habe: Nein, er nehme keine Drogen, also, er sei kein Komasäufer, sondern genehmige sich eher mal 'nen leckeren Caipi, sagte *MRtin*, der sich in diesem Forum wohl zu fühlen schien.

Dazu überkomme ihn oft eine bleierne Müdigkeit. Er nicke tagsüber immer wieder ein, vor allem auf der Arbeit sei das extrem peinlich. Er meine, er schlafe jede Nacht seine sieben Stunden, mehr brauche der Mensch doch nicht. Und wen es interessiere: Laut den Ärzten seien seine Blutwerte ganz normal, auch ein Langzeit-EKG habe er schon gemacht, und das habe absolut nichts gebracht, d.h. es habe nichts gezeigt. Dann schwieg er. Zwei Tage später schrieb er: Ach ja, er habe vergessen zu erwähnen, dass er sich eigentlich ganz gut ernährte. Er sei zwar schon so ein Schokoladentyp, deswegen auch sein Übergewicht, hier mit einem Smiley verziert. Nach zwei weiteren Tagen fragte er: »Hallo? Ist hier jemand?« Erst nach einer Woche meldete sich *Katzenkind*, dass sich das ganz nach Eisenmangel anhöre. Danach blieb es wieder einige Tage still. Ob es sich um Herzrhythmusstörungen handeln könne, fragt *Lowlita* schließlich zaghaft. Ja, an Eisenmangel habe er schon gedacht. Er habe das auch kontrollieren lassen, da sei wie gesagt nichts. *Ronja 13* brachte bestimmte Lebensmittel ins Spiel, auf die *MRtin* aber nicht näher einging. Nur so viel: Über Lebensmittel habe er noch nicht nachgedacht, aber er habe sich inzwischen von einem anderen Arzt untersuchen lassen. Schlafapnoe habe der vermutet.

Das lange Schweigen, das in diesem Thread jetzt folgte, ließ vermutlich bei einigen die Hoffnung auf einen Gesundungsprozess aufkommen. Doch bei wie vielen von ihnen? Etwa 30 Prozent? 20 Prozent rechneten doch immer mit einer Verschlechterung, bei 10 Prozent war es grundsätzlich schwankend, und der Rest blieb unentschieden. Elena Tsangaris atmete aber dann doch auf, als er sich nach drei Wochen erneut meldete, »wegen meines Herzrasens, das ist diese Woche wieder aufgetaucht«. Nach einer Party. Ob es doch vom Alkohol kommen könne? Dazu sagte *Katzenkind* nichts, es erwähnte jedoch die Lebensmittel, die schon mal genannt worden seien. *MRtin* ging darauf nicht ein, sondern begann vielmehr zu überlegen. Während alle Welt auf die Werbung eines Medikaments gegen Gliederschmerzen starrte, überlegte er. Während 40 Prozent auf die Werbung eines Medikaments gegen Bluthochdruck starrten, überlegte er. Während 80 Prozent das blinkende Gewinnspielkästchen zu nerven begann, überlegte er. Dann wiederholte er etwas zu den Eisenwerten. Er habe nun schon zum zweiten Mal sein Blut untersuchen lassen, und wieder sei nichts herausgekommen. Er werde gerne noch ein drittes Mal sein Blut abnehmen lassen, falls man das hier wolle, aber so recht sehe er den Sinn in der Sache nicht. Wollte man das? Nein, man wollte es nicht. Es würde aber *Lowlita* interessieren. *MRtin* reagierte darauf nicht. Auch die Frage zu Stress und Anspannung habe er noch unbeantwortet gelassen, dies sei ihm schon aufgefallen, aber es sei eben ein wenig kompliziert. Elena Tsangaris wusste nichts von der Frage, aber vermutlich wurde sie vom *Admin* gelöscht, versehentlich oder absichtlich, weil sie beleidigende Momente enthielt. Also begann MR*tin* noch mal: Es sei kompliziert und alles ein wenig im Fluss.

»Hallo? Warum meldet sich schon wieder keiner? Was ist mit uns los? Hier ist nun endlich mal einer mit Herzrasen, also hört ihm zu, wie er über Anspannung und Stress spricht«, kam nach ein paar Tagen von *Lowlita*, die langsam genug hatte. Ja, er habe Stress, antwortete MR*tin* auch prompt, nicht nur, was die Arbeit betraf, aber darüber könne er ohnehin nichts sagen, weil er eine Verschwiegenheitserklärung unterschrieben habe, und in diesen Zeiten sei es besser, sich an die Verschwiegenheitserklärungen zu halten. Aber nur so viel wolle er andeuten, es handle sich um Mobbing, um klassisches Mobbing. Zumal es um Downsizing gehe, setzte er hinzu – die Stille, die sich daraufhin im Netz ausbreitete, als was konnte man sie bezeichnen?

Niemand wollte sie bezeichnen. Auch MR*tin* war schon bei der Wetterfühligkeit, die er aber vehement bestritt. Er sei im Gegensatz zu seiner Schwester nie der wetterfühlige Typ gewesen, und wer darauf rumreite, werde Schwierigkeiten mit ihm bekommen. Außerdem gebe es da, wo er wohne, weder Föhn noch sonst irgendwie aufregende Wetterlagen. Es sei trocken, biowettertechnisch angenehm. Von dieser Seite könne man ihm also nicht kommen.

Nada meldete sich endlich wieder zu Wort. »Hallo, *Nada*!« – weil sie auch schon so lange nichts mehr gesagt habe. Sie wolle sich *Katzenkind* anschließen, die das mit den Panikattacken geäußert habe. Wieder eine Lücke in Bergers Threaddarstellung. Was ist hier los? Wo ist *Katzenkinds*

Einlassung zu den Panikattacken? »Ah«, sagt *Nada*, »das war wohl in einem anderen Thread, aber es passt auch hier ganz gut rein.« Panikattacken nehmen ganz allgemein zu, ob das niemandem aufgefallen sei? Das gehöre wohl wirklich nicht hierher, befand jetzt *Ronja 13*, die diesbezüglich die Klappe halten sollte. Ja, beharrte *Nada*, ob hier niemandem auffalle, dass sie andauernd vermieden, über Panikattacken zu reden? »Du mit deinen Panikattacken!«, mischte sich jetzt auch *Sybillsehr* ein, endlich, »wir haben auf dich gewartet, *Sybill*!«

MRtin wiegelte letztendlich ab. Als Panikattacken würde er das nicht bezeichnen, keinesfalls, Panikattacken kenne er, also er habe Kollegen dabei beobachtet, das sah anders aus. »Dazu kommt«, setzte er etwas unvermittelt fort, er sei nicht der reguläre Tablettenschlucker, also er vergesse das immer. Er wisse, er spiele da mit seinem Leben. Das brauche man hier in diesem Forum nicht wiederholt zu sagen, es reiche ihm schon, wenn seine Freundin das tue.

Katzenkind mahnte ihn, so was wirklich straight durchzuziehen, wenn er etwa blutdrucksenkende Mittel nehmen müsse, um nur mal ein Beispiel zu nennen. Auch *Nada* meldete sich zu Wort und meinte, natürlich, das gehe gar nicht. Mittlerweile äußerte man sich im Minutentakt, *MRtin* konterte sofort, es herrschte eine hektische Betriebsamkeit, und so wusste Elena Tsangaris nicht, wie die Sache mit *Lebensfreund7* begonnen hatte, sie habe einfach den Überblick verloren, würde sie später sagen, der Ansturm der Postings war einfach zu groß. Jedenfalls stand *Lebensfreund7* als großer Unbekannter im Raum, ein Konkurrent für *MRtin*, denn seine Symptome schienen an die von *MRtin* anzuschließen, aber er könne im Gegensatz zu diesem ganz gut damit umgehen, weil er sich genau an die Vorgaben halte. Er wolle hier einmal für einen Kurswechsel in der Diskussion plädieren, denn er habe auch immer gedacht, er wäre herzkrank, und die sich daran anschließende Debatte in diesem Forum habe ihn auf eine völlig falsche Fährte geführt. Doch *Lebensfreund7s* Ausführungen wurden schon von *Katzenkinds* Äußerung unterbrochen, es könne doch auch vom Hyperventilieren kommen. Mehrfach hatte sie versucht, damit Aufmerksamkeit zu erzeugen, bis *Nada* dies endlich zurückwies. – »Danke, *Nada*!« – Sie postete: »Wer wird in diesen Zeiten schon hyperventilieren? Sauerstoffsparsamkeit ist angesagt.« Bei *irgendjemandem* nahm die Pulsfrequenz zu, der hatte sich das auch schon gefragt, und *Lowlita*, inzwischen schon mehrfach wegen ihres Zynismus abgemahnt, kommentierte: »Bei irgendjemandem von uns nimmt doch immer die Pulsfrequenz zu.« *MRtin* antwortete schon länger nicht, es war aber niemandem aufgefallen, man musste ihn verloren haben unterwegs, und irgendwic hatte sich auch die Panik verloren, er könnte ganz weg sein, es könnte ihn nicht mehr geben. Fast erstaunte es, als er sich nach einem Jahr wieder zu Wort meldete und bekanntgab, er habe sich auskuriert. Das Herzrasen sei weg, ja, richtig weg. Seine Schwester habe ihm ein Rezept gegeben, das er ihnen allen ans Herz lege. Ein Hildegard-von-Bingen-Rezept, yep! Da habe er auch erst lachen müssen, er habe es genauso für esoterischen Kram gehalten, wie das hier alle täten, »ABER ES WIRKT!«.

Wie alle anderen war sich Elena Tsangaris nicht sicher, ob er es noch war, der sich hier zu Wort meldete, oder ob sich der *Admin* einen Spaß erlaubte, um den Thread endlich zu schließen – vielleicht war aus *MRtin* auch einfach nur ein anderer geworden, er hatte sich weggemorpht aus seinem alten Selbst hin in ein neues, das einen alternativen Kräuterhandel aufgemacht hatte oder eine Initiative für Baumkulturen ins Leben gerufen, wie das heute so viele machten. Was sie, *Nada, Blumine, Katzenkind, Ronja13* und *Ample4*, die neu hier war, beim besten Willen nicht interessierte. *MRtins* Wort wirkte jedenfalls wie ein Schlusssatz, endlich wurde der Thread geschlossen, der Pfad beendet, der Patient freigesprochen und durfte zurücktaumeln in sein Leben zwischen Apfelbäumen, Petersilienwein und Wochenenden in nordhessischen Ritterburgen, die lebensrettend waren. »Wir«, so Elena Tsangaris' Aussage, »treffen uns unterdessen alle bei *Lowlita* wieder, die so was wie ein Loch im Herzen hat.«

Kinderkreuzzug

Lili

Sie wissen schon, woran es in Wirklichkeit gestorben ist, das Masernkind, an allem anderen, nur nicht an den Masern. »Es kann gar nicht an den Masern gestorben sein, weil man an den Masern einfach nicht wirklich stirbt.« Es habe Vorerkrankungen gehabt, und diese Vorerkrankungen seien verschwiegen worden, wie Vorerkrankungen immer verschwiegen würden, gehe es um die Masern. Es habe einfach kein intaktes Immunsystem gehabt, weil Kinder, die an den Masern sterben, nie ein intaktes Immunsystem hatten, und man könne das ohnehin nicht den Masern anlasten, wenn so ein Kind sterbe, eher schon den Eltern, die sich nicht um das stabil funktionierende Immunsystem ihrer Kinder gekümmert hätten, aber keinesfalls – also keinesfalls, wiederholte sie, könne es als Argument für die Pharmaindustrie herhalten, wie das heute üblich sei und wie das verstörte Eltern zu absurden Impfaktionen dränge, nur weil dieses Kind angeblich an Masern gestorben sei.

Mascha wusste immer, woran die Kinder starben, die da

in letzter Zeit gestorben waren, und es starben derzeit immer irgendwelche Kinder an irgendwas. Mal nannte sie es Vorerkrankung, dann nannte sie es Zucker, mal kamen die Impfschäden ins Spiel oder die Pharmaindustrie – Gerhild fand, Mascha übe nicht gerade einen Eiertanz um die Tode der Kinder aus, aber ein Tanz war es mit Sicherheit. Währenddessen saßen die anderen Mütter ganz still. D. h. manche machten noch vorsichtige Übungen, den »Hund«, »Katze-Kuh«, irgendwelche Dehnungen, ansonsten platzierten sie sich erstaunlich unbewegt rund um ihre Yogalehrerin, all die Yogamütter, die gekommen waren, um sich gesund zu fühlen, um hineinzufinden in dieses Mutterbild, während ihre vermeintlich kerngesunden Babys frei im Raum herumkrabbelten und immer wieder zurückgeholt werden mussten von Ausgängen, Absätzen und dergleichen. Auch Gerhild hielt sich so beschäftigt, während sie nichts davon wissen wollte, wie viele impfgeschädigte Kinder da draußen herumspazierten. Die anderen akzeptierten das einen Moment betroffen oder stimmten Mascha zu, die mittlerweile von Gehirnschädigungen und Nerventraumata sprach, von den Leichen im Keller der Babykörper, die per Impfung hinterlassen würden. Das Hühnereiweiß aus dem Serum beispielsweise hatte Gerhild in dem Moment im Ohr, als sie Lili dabei beobachtete, wie sie sich an einem Heizungsrohr hochzog und dann nach hinten kippte. Dann hörte sie nicht mehr zu. Nach dem Kurs, Gerhild war sich dessen sicher, würden im verlassenen Raum eine Weile noch die Beckenbodenübungen zurückbleiben, die die Frauen heimlich gemacht hatten. Sie würden erst Minuten nach den deutlich sichtbaren Fortbewegungen

der Kinder verschwinden, aber so lange würde sie nicht
mehr warten können.

Marlene und Enno

Ihre Tochter hielt sich noch immer die Ohren zu. Es war
nicht zu fassen, da versuchte Filipa Marchi es nun zum
dritten Mal, aber die Kleine reagierte immer gleich. Papa
solle her. Sie wolle keine Geschichten mehr von ihrer
Mutter hören. Die versuchte es gerade mit der Katzengeschichte. Ganz einfach. Ein paar Katzen auf Bäumen, die
sich stritten. Was soll schon dabei sein? Doch wie bei der
Eichhörnchengeschichte schien es wieder darauf hinaus-
zulaufen, dass sie anscheinend Geschichten erzählte, die
die Vorstellungswelt der Kleinen zu sehr erschütterten.
Die sie in Albträume jagte, in Angst und Schrecken versetzte. »Erzähl den Kindern vorm Schlafengehen nicht solche Dinge«, hatte ihr Mann gestern angemahnt. »Was für
Dinge?«, hatte sie gefragt. »Enno hat von Kinderklauern
geträumt!«, fuhr er vorwurfsvoll fort. Und vorgestern habe
er sich schon nach dem Sterben erkundigt. Also wie man
stirbt. »Das ist doch normal.« – »Er hat nach dem Datum
gefragt«, setzte er nach, »also wann wir sterben werden.
Was hast du erzählt?« – »Katzengeschichte, Eichhörnchengeschichte. Die Geschichte von dem kleinen roten
Auto.« – »Erzähl ihnen das nächste Mal etwas anderes!«,
hatte er nur abwehrend gemurmelt. Sie war nicht gut darin, sich Begebenheiten auszudenken, also blieben die Ta-

gesreste. Und schon saß die Kleine wieder da und hielt sich die Ohren zu, während der Große schrie: »Hör auf, hör auf, hör auf!« Aber Papa war nicht da, Papa konnte die Situation nicht retten. Ein wenig später nur würde sie wie immer hinter ihren Kindern aufräumen, Legosteine, Spielzeugteilchen und Papierfitzelchen aufheben, die sie tagsüber in der Wohnung verstreut hatten. Sie würde die Kleider aufheben und an die dafür vorgesehenen Haken hängen, die Milchflaschen einsammeln, das Klopapier wieder aufwickeln, Rotzfahnen entsorgen. Nie wurde man mit den Dingen fertig.

Linus

Manuela Jerko war eine, die grundsätzlich ja zu allen Spielplätzen sagte. »Aber was zu viel ist, ist zu viel.« Auch Bernhard Jerko sagte, es seien die Spielplätze. Die Spielplätze machten sie alle kirre. Auf den Spielplätzen würden sie Sachen zueinander sagen, die sie nachher bereuten. Sätze wie: »Wen willst du noch alles kennenlernen?« Das habe Manuela Jerko doch eben gebrüllt, oder etwa nicht? – »Mit Recht«, gab diese zu: »Schließlich ist das der schrecklichste Kita-Vater, den du je kennenlernen konntest. Baut für H&M Räume, baut für Pimkie Räume, für Bonita, und du lädst ihn ernsthaft zu uns ein! Wer weiß, vielleicht plant er auch in unserer Wohnung schon Räume für Pimkie. Die Gegend ist ja entwicklungsfähig.« – »Ach was«, schnauzte Bernhard Jerko zurück, »der schrecklichste Kita-Vater sitzt in der Regierung.« – »Nein, der wirklich schrecklichste Kita-Vater ist vermutlich in der Deutschen Bank beschäftigt, und du würdest ihn auch noch mit nach Hause bringen wollen in deinem Sozialwahn.«

Eindeutig, es waren die Spielplätze. D. h. es war dieser Spielplatz. Von ihm ging die miese Stimmung aus. Es waren nicht die Cafés dahinter, die Läden. Die Spielplätze spülten die Verhältnisse ans Tageslicht, die niemand wahrhaben wollte. Auf diesem hier tummelten sich beispielsweise einfach zu viele Eltern, das fiel gleich auf. Der ganze Betreuungsschlüssel stimmte irgendwie nicht. Es wirkte jedenfalls so, als ob eher die wenigen Kinder auf die vielen Eltern aufpassten als umgekehrt. Und dann trugen Letztere zu gute Kleidung. Mäntel. Glänzende Schuhe. Wildlederzeug. Weiße Hemden. Und sie saßen auch nicht auf der Seite und fummelten mürrisch an ihren Handys herum, wie Jerkos es gewohnt waren, sondern turnten mit auf den Klettertürmen und probierten die Rutschen aus. »Es ist so, wie ich es dir gesagt habe«, flüsterte Bernhard Jerko seiner Frau zu. »Sie haben alles aufgekauft.« – »Wer?«, wollte sie fragen, verbiss sich aber den Impuls, weil sie ahnte, worauf er hinauswollte. »Hier ist niemand mehr von dem ursprünglichen Publikum«, stellte sie nur lakonisch fest. »Welches Publikum?«, würde er wiederum nicht fragen, weil er schon im Bilde war. Kurz: Sie führten eine ihrer Phantom-Unterhaltungen. Die beiden Väter neben ihnen aber unterhielten sich richtig: »Es war ein Rekordostern, das ist schon wahr.« Sie konnten sich schon eine ganze Weile nicht einkriegen über ihre Spitzenzahlen und hangelten sich bereits vom Rekordostern zum Spitzenweihnachten vor, während Jerkos immer ungehaltener wurden. »Sieh sie dir an! Alles Redakteure und Agentur-mitarbeiter«, flüsterte Bernhard. Sie sah sie sich nicht an, sondern hauchte stattdessen: »Mir scheint, drei Erwachsene kommen auf ein Kind.« – »Seh ich«, flüsterte Bernhard Jerko zurück: »Warum flüstern wir?« Sie wussten es, sie wussten, warum. Jerkos war sonnenklar, dass diese Menschen lachten, solange sie auf den Rutschen waren, doch sie würden nicht mehr lachen, wenn sie auf die beiden aufmerksam werden würden. Jerkos wussten, dass die dann auf sie zukommen würden, mit ihren Spielzeugen bewaffnet, und hernach behaupten, man hätte einen Streit der Kinder schlichten müssen. Sie wussten, diese Spezies würde hart durchgreifen, wie sie es gewohnt waren. Eindeutig, es waren die Spielplätze.

Annabell und Mira

»Darf man das nicht sagen, dass sie sich ähnlich sehen? Darf man nicht einmal das sagen?«, blaffte er sie an. »Du tust so, als wären das Klone. Dabei kennen die sich gar nicht.« – »Müssen sich Klone kennen?«, konterte er geschickt. Er wollte nun wirklich, dass sich die Mädchen kennenlernten. Und er wollte es ihr einfach zeigen. Die Ähnlichkeit sei verblüffend, auch vom Wesen her, hatte er ihr schon mal erzählt. Wenn man sie nebeneinander stellen würde, müsste man sie für Zwillinge halten, mit Sicherheit. Ida Zielinski wollte ihre Tochter nicht neben eine

Wildfremde stellen und sie für einen Zwilling halten, das lag ihr einfach nicht. Sie fand es nicht einmal amüsant, dass sie sich aufs Haar gleichen sollten, dieses Mädchen aus Oberschöneweide und Mira. »Außerdem ist es Quatsch. Es stimmt einfach nicht. Du hast kein Auge für so was.« Mertsin war beleidigt. Ihn plagte diese unentdeckte Ähnlichkeit der beiden. So was gehört veröffentlicht, fand er, zumindest in der Betriebsöffentlichkeit dieser Familie. Ida Zielinski hingegen fand, Mertsin verletze hier entschieden seine Pflicht als Quasi-Patenonkel, die Individualität und Einzigartigkeit seiner Quasi-Patentochter zu behaupten und zu unterstreichen. Mertsin war frustriert: So lange bat er sie schon darum. Er fände es lustig zu sehen, wie sie reagierten, und überhaupt: dann würde sie auch verstehen. Klar, Ida habe ihr Kind auf natürliche Weise bekommen, »das bestreitet hier keiner«. – »Wieso auch?« – »Na ja, könnte man doch, bei der Ähnlichkeit!« – »Also langsam wirst du wunderlich. Außerdem sprichst du von meiner Tochter.« – »Im Augenblick spreche ich von dir.«

Es war nichts zu machen. Auch beim Vater fand er kein Verständnis. Der wollte nichts wissen von der ganzen Angelegenheit, außerdem meinte er, dass Mertsin sie etwas obsessiv betreibe. Letztendlich wurde das Ganze zu einer regelrechten Belastungsprobe für die Freundschaft. Nach ein paar weiteren Fragerunden ließ Mertsin es sein und arrangierte heimlich ein Treffen. Beim nächsten Eisessen mit seiner Patentochter war Annabell ebenfalls dabei. Und so kam es dann, wie es kommen musste: Die beiden Mädchen verstanden sich auf Anhieb. Ihre Ähnlichkeit konnte sich einen Moment lang austoben, dann verschwand sie aber in

seinen Augen, ohne eine Spur zu hinterlassen, für immer.
Die Mädchen aber verbündeten sich, und das blieb nicht
ohne Folgen.

Sofia

Sarah Mittelberger konnte sich noch nicht vorstellen,
dass auch sie bald beginnen würde, Rundmails zu schreiben, was heißt Rundmails: Familienbriefe mit diesen ent-
setzlich schlechten Fotografien von Kleinkindern, in denen stand, was wieder alles passiert war in den letzten drei
Monaten und welche Kenntnisse die lieben Kleinen in jener Zeit erworben hatten. Sie konnte es sich nicht vorstellen, aber bald schon würde sie dabei sein. Drei Monate,
so wusste sie, war das passende Intervall. Alle drei Monate
ein Familienbrief, damit alle auf dem neuesten Stand der
Dinge waren, informiert, wie man sagt, denn das musste
sein, damit sie selbst an die Existenz von sich und ihren
Kindern glauben konnte. Denn solche Briefe, nahm Mittelberger an, helfen ungemein, man konnte es sich plötzlich
ganz plastisch vorstellen, dass man wirklich da war als Familie. Sie konnte ja noch nicht einmal an diese Wohnung
glauben, in der sie gerade saß, »also jetzt mal in echt«.
Dazu brauchte es eine regelrechte Anhäufung von Fotografien. Beweisfotos von Tischrunden, vom kunterbun-
ten Kinderzimmer, von kleinen süßen Küchenszenen. Ihr
fehlte wirklich der rechte Glauben an die ersten Schritte
der Kleinsten und an die ersten Musikerfolge des Größten,

auch wenn sie die stets direkt vor der Nase hatte. Wenn sie es sich recht überlegte, war sie vom Glauben oft genug abgelenkt, schon alleine durch die Tatsache, dass da draußen zwei Männer standen. Dort auf der anderen Seite der Straße. Mittelberger starrte schon länger über ihren Computer hinweg auf die beiden Gestalten, ohne sich was zu denken, aber erst vor zwei Minuten war ihr klargeworden, dass sie ihrerseits beobachtet wurde, d. h. ihre Haustür. Ihr war plötzlich klargeworden, dass sie das waren, was man »ganz real« nannte. Diese Männer waren nicht den Familienbriefen entsprungen, sie gehörten ganz eindeutig nicht zu jenem »Wir«, das man sich in Abendtalkshows so fleißig einredete, sie vereinten quasi alle Wirklichkeitsgrade auf sich und überließen ihr nur die Unwirklichkeitsgrade. Und sie würden ihr diese verpassen, wenn sie Lust dazu hatten, war ihr klar, und für einen Moment lang erschien es ihr, als wünschte sie es beinahe. Doch als der eine einfach langsam auf den Hauseingang zuging, diese ganz leicht aufbekam, eintrat und lässig auf den anderen wartete, der bis zur Trainingsjacke allen kiezüblichen Klischees entsprach, überfiel sie eine plötzliche Panik. Als sie die Schritte im Gang hörte, war sie sich 100 % sicher, dass es so weit war, aber es war noch nicht so weit, und sie musste sich noch Monate lang an ihren ersten Brief setzen.

Sybilles Sohn

Die Erzieherin sprach endlich aus, was sich alle bereits gedacht hatten. Meriems Tochter hatte einen schlechten Einfluss auf Sybilles Sohn. »Dein Sohn macht nur das, was Meriems Tochter will. Er sieht sie fragend an, und wenn sie ihr Okay gibt, dann tut er das, was ich will, wenn sie nein sagt, dann eben nicht.« Er habe nicht und nicht aufgehört, der Erzieherin weh zu tun. Ein »Halt! Stopp!« akzeptiere er nicht, er sei dann einfach nicht ansprechbar. Sie erzähle es nur, damit Sybille Bescheid wisse. Sie halte von diesen Interventionen auch nichts, aber in diesem Fall finde sie es angebracht, die Eltern endlich zu informieren. – Was denn dieses »endlich« bedeute? Sybille konnte nur mutmaßen, dass der Prozess der Fremdbestimmung ihres Sohnes seit längerem anhielt. Er war ihnen bloß nicht aufgefallen. Es sei jedenfalls keine gute Entwicklung für einen Vier- bis Fünfjährigen, fuhr ihr Gegenüber indessen fort, »wenn er so absolut über kein eigenes Ego verfügt«. Das saß.

»Meinst du, man sollte sie eine Weile voneinander fernhalten?«, fragte Sybille eine Stunde später vorsichtig ihre Freundin Barbara, die gut fand, man würde die Dynamik einmal komplett stoppen. Stoppen und herausfinden, was davon von Meriems Tochter hervorgerufen wurde und was der Anteil von Sybilles Sohn sei. Zu jenem Zeitpunkt standen sie in einer Turnhalle und beobachteten, wie einige Kinder in ihrem Spiel von einer Mutter unterbrochen wurden und diese mit großen Augen ansahen. Dann heulten sie. Einen Tag später schlug man Sybille vor, ihren Sohn zu bitten, doch auch mal mit dem Besucherkind zu spielen, das sie ja extra eingeladen hätten, um mal für Abwechslung zu sorgen. Sybilles Sohn entgegnete daraufhin nur, er sei mit Meriems Tochter viel mehr befreundet als mit dem Besucherkind. Sie sei seine allerbeste Freundin, mit der er am allermeisten spielen müsse. Meriems Tochter stand hinten im Raum wie ein rosa Fleck und sagte erst einmal gar nichts. Sie sah gelassen zu, wie die Erwachsenen miteinander redeten. Das Besucherkind saß auf dem Schoß der Mutter und war gelangweilt. Bald würden sie gehen, und sie beide, so Sybille abends zu ihrem Mann, hätten wieder einmal nichts erreicht.

Sybille: Man hört nicht gerne über das eigene Kind, dass
    es kein Ego hat, aber dass Meriems Tochter einen Über-
    schuss an Persönlichkeit hat, das steht doch fest.
Sybilles Mann: Ja, woher nimmt die den bloß?
Sybille: Ich weiß, woher.

Sybilles Mann sagte danach nichts mehr. Im Grunde sei ihr Mann den ganzen Abend nicht ansprechbar gewesen, würde sie am nächsten Tag zu Georg sagen, der auch nicht recht wusste, was nun zu unternehmen sei, genauso wie Barbara, Hannes, Birguel und Nuri hatte er ihr empfohlen, die Sache ernst zu nehmen und Nägel mit Köpfen zu machen. Wegziehen? Im Nachhinein konnte man froh sein, dass es dazu nicht gekommen war. Meriems Tochter hätte ohnehin nur auf erwartbare Weise reagiert.

110

Medea-Ausbildung

Margit Ehrenfeld hörte diese Geschichte zum vierten Mal, und wie immer reagierte sie erst einmal gleich: Man sollte die Frau umbringen für das, was sie getan hatte. Ganz archaisch. Ungefiltert. Instantreaktion. »Auge um Auge, Zahn um Zahn!« Funktionierte aber nicht, denn niemals würde die Frau die Ausgeliefertheit eines Zweijährigen durchleben können. Nie die Verzweiflung einer Vierjährigen, deren Mutter einfach davongegangen war und die Wohnung abgesperrt hatte. Die zwei Wochen nicht wiederkehrte. Gleichzeitig verstand sie die Frau. Zumindest insgeheim. Ehrenfeld konnte sich in sie hineindenken. Das könnte mir auch passieren, überlegte sie für sich: konkretes Blackout. Kinder vergessen, in einer Wohnung zurückgelassen. Rausgehen aus dem Haus, nichts einfacher als das, rausgehen und nicht darüber nachdenken, was dort geschieht. Bloß nicht mehr dazugehören, nur für sich sein. Zum vierten Mal hörte sie die Geschichte, im Augenblick saß sie ihrer Freundin Anne gegenüber. Wobei, auch beim letzten Mal hatte sie Anne Osterkamp gegenübergesessen und auch beim vorletzten Mal. Es lagen Abstände dazwischen, Kinderabstände sozusagen. Ehrenfeld wusste nicht, wann sie das erste Mal davon gehört hatte, ob wirklich durch diese ZDF-Doku, wie Anne behauptete, oder ob es nur eine Nachricht aus der Rubrik Vermischtes gewesen war, ein Plattenhausgespenst, das plötzlich ausgebrochen war und sich in der Zeitung wiederfand, Ende der 90er musste das gewesen sein. Ein Verrohungsakt als Endprodukt einer gewissen vernachlässigten DDR-Schicht, bestehend aus Neonazis und Wendeopfern. Das war das erste Mal, und sie noch kinderlos, im familiären Niemandsland.

Beim zweiten Mal versicherten sie einander schon, dass sie so was nie machen könnten. Ehrenfeld und Freundin waren zu jenem Zeitpunkt ganz darauf bedacht, dass ihre Einjährigen nirgendwohin steuerten, wo sie sie nicht haben wollten. Sie befanden sich begraben unter der üblichen dicken Schicht Verantwortungswahn gegenüber den Erstgeborenen, wohnten in Berliner Altbauwohnungen und begegneten in ihrer Vorstellung dieser Medea ohne Drive mit ausreichend Abstand, diesem phlegmatischen Monster, der die Dinge im Plattenbau mehr so passiert waren, unterlaufen, ohne Rachegefühl. Diffus schrieben sie ihrer Medea keinen erlittenen Verrat zu, sondern witterten hinter der Tat mehr ein alltägliches Erosionsgeschehen.

D.h. Anne wollte, so erinnerte sich jetzt zumindest Margit, typischerweise noch immer die Geschichte komplett verstehen, das sei ja die Basis für alles, sagte sie schon etwas vage, während Margit das Archaische, Unverständliche, Erratische offiziell interessanter fand. Beide blickten allerdings nicht mehr so ganz von einem anderen Stern darauf und einigten sich dann, es sei ein schwieriger Stoff. Die Geschichte hatte jedenfalls irgendwie eine praktische Note bekommen. Es ging eben schon einen Tick mehr um das Procedere, was wann und wie stattgefunden hatte, wie die Mörderin damit klarkam, ihrem Verdrängen zuarbeitete, was sie zweifellos unternommen haben musste. »Wir machen so was nicht«, wurde Margits stiller Refrain in der Folgezeit, sie würden niemals verdrängen, andauernd waren sie dabei, dies nicht zu tun. Sie waren schließlich moralisch integre Mütter, wenn auch etwas erschöpft. Der Gedanke, dass andere nicht über dieselbe Integrität verfügten, schien ihr allerdings zu helfen.

Beim dritten Mal war diese erarbeitete Klarheit verschwunden. Das war die Zeit nach Margit Ehrenfelds zweitem und Anne Osterkamps drittem Kind. Man hatte Baugruppen hinter sich gebracht, kindgerechte Communities ausgerufen, Elternversammlungen auf dem Buckel und hatte dann noch einmal zugeschlagen, wie Osterkamp das nannte, und war schwanger geworden. Ehrenfeld wohnte noch in derselben Treptower Wohnung, was sie bei jedem Treffen mit Osterkamp immer wieder betonte, litt aber zunehmend unter der Lärmbelästigung durch die Nachbarn. Sie hatten es sich gerade in Annes Baugruppenküche gemütlich gemacht (soweit man das konnte), als diese ihr eröffnete, sie sei da anders. Margit verstand nicht gleich, aber dann begriff sie. Ja, auch sie würde vielleicht aus der Wohnung gehen, sie würde vielleicht einfach zur Tür hinaus – »Wir würden gehen, das ja, aber nicht ohne eine Nachricht an irgendwelche andere Erwachsene zu hinterlassen. Post-it-Zettelchen, SMS«, fügte Anne Osterkamp fachfrauisch hinzu. Abhauen, wiederholte Ehrenfeld gedehnt, das könne sie sich schon vorstellen, »aber wenn schon: richtig«. Und Osterkamp: Sie komme jetzt schon ein bis zwei Stunden ohne einen Gedanken an ihre Kinder aus. Und dann sprach sie etwas fahrig weiter von ihrem Problem, wieder in ihren Arbeitsbereich reinzufinden, d. h. Geld zu verdienen. Denn das brauchten sie langsam, also ehrlich. Ehrenfeld hielt sich aber weiter beschäftigt mit dem Gedanken, ob sie sich wirklich umdrehen würde und zurückgehen in jenen Plattenbau, in jene Wohnung mit den zwei schreienden Kindern.

Es sollte einige Monate dauern, bis sie sich wiedersahen, und sie bemerkten, dass es überhaupt nicht mehr klappte, über die Entwicklungsschritte der Kinder zu reden, die ausblieben oder zu heftig kamen. Irgendetwas war in den ganzen Mütterwettbewerb getreten, er implodierte, und einzig diese ZDF-Dokumentation blieb ihnen übrig, die sie »Jahre vor den Kindern« gesehen hatten. Als hätte diese Dokumentation sie erst zum Kinderkriegen überredet, als wäre das Teil ihrer Mütterausbildung gewesen. Moderne Medea, die ganz ohne Jason auskam, eine regelrechte Jason-Stille ausstrahlte. Sie wisse auch nicht, wie es ihr ginge, wenn sie diesen Film heute sehen würde, so Osterkamp, aber im Prinzip sehe sie sich auch sonst keine Filme mehr an, schon aus Zeitgründen. D. h. aus emotionaler Sparsamkeit. Ehrenfeld wunderte sich. Die emotionale Sparsamkeit war schon so was wie eine Mode für Osterkamp geworden, aber auch Ehrenfeld war der Gedanke nicht fremd, sich zu überlegen, was sie sich noch leisten könne an Gefühl und was nicht. Es war zumindest einfacher, als über

Geld nachzusinnieren. Die normale Sparsamkeit schien irgendwie nicht mehr zu reichen.

Wie dem auch sei, erzählte Ehrenfeld ein wenig später ihrem Mann: Anne habe sich wieder einmal aus ihrer Arbeit draußen gefühlt. Aus ihrer Gesundheit oder was das war, was sie bisher immer am Laufen hielt, weil sie sich nichts mehr leisten konnte. Sie habe komisch gelacht. Sie habe irgendetwas von Tatsachen erwähnt, die geschaffen worden seien und die man jetzt irgendwie aus der Welt schaffen müsse. Ihr Hauptproblem schien zu sein, dass sie sich nicht zu jenem prekären Hintergrund rechnen wolle. »Man ist doch Mittelstand, Herrgott nochmal, warum verhalten sich nicht alle so?« Und dennoch, so Ehrenfeld: Dieser Hintergrund sei stärker geworden. Man habe sich eben verkalkuliert, so habe sie versucht, den Faden aufzunehmen, den Osterkamp plötzlich fallen gelassen habe. Die habe nur noch aus dem Fenster gestarrt und mit einem Fingernagel eine Falte an ihrem Rock bearbeitet. Und so sei es gekommen, wie es habe kommen müssen: Postnatale Depression, Selbstmordpläne und Scheidungen ringsum seien in quälender Langsamkeit durch den Nachmittag geschlichen, so dass sie richtiggehend froh gewesen sei, als Osterkamp ganz plötzlich auf ihr gemeinsames Thema zu sprechen gekommen sei. »Das war heute«, sagte Ehrenfeld, in einem Anfall von finaler Erleichterung und Schrecken ahnend, beim nächsten Mal würde die Geschichte gänzlich zu Osterkamps werden.

Ehrenfeld würde in Habachtstellung dasitzen, Osterkamp sich leicht nach vorne krümmen und immer wieder mit größter Bestürzung ausrufen: »Wie schrecklich! Stell dir vor!«, als würde sie zu einer Ahnungslosen sprechen. Und Ehrenfeld würde das Wort monoton zurückgeben: »Was diese Frau jetzt wohl macht?« Nie wussten sie das. Sie hatten immer wieder darüber gesprochen, aber wirklich informiert waren sie nicht. Aus dem Film war ihnen bekannt, dass sie saß. Gefängnis. Ganz banal. Margit meinte, man rechne eigentlich mit Selbstmord bei so was. Anne stimmte zu: Sie solle sich wenigstens umbringen, wenn sie so was getan hat. »Also, wir würden uns garantiert umbringen, wenn wir so etwas täten, nicht?« Doch Margit war sich nicht sicher, ob Anne das nun tun würde. Ihr kamen Zweifel. Sie könnte eine Verräterin sein, und das durfte sie nicht durchgehen lassen. Sie würde es sich nicht verzeihen können, oder?, hakte sie nach und wusste, sie würde bei Anne diesbezüglich etwas nachhelfen müssen. Gleichzeitig war ihr bekannt: »Jetzt müssen wir uns nicht mehr reinbewegen in die Geschichte, wir sind mittendrin.« Angekommen, wie es heißt, endlich zu Hause.

Sex in Tüten

Arnold Blaschke sollte einfach nicht hinhören. Das wäre es. Schnell das Radio anmachen, falls er es endlich finden würde. Oder Musik aus seinem Computer, falls der endlich hochgefahren sein würde, aber nicht hinhören. Vielleicht sollte er es mit einem Telefongespräch versuchen, kleinen Nebengeräuschen von Küchengeräten. Er kannte die ganzen möglichen Vorgehensweisen, »Ablenkung ist alles«, die aber hier nicht zu wirken schienen. Vielleicht lag es an der merkwürdigen Atmosphäre der Wohnung, ihrer Fremdheit. Es roch hier seltsam, fand er, er hat es eigentlich von Anfang an komisch gefunden. Eine der Wohnungen, in denen sofort die Nachbarwohnungen präsent waren. Nachbarwohnungen voller Hundeleiber, die sich an den Wänden entlangwetzten, voller schwerbeweglicher Menschen, die sich kaum noch von der Küche zum Bad schleppen konnten, oder mit Tierleichen in den Wänden: Ratten, Mäuse, die irgendwie da reingekommen waren. Es war aber nur die Akustik, letzten Endes, die ihn verrückt machte. Wie lange schon hatte er es nicht entscheiden können, ob es sich um stinknormalen Sex handelte oder um eine Nierenkolik? Etwa zwei ganze Stunden? Arnold Blaschke wollte nicht glauben, dass es so weit mit ihm war, so dass er sich lieber laut fragte: Sollte man einen Krankenwagen holen?, als ob da jemand wäre. Was dafür sprach, war die Dauer des Stöhnens. Was dagegen sprach, die Tonlage. Außerdem: »Eine Frauenstimme allein, was soll das denn schon sein«, hatte er schon wieder laut gesagt und wusste erst einmal nicht weiter.

Sex in Tüten, immer weiter

»Eine Frauenstimme? Bist du dir sicher?«, hatte Elena gleich beim Eintritt ins Zimmer gefragt. Nein. Blaschke stelle sich den Sex noch immer nicht konkret vor. Die Stimme sei zu diffus. Er brach ab. Oder stellte er sich ihn doch vor? Er wusste es nicht. Er wusste nur, er wollte es sich gar nicht vorstellen. In letzter Zeit waren es nämlich immer Nierensteine, Gallensteine gewesen, wenn er sich bei irgendeinem Krach Sex vorstellte. Stöhnen, Gewimmer, das anschwoll und abschwoll. Er hatte ohnehin keine Ahnung mehr, was die Menschen zueinander, aufeinander lostrieb, aber das verriet er Elena nicht. Er sah alternde Körper, das war alles. Es war also müßig, dass seine Schwester weiter über diese Männer daherredete, die bei ihr anriefen und eine Einbuchung ins System verlangten. Männer, die unter gewissen Fehleinschätzungen litten. Da hatte er sie kommen lassen, um ihn abzulenken, und nun erzählte sie ihm Schoten aus ihrem Berufsleben, das offensichtlich von der erotischen Selbstüberschätzung mittelalter Typen ge-

prägt war. Als wollte sie ihm damit etwas sagen. Eine un-
missverständliche Botschaft, überreicht von Männern Mitte
fünfzig aus der Eso-Szene, die permanent Ankunftszeiten
bekanntgaben, wo sie doch besser Abfahrtszeiten bekanntgeben sollten. Er wusste, sie sprach von ihrer Arbeit für das
Edel-Retreat, für das sie am Telefon die Reservierungen ent-
gegennahm, samt dem ganzen Sex-Appeal, den die loswerden mussten, bevor es losging und sie sich auf ihre
Workshops konzentrierten, Workshops, in denen man sich
eigentlich vom Körperlichen zu lösen versuchte. Blaschke
konnte tatsächlich nichts anfangen mit ihrem, in merkwürdig vorwurfsvollem Tonfall vorgetragenem, Über-
druss an Typen, deren einziges Lebensziel nur noch in der
richtigen Kunst der Atmung bestand und die doch alleine
aus Imagegründen nach Aufmerksamkeit von weiblicher
Seite schielten. – Er blaffte sie an: »Das glaubst du doch
nicht wirklich!«

Sex in Tüten, immer weiter weggetragen

Blaschke wusste etwas. Er wusste, man hatte ihm die
Wohnung zum zweiten Mal überlassen als eine Art Aus-
weichmanöver. Es waren Freunde, die alles taten, um jetzt
bitte nichts von der Paartherapie zu hören. Schon beim ersten Mal hatten seine Bekannten gesagt, sie seien weg, er
könne mal durchschnaufen, sein Privatleben sei ja wahrlich mehr als schwierig im Augenblick. Mit einer Frau, die
in ihrer eigenen Blase leben wolle, könne man auf Dauer

nicht die Räume teilen, das wisse jeder, hatten sie schon beim ersten Mal gesagt. Sie redeten von Anfang an mit ihm, als hätten sie Angst, dass Blaschke jeden Moment Ehekrisengeschichten auspacken könnte und mit Paartherapiestorys kommen würde, die nun wirklich niemand erfahren wollte. Man musste ihn vorsorglich beruhigen, hatten die sicherlich gedacht, nahezu stillstellen, mit ihrer Wohnung stillstellen, die sie ja nur zweimal im Monat bräuchten. So, als käme er ihnen jeden Moment mit dem Sexkiller Nummer eins oder dem Sexkiller Nummer zwei, oder er würde, wie das Männer seines Alters so machten, am Ende von seinen Kilos anfangen, die er abgenommen hätte, um endlich wieder Konturen zu bekommen und von seiner Frau wahrgenommen zu werden, nachdem sie ihn schon seit einiger Zeit irgendwie übersehen hatte. Die neuen Körpergrenzen würden ihre Wirkung sicher nicht verfehlen, hatten seine Bekannten deswegen voreilig behauptet, als wäre es ihnen unangenehm, ihm deswegen ein Kompliment machen zu müssen. Doch er sah ein, die neuen Körpergrenzen hatten ihn seiner Exfrau auch nicht nähergebracht, und jetzt saß er da, um satte sieben Kilo leichter.

Sex in Tüten, immer weiter weggetragen von mir

Im Hausflur wurde Blaschke inzwischen darüber in Kenntnis gesetzt, dass Ehefrauen manchmal einfach nicht mehr wollen. Ungefragt hatte der Typ aus der Nachbarwohnung davon begonnen, wie ihn seine Angetraute auch tagtäglich ignoriere. Vermutlich fange es schon damit an, dass er sie einfach zu gut kenne. D. h. sie wolle nicht, dass er ihre Schamlippen so gut kenne. Er solle nicht ihre Klitoris so detailliert kennen, auch stoße sie sich an seiner allzu nahen Bekanntschaft mit ihrem Schamhügel. Warum müsse ihm ihr Busen auch so vertraut sein, und wie viel Blick vertrage noch ihr Bauch? Von den Hüften ganz zu schweigen. Frauen brauchten eben einen gewissen Anteil Fremdheit, philosophierte Blaschke vorsichtig. Logisch, so was komme vor, hatte sich der Typ noch einmal selbst kommentiert und war hinter der Tür verschwunden. Blaschke blieb im Flur stehen. »Irgendetwas ist passiert«, hatte seine Exfrau damals leise gesagt, nur was? Sie hatte seinen Blick wie ein hilfloses Kind gesucht und war dann wieder blicktechnisch abgetaucht, obwohl sie ihm gegenübergesessen hatte. Sie versuche einfach zu atmen, bitte schön, hatte sie eine Weile später noch von sich gegeben, da könne er ihr doch behilflich sein. Hatte er anscheinend nicht können, und jetzt hatte er das Ergebnis, alleine, mitten in der Wohnung seiner Bekannten.

Sex in Tüten, immer weiter weggetragen von mir, immer weiter

Es blieb dabei. Blaschke war weiterhin der x-beliebigen Frauenstimme ausgesetzt, aus der man nicht schlau werden konnte und die an kein Ende kommen wollte. Er wusste, gleich würde eine Mitarbeit ins Haus stehen, bei der er nichts als versagen würde können, diesmal bei seiner Mitarbeit an einem dieser Polizeiberichte, an dem alle Welt immer unweigerlich mitarbeiten musste. Ein Polizeibericht, der ihm schon jetzt nur als eine Verlängerung dessen erschien, was er hörte. Und dennoch würde er in einigen Momenten schon dem Beamten gegenüber die Geräusche nachahmen und von diesem die üblichen merkwürdigen Blicke einkassieren. Schon in seiner letzten Wohnung, würde er dann sagen, habe er andauernd dem Sex seiner Nachbarn lauschen müssen. Es war, als ob ihm diese Geräuschkulisse wie ein Fluch folgte. Er höre nichts, würde der Beamte einwenden, mehr aus Verlegenheit, und seine Schlüsse ziehen, aus denen nicht und nicht ein Protokoll werden konnte.

Sex in Tüten, immer weiter weggetragen
von mir, immer weiter, immer weiter

Normalverdiener

Erster Tag

Er hätte einen begrüßen sollen. Felsch hätte auf die Terrasse kommen sollen und sagen: »Hallo, hattet ihr eine gute Reise? Willkommen in meinem kleinen Resort!« Er hätte ein bisschen herunterspielen sollen, was das hier eigentlich ist. Er hätte so tun sollen, als wäre das alles nichts. Als wäre dieses riesige Resort mit seinen drei Dienern, die dauernd um einen rumspringen, nichts. Er hätte die Sträucher herunterspielen sollen und die Frangipanibäume, den Orchideengarten und das kleine Felsenensemble mit Wasserfall. Er hätte auf den Blick hinweisen sollen und sagen, dass der sich hier grundsätzlich überall biete, obwohl es nicht wahr ist. Und er hätte so tun sollen, als wäre die Architektur seines Hauses nichts Außergewöhnliches. Diese Mischung aus traditioneller fernöstlicher Architektur mit diesem Yoga-Modernismus. Er hätte seinen Gästen ein Erfrischungsgetränk reichen sollen, etwas wie Wasser mit einer Zitrone drin, mit frischer Minze, falls so was hier überhaupt wächst. Aber natürlich wächst hier so was nicht, man besorgt es sich im Carrefour, man zahlt dafür das

Fünffache wie in Europa, wie man hier für alles das Fünffache zahlt, wegen der komplizierten Lieferung, wegen der Kühlkette. Aber sie halten auf dieser Insel alles vorrätig, weil die, die es hierherschaffen, zahlungskräftig sind, insofern hätte er mit den Getränken einfach auf die Terrasse treten sollen und seinen Gästen den Swimmingpool zeigen, der einem das Gefühl vermittelt, dass man direkt ins Meer hineinschwimmen könnte, obwohl das in Wirklichkeit fünfzig Meter unter dem Pool liegt. Oder in den Himmel hinein, weil der hier doch gleich darüber anfängt. Er hätte Sandra sagen sollen: »Fein, dass du da bist, dass du dich losmachen konntest.« Schließlich hatte sie jede Menge zu tun in Köln, in ihrem Leben, aus dem sie sich aufgemacht hat, um Felschs Leben zu besuchen. Er müsste es wissen, dass da einiges drunter und drüber gehen kann in so einem jungen Unternehmen. Und er hätte Johannes auf die Schulter klopfen sollen, dem es nichts ausmachte, als Bankrotteur vor ihm zu stehen, und gar nichts weiter sagen. Felsch hätte ihn vor allem nicht darauf ansprechen sollen. Johannes hätte dann mit ihm eine Weile auf der Terrasse gestanden, und sie hätten gemeinsam aufs Meer geblickt in Richtung Horizont, der kaum wahrnehmbar gewesen ist. Johannes hätte sagen können: »Schön hast du es hier. Ein richtiger Rückzugsort.« Aber so konnte er es natürlich nicht. Er hätte seinen Gästen die Zimmer zeigen sollen und dann ein Come-together für alle vereinbaren, schließlich waren da noch Tine, Karsten, Sven und Normann, die irgendwann am Nachmittag eintrudeln sollten aus den Städten, in denen sie inzwischen wohnten. Man habe sich ja in der Welt verstreut, sagte Felsch. Er hätte aber dabei nicht lachen sollen. Er hätte stattdessen auf einer Karte die Insel zeigen sollen, wohin die eine Straße, vom Flughafen kommend, führt und woher die andere, die ins Bergland geht, kommt. »Dabei hätte er meinetwegen etwas von dem Naturpark erzählen können, den er angelegt hat«, gestand Sandra ihrem Gastgeber zu. Eine Kopie der Wildnis, hatte er gesagt, die hier schon fast verschwunden sei. Er hätte beschreiben können, wie er die Wildnis beim letzten Zipfel gepackt und wieder zurückgezogen habe auf die Insel, aber nicht unbedingt hinzufügen müssen, er habe Millionen hineingepumpt, das glaube man ja nicht, wie viel so eine Natur koste. Er biete ihnen eine Sonderführung, eine, die kein anderer hier so leicht erlebe. Nur Geschäftsfreunde und besondere Gäste kämen in den Genuss seines Wildparks. »Das hätten wir uns alle gerne angehört«, gab Johannes zu. »Wir hätten nicht eine erste Teambesprechung notwendig gehabt, so allein gelassen auf der Terrasse: Wo er bleibe, und warum er nicht da sei, und dass man das schon erwartet hätte.« Man kenne ihn ja.

Zweiter Tag

Vielleicht hätte Felsch sie danach erst mal schlafen lassen sollen, an diesem zweiten Tag ausschlafen, nach der langen Flugreise, die er ihnen gebucht hatte, zugegebenermaßen First Class, alles gebucht, aber »er hat uns eben nicht schlafen lassen, sondern erst einmal gefragt, wie wir uns das vorstellen«, beschwerte sich Normann, der am Rand des Pools

125

saß und seine Beine vorsichtig ins Wasser getaucht hatte, »und ob wir schon daran gedacht hätten, wie wir hier zu unserem Essen kommen wollten. Wer von uns einkaufen gehe, denn von früh bis spät uns bedienen, das habe er nicht vor.« Ganz plötzlich sei, mitten am Frühstückstisch, die Knausrigkeit über ihn hereingebrochen, und man habe darüber hinwegsehen müssen.

Aber natürlich hatte Tine gleich nach Felschs Abgang in die Runde die Frage gestellt, ob man etwas falsch gemacht habe, ob man ihn irgendwie beleidigt habe. »Vielleicht waren es die Gastgeschenke, vielleicht hat er irgendwelche Geschenke erwartet«, frage sie sich, »man bringt doch hier in Asien immer Gastgeschenke mit.« – »Er ist doch kein Asiate«, entgegnete Gebhart, und: »So weit kommt es noch«, frotzelte Johannes. »Außerdem«, so Sven, »kann der mit unseren Geschenken ohnehin nichts anfangen, alles, was wir ihm zu bieten hätten, ist ihm doch zu niedrigpreisig.« – »Ich weiß nicht, ob es ihm ums Geld geht«, warf Sandra ein. – »Wie bitte?«, konterte Sven und sprang ins Wasser, »seit wir hier sind, geht es doch nur ums Geld. Wie viel er monatlich abdrücken muss für dieses Paradies hier, seine Fixkosten, die er alleine mit diesen beiden Häusern hat. Er hat doch Summen genannt – oder hat er etwa keine Summen genannt?«

Man hätte sich nicht so schnell darauf einigen sollen, allesamt Normalverdiener zu sein, angesichts seines Einkommens Normalverdiener, so unterschiedlich die Gehaltslagen, Einkommen und Nicht-Einkommen sein mochten, ihr alter Freund lebe doch in einer völlig anderen Welt. Vor dem Flug hierher hätte man noch Unterschiede zwischen ihnen ausmachen können, aber jetzt sei das nicht mehr möglich, denn nichts von alledem könnten sie hier auf Dauer bezahlen, so wurde am späten Nachmittag in der Lounge weiter festgestellt, wo Felsch doch geäußert hatte, seine Freundin könne sich nicht einmal das Klo in diesem Haus leisten, quasi zu ihrer Vorstellung habe er das gesagt – »und ihr müssten wir uns eigentlich anschließen«, fügte Johannes, der sich etwas zu akkurat auf einem der überdimensionalen Sitzpolster platziert hatte, hinzu, und sie hätten sich auch anschließen sollen, stattdessen hätten sie nur blöd rumgestanden und hätten so getan, als ob nichts wäre. Manche hätten freilich darauf bestanden, sie könnten sich etwas mehr leisten als ein Klo, aber man hätte dennoch Felschs Freundin in Schutz nehmen sollen, so im Nachhinein betrachtet. Auch ob man so mir nichts, dir nichts in der Welt der 10 Euro leben solle, wie Felsch ganz plötzlich in der Welt der 10 Euro leben konnte, wurde noch lange an jenem zweiten Tag debattiert. Felsch hatte nämlich bemerkt, man habe 10 Euro zu viel für eine Wellnessdienstleistung bezahlt, ob es ihnen nicht aufgefallen sei? Man hätte schon aus Höflichkeit eine Weile mit ihm diese Welt der 10 Euro aufsuchen sollen, meinte Karsten, die ihnen doch viel eher bekannt sein müsse als ihrem Gastgeber. Man habe sich aber beeilt, nicht mehr in der Welt der 10 Euro zu leben, rasend schnell sei von dieser Welt der 10 Euro Abstand genommen worden, als wäre die verpestet. So habe man sich jede Menge Ärger mit ihm eingehandelt.

Man hätte zumindest an dem zweiten Tag längst einsehen müssen, dass der ganze Aufenthalt von Anfang an als eine arg verlangsamte Ohrfeige geplant war, eine Finanzohrfeige, die einen nun immer wieder einmal erwische. Woher diese Ohrfeige kam, darüber hätte man mehr nachdenken müssen, aber man hatte es verabsäumt, man war einfach nicht darauf gekommen. Es habe doch nichts gegeben, wofür der sich jetzt rächen müsse, war der einzige Gedanke dazu, eine Vermutung von Karsten, der auch neben dem Kühlschrank die Ohrfeige entgegenzunehmen sich weigerte und sich schon seit ihrer Ankunft an diversen Orten daran abgearbeitet hatte, ihr immer wieder auszuweichen. Ihre normalen Erwerbsbiographien waren für diese Ausweichbewegung jedenfalls nicht geeignet, obwohl sie andauernd ihre Erwerbsbiographien bereithielten, damit die von ihrem Gastgeber bemerkt würden, doch der schien sie nicht einmal wahrzunehmen. Karstens Architekturbüro, Sandras Agentur, Tines Gastroleben und Johannes als Privatdozent. Von Sven, Gebhart und Normann und dem öffentlichen Dienst ganz zu schweigen, sagten sie in jener Besprechung, im Vorraum auf die Autos wartend, die sie in die Stadt bringen sollten.

Aber, warf Tine ein, man müsse ihn auch verstehen, er stehe da einer Gruppe von alten Freunden gegenüber und wolle keiner Gruppe von Erwerbsbiographien gegenüberstehen, die sowieso nicht mithalten könnten und ihm insgeheim Vorwürfe machten wegen seines Reichtums, der sie alle am Ende doch hierhergebracht habe, »seien wir ehrlich«. Und doch glaubten die Freunde an die Unrechtmäßigkeit seines Reichtums, schließlich habe sich ihr Gastgeber aus vergleichsweise armen Verhältnissen in irrwitzig schnellem Tempo hochgearbeitet. Unsereins unterstelle so jemandem insgeheim automatisch kriminelle Handlungen, so Tine. Quatsch, warf Johannes ein, nicht ohne ihr Hantieren mit dem Zitronenmesser aus den Augen zu lassen, man lerne doch, gesellschaftlich gesehen, permanent nichts als das Gegenteil auswendig. Gerade, fuhr Tine fort, endlich ihre Zitrone schneidend (als müsste sie etwas tun), gerade mit diesen ihren Erwerbsbiographien, die sich durch eine gewisse Langsamkeit auszeichneten, eine Architektenlangsamkeit, eine Langsamkeit des öffentlichen Dienstes, eine Agenturlangsamkeit, eine Hartz-4-Langsamkeit, könnten sie es einfach nicht begreifen, wie jemand so schnell reich werden konnte. Als keiner etwas erwiderte, setzte sie kurz darauf hinzu, dass so jemand eben nicht ausgenommen werden wolle wie eine Weihnachtsgans, aber da hörte schon niemand mehr so richtig zu.

Dritter Tag

Vor allem, gab Sandra einen Tag später im Eingangsbereich zu bedenken, hätte man nicht so laut reden sollen, schließlich höre man das im ganzen Haus. Man war nun doch nicht in die Stadt aufgebrochen, wie vereinbart war, und hatte sich verbal etwas Luft verschaffen müssen. Das Haus, so setzte Sandra neu an, wirke nur auf den ersten Augenblick schalldicht, im zweiten Moment begreife man doch, dass es in Wahrheit ein Auditorium sei. Man höre in den Zimmern, was im Essraum gesprochen werde, und im Badezimmer, was am Pool. Gespenstisch, nicht?, lachte sie. Man höre vor allem, unterbrach sie Johannes, was er anderen erzähle, der Reigen seiner grandiosen Selbstdarstellungen reiße ja nicht ab, man könne es nicht überhören. Und doch wussten sie erstaunlich wenig davon, womit Felsch eigentlich sein Geld verdiente.

Alle waren sich am dritten Tag jedenfalls einig, Felsch hätte Johannes nicht solche Ratschläge geben sollen, von wegen fehlendem Networking. Vor allem kurz nach dieser unpassenden Begegnung hätte er sein Geldgerede einen Moment unterbrechen sollen, aber das konnte er natürlich nicht. Die Frage der Anleihen hatte nicht in jene erste Stille nach der beschämenden Situation gepasst, diese Geschichte, warum es heute so günstig sei, in Griechenland zu investieren, nachdem es gestern ungünstig gewesen sei, und worin die wirklichen Risiken bestünden, als könnten sie alle in Griechenland investieren, als wäre nichts leichter als das. Er hatte sich vermutlich selbst reden hören wollen, wie er wirtschaftlich unmündigen Menschen die Welt erklärte und gleichzeitig Millionenbeträge im Raum herumschieben konnte (keinen Augenblick hatte er die Finger von der Tastatur seines Notebooks gelassen, das er lässig auf dem Frühstückstisch platziert hatte), nur, um dann wieder über die 10 Euro zu reden, die man ja am Vortag schon für alle glimpflich verabschiedet geglaubt hatte.

Nein, Felsch hätte ganz und gar nicht schon wieder über die 10 Euro reden sollen, die alle erstaunt hatten, weil man sie nun wirklich hinter sich gelassen zu haben meinte. Der lasse aber die Welt der 10 Euro nie hinter sich, musste Gebhart überflüssigerweise bemerken, die Welt der 10 Euro friste in seinem Kopf eine friedliche Koexistenz mit der Welt der 100 Euro oder der der 10 000 Euro oder der von Millionenbeträgen, nur sie brächten dieses Vernetzungsgeschehen nicht wirklich zusammen. Und so könne man der Welt der Millionen Euro auch nicht nahekommen. Das sei nämlich eine Kunst, Summen gleichzeitig im Kopf zu haben, während der Rest der Welt immer nur mit einer Summe zurechtkomme, der Summe am Ende des Monats ihres Erwerbsgeschehens, das insofern nicht von Interesse sein könne. Oder einer Schuld, die bei ihnen immer nur aus einer Zahl bestehe, während Schulden sich bei ihm in einer Vielzahl befänden.

»Man hätte irgendwie eingreifen sollen«, überlegte Tine am frühen Nachmittag oben am Pavillon, »aber Normann macht ja nie was. Er traut sich dann eben doch nicht, da kann er vorher noch so lange Vorträge darüber halten, was hier einmal zu geschehen hätte. Normann mit seinen Reden von der richtigen Kapitalflussgeschwindigkeit, der verwetteten Zukunft und den Immobiliensäuen. Normann, der die Finanzkrise 2008 schon lange vorausgesehen hatte und der ständig mit Banken spricht.«

»Ja, man hätte ihn unterbrechen sollen«, gab Sven zu, der dabei mehr als nervös Richtung Terrasse blickte. »Karsten hätte ihn unterbrechen sollen.« Karsten hatte ihn aber nicht unterbrochen, er hatte ihn genauso wie Sandra einfach weiterreden lassen, beispielsweise darüber, dass Diktaturen am ehesten die Schulden bedienten und sie insofern gute Geschäftspartner seien. Dass die Journalisten alle gekauft seien und ohnehin keine Ahnung hätten. Felsch hatte Finanzkrisenmonologe geführt, in denen er selbst immer hin und her geschlingert war, aber verlangt hatte, dass alle sein Hin- und Herschlingern mitmachten. Es wurde zwar sichtbar, dass er Gefolgsleute brauchte, Claqueure, aber auch, dass man selbst nicht in der Lage war, diesem Wunsch zu widerstehen und dafür bereitstand.

Vierter Tag

Insofern blieben die Unterbrechungsversuche auch am vierten Tag aus oder waren kaum wahrnehmbar. Sandra hatte es versucht. Karsten hätte es versuchen können, Normann und Sven fehlten im Augenblick des Geschehens, und Gebhart stand einfach nur wie hingemalt da, als es zu einer der Tischszenen kam. Sandra hätte es vielleicht noch schaffen können, aber sie musste ja auch krank werden an jenem vierten Tag und war nicht wirklich ansprechbar. Sie wäre dem Unternehmergedöns nicht so auf den Leim gegangen. »Es wäre nicht so weit gekommen«, widersprach Karsten dieser Version, »hätte Johannes seine marxistische Schulung einmal ein wenig hinter sich lassen können!« – »Hat er aber nicht.« – »Hat er aber nicht, und jetzt haben wir den Salat.« Vor allem Johannes, der es nicht lassen hatte können, dieses Inhaltsgespräch, wie er das bezeichnete, mit Felsch dann doch zu versuchen. Sogar mit Adam Smith war Johannes ihm gekommen, dabei müsse so jemand wie Felsch Adam Smith gar nicht kennen, feixte Normann, Felsch mache seine Marktwirtschaft schon ohne Adam Smith. So habe auch Felsch lachend die Sache abgeschlossen, die Johannes gerne noch etwas weiter durchdekliniert hätte.

Nur wenige Stunden später war aber schnell klar: Man hätte auch nicht zuhören sollen, als Johannes doch gepunktet hatte, denn dadurch sei Felsch umso wütender geworden und habe sich seinerseits etwas ausgedacht, um Johannes ins Hintertreffen zu bugsieren. Man hätte so tun sollen, als gäbe es da keinen Konflikt, denn jetzt habe Johannes das alles auszubaden. Im Augenblick, gab Sandra, auf einer der Liegen am Pool fläzend zu bedenken, habe der sich in seinem Zimmer oder sonstwo verschanzt und denke sich Heimflüge aus, die er sich doch nicht leisten konnte. Auf der anderen Seite hätte man, so Tine, sich nur eine Sekunde lang einmal in Felsch hineinversetzen sollen, der sei ja auch nur ein Mensch. Von seiner Position aus sei das schon sehr schwierig, manches kriege der einfach auch nicht mehr mit. Außerdem sei er eben ein Mensch der Praxis, des realen Lebens, und könne mit so theoretischen Auslassungen nicht immer etwas anfangen. Ja, er sei eben ein Realist, würde Felsch auch glatt am nächsten Morgen seufzend bekanntgeben, aber da war man zu jenem Zeitpunkt nicht. Zu jenem Zeitpunkt war man sich auf der Terrasse schlichtweg unsicher, ob man Johannes Geld leihen solle oder sonstwie helfen, entschied sich aber aus vielen, teils recht komplizierten Gründen dagegen.

Wäre es bei jenem Abendessen geblieben, bei dem die Speisenfolge unübersichtlich wurde und die Getränkefolge noch unübersichtlicher und am allerunübersichtlichsten die hitzige Atmosphäre, wäre vielleicht alles noch zu retten gewesen. Niemand hätte so tun sollen, als wäre das so überraschend zu hören, die Leute verstünden nichts von der Wirtschaft, sie sollten insofern in politischen Fragen den Mund halten. – »Aber man hat ihn zumindest nachdenklich machen können, als man ihn an die Demokratie erinnerte«, warf Sven, mit dem Käscher hantierend, ein. Er sei doch nachdenklich geworden, überlegte jetzt auch Gebhart, der sich ebenfalls abmühte, die Teile aus dem Wasser rauszufischen, bevor irgendein Hausangestellter sie bemerken würde, das müsse man schon zugeben. Er hatte sich bisher zumindest nicht für die Abschaffung der Demokratie ausgesprochen, also nicht zu 100 %, auch wenn er Johannes kurz und klein gemacht hatte.

»Wir hatten gestern alle ein bisschen zu viel«, versuchte Sven jedenfalls an diesem darauffolgenden vierten Tag einzulenken, was seinem Gastgeber die Gelegenheit gegeben hatte, wieder vom nüchternen Businessman zu sprechen, den er eigentlich immer abgebe, auch wenn Situationen mal etwas brenzliger würden und man versucht sei, in moralisch aufgeladenen Aktionismus zu geraten. Nüchterne Businessmänner seien es auch, mit denen er heute zu Abend essen wolle. Ja, er erwarte weiteren Besuch, fügte er lachend hinzu, als er in ihre erstaunten Gesichter blickte.

Er hätte Karsten dabei nicht so auf die Schulter hauen sollen. Und sie hätten ein Auge auf Sandra werfen sollen, genauso wie auf Johannes, der als übles linkes Relikt vielleicht besser nicht gekommen wäre. Aber der war ja ohnehin nicht mehr da, also gar nicht, das fiel jetzt langsam auf.

Sie waren jedenfalls nicht darauf gefasst, dass da noch jemand erscheinen würde, mit dem Felsch sich wirklich unterhalten können würde, jemand, der ihm ebenbürtig war. »Habt ihr den gesehen?«, hätte man sich ein wenig später beinahe am Garagentor nicht allzu eifrig zuflüstern sollen. Das war sie also gewesen, die ganze Konkurrenz, dieser Hänfling, der hier reinspaziert und schon wieder rausspaziert war und ihnen nur so halb vorgestellt worden war. Sie hatten ihn ja gar nicht richtig gesehen. Sie hatte ihn eigentlich auch gar nicht hören können, vielmehr hatten sie nur wieder *ihn* gehört, wie der in seinem Alle-sollen-es-hören-Tonfall einen Scherz über die unsichtbare Hand des Marktes durch das Haus trompetet hatte und gleichzeitig doch wieder zu leise sprach, als dass Einzelheiten hätten ankommen können. Er sprach ja insgesamt mehr zu sich, als würde er an einem ständigen Memo arbeiten.

»Es ging so schnell«, begann sofort danach Tine, »ich habe gar nicht richtig hingucken können.« – »Trotzdem, irgendwie habe ich mir den anders vorgestellt«, gesellte sich auch gleich Karsten hinzu, »irgendwie größer.« Er humpelte. Zu jenem Zeitpunkt hatte er bereits seine Knieverletzung und lehnte sich auffällig oft an. – Auch habe es mehr so ausgesehen, als hätte der Businesspartner Angst vor Felsch gehabt, als umgekehrt. »Wie dem auch sei – es ging alles so schnell«, versuchte es Tine gleich noch einmal, als sie durch die Garage wieder zurück ins Haus gingen. »Vom Geschäftsfreund«, gab dann Karsten zu bedenken, hätten sie eigentlich nicht viel mitbekommen, dabei hätte er Aufschluss geben können über den beruflichen Umgang ihres Gastgebers. Ob er sich wirklich mit einer Waffenhändlergeruhsamkeit in den legalen Grauzonen herumtrieb oder ob sein Geld einfach nur harmlos war. Ja, langsam wurde offensichtlich, dass sie allesamt wirklich nicht wussten, womit der sein Geld verdiente, oder dass sie es einfach nicht kapierten, es irgendwie immer sofort vergaßen, was er ihnen darüber erzählte.

»Es ist doch klar, was der macht«, sagten jetzt z. B. zurück im Haus, einige von ihnen. Im großen Wohnzimmer, im Gang neben der Küche, vor der Nespresso-Maschine. »Der bewegt sich im halblegalen Raum. Ein Krisengewinnler. Einer, der abzockt. Er führt vermutlich Rohstoffspekulationen durch.« – »Ich habe etwas von Eritrea und einer Fischexportfirma verstanden.« – »Und ich habe die Bergbauindustrie vernommen.« – »Irische Immobilien seien jetzt billiger.« – »Ach ja?« – »Nein, Griechenland!«

Fünfter Tag

Vielleicht hätten sie sich an diesem Tag nicht so auf diese Einkommensfrage konzentrieren sollen, zumindest nicht zu jenem Zeitpunkt, denn inzwischen hatte ihr Gastgeber mehrfach schon gefragt, ob sie es nicht gelesen hätten, und sie hatten sich womöglich zu spät und hektisch gefragt, was sie denn gelesen haben sollten. »Was?«, fragte unwillig Normann, als sie wieder alleine auf der Terrasse standen, weil bei Felsch ein Anruf reingekommen war. »Was ist wieder passiert?« – »Er meint die Sache in Ceuta«, gab Sven zu verstehen, »wo Hunderte Menschen …« – »Nein, er meint die Staatskrise in …« – »Quatsch, da gab es doch den Gaskrieg mit Russland in …« – »Ich!«, schrie Gebhart, als Felsch wieder rauskam, »ich habe es gelesen!« – »Na«, streute der nur beiläufig in die Runde, »das hätte man im Grunde alles schon vorher ahnen können, dass es so weit kommt.« Und alle atmeten aus. Jetzt denkt *er* doch über Demokratie nach, vermutete Sven kurzerhand, aber dass er damit auf einer völlig falschen Fährte unterwegs war, hätte man sich denken können. Sandra, der es bereits übel ging, war sauer: »Wie kann man das als Erfolg werten!« Und außerdem: Nachher im Zimmer sei es freilich leicht zu sagen, dass anderswo Gott sei Dank noch weitere gesellschaftliche Übereinkünfte existierten, als alleine dem, der das meiste Geld hat, recht zu geben.

»Und ich sage dir«, flüsterte Gebhart bei dem letzten Treffen am Rand des Pools, »der kriegt alles mit, also alles. Er beobachtet uns. Er sieht, wenn du dir noch mal nachnimmst. Er registriert die Bestellungen, die wir gemacht haben.« Normann glaubte das nicht. – »Doch, doch. ›Ich würde niemals Schulden aufnehmen‹«, habe Felsch beispielsweise gesagt, »zumindest nicht, wenn sie nicht gedeckt sind.« Als sei er der korrekteste und konservativste Geschäftsmann der Welt und sie mit ihren Kleinkrediten halbseidene Klientel. Sie könnten ja nicht einmal eine Autoanmietung tätigen! Felsch erde sich über imaginierte

Auto- und Wohnungskäufe, überlegte Sven in dieser Nachbesprechung, bei der Sandra wieder einmal fehlte. Sie hätte nicht fehlen dürfen, dann wäre das mit ihr vielleicht nicht passiert. »Ich bin doch nicht bekloppt«, war aber das, was man von ihr vermutlich in Erinnerung haben würde, sie sehe da nicht mehr hin, setzte sie noch schwach hinzu, »ich meine, das ist doch klar, was da kommt«, sie stehe nicht da und sehe diesem Mann zu, wie der sich in seinem sogenannten Bürozimmer auf seinem Sessel hin und her bewegt. Sie sei doch nicht gekommen, um mit einem Türrahmen zu verwachsen. Das sei ja krank. Sie sei vielmehr hier, um ihren Urlaub zu genießen. Doch von genießen konnte längst nicht mehr die Rede sein.

Ja, man hätte wirklich einfach sein Reisgericht essen sollen, anstatt zu glotzen. Aber niemand wollte das Reisgericht essen, alle wollten glotzen, nachdem man diese Nummer erlebt hatte, die klarmachte, dass die Grenze zwischen Leben und Tod hier ständig neu justiert wurde. Direkt vor der Haustür finde es also auch hier statt, das Weltgeschehen, an der Küste vor ihrer Nase. Man musste es bisher irgendwie übersehen haben. Sandra war übel geworden, sie hatte sich mehrfach übergeben und galt mittlerweile als richtig krank, das hatte sie vielleicht abgelenkt. Doch jetzt war es nicht mehr zu leugnen. »Die Boote müssen schon eine ganze Weile hier sein.« So formulierte es Karsten. »Wie haben wir das nicht sehen können?« Man habe es für einfache Fischerboote gehalten, was auch erst einmal richtig war. Man hätte das Thema einfach fallenlassen sollen, konnte es aber nicht. »Er ist jetzt enttäuscht von uns«, hatte zumindest Tine schon mehrfach neben dem Vorratsraum versucht zu formulieren, was in Felsch vor sich ging. Irgendwie schien sie näher an ihm dran zu sein und wollte jetzt endlich zu einem Abschluss kommen. »Was? Weil wir es ihm nicht gesagt haben? Wozu hat er seine Leute?« Und doch: Man hätte Tine definitiv mehr zuhören sollen, bevor man anfing, sich ausgerechnet in der Nähe der Dienstbotenzimmer gegenseitig fertigzumachen, um *ihn* wieder ins Boot zu holen. Schließlich wollte man wieder Boden unter die Füße bekommen, sprichwörtlich formuliert. Diesbezüglich konnte man die Menschen auf den Booten gut verstehen, die seit geraumer Zeit in 200 Meter vor der Küste ausharrten und auf ein Signal gewartet hatten, das aber bisher nicht gekommen war.

Irgendjemand hätte ihnen das Signal geben sollen, irgendjemand sollte noch immer das Signal geben, d. h. irgendjemand müsste es ihm sagen, dass diese Menschen jetzt da waren, und ihm gleichzeitig versichern, dass es mit ihm als Person nichts zu tun haben würde, wenn er sie an Land ließe oder so. Auch wenn es sehr wohl mit ihm zu tun haben würde, weil er dann die ganzen Behörden am Hals haben würde, und er hasste nichts mehr als Behörden, so viel war ja bekannt. Vor allem die Finanzbehörden. Er wusste, sie würden sich bei jemanden wie ihm sofort einschalten, er sei ja das potentielle Opfer einer jeden Finanzbehörde, deswegen habe er auch Vorausdeals gemacht, um die Finanzbehörden fernzuhalten, die allerdings nur darauf warteten, ihm wieder auf die Pelle zu rücken. Die Behörde würde sicherlich sofort wieder zur Stelle sein, so viel hatten sie schon verstanden, lasse er diese Menschen hier an Land. Er sei da eben leider erpressbar, hatte er sich beklagt. Das memorierten jetzt seine alten Freunde, als sie auf das Meer starrten und nicht durchstiegen, was er in Bezug auf die Boote mit den Finanzbehörden gemeint haben könnte, weil sie die Verbindung zwischen Flüchtlingsbooten und Finanzbehörden einfach nicht herstellen konnten, so sehr sie auch nachdachten.

Aber: Man hätte die moralische Gebetsmühle nicht mitmachen sollen, die Sven plötzlich losgetreten hatte, als er behauptet hatte, gleich ins Meer zu springen, wenn es denn notwendig sei. Das Gutmenschentum in Karstens Gesicht hätte man weiter abziehen lassen sollen und es nicht zurückpfeifen mit einem falsch verstandenen Aktionismus. Wer oder was in welches Wasser zu springen habe, hätte man sich vorher wenig genauer überlegen sollen. So musste man erst recht wieder von Felsch rausgezogen werden.

Sechster Tag

»Ach was, die richtige Antwort kommt einem ohnehin erst hinterher, eh klar. Im Moment weiß man ja nie genau, was man ihm sagen soll, man stutzt erst einmal, man übergeht die Sache und tut so, als ob nichts gewesen wäre«, versuchte Karsten, die anderen zu beruhigen. Alle saßen sie in jenem kleinen Vorratsraum und warteten mehr oder weniger ab. Es war zu einer regelrecht peinlichen Szene gekommen, weil Tine in Tränen ausgebrochen war und dann in

140

den Kühlraum verschwand, wo sie sich dann alle eingefunden hatten. Kurze Zeit behauptete sie, sie habe ja keine Ahnung gehabt, dass man es hier mit einem komplett Wahnsinnigen zu tun habe, wobei alle wussten, dass man es nicht mit einem komplett Wahnsinnigen zu tun hatte, sondern dass es da eine Logik gab, der man hätte folgen können, wenn man nur gewollt hätte. Er sei eben Realist, hatte er vorher gesagt, aber an jenem sechsten Tag sah es nur so aus, dass es ihm letztlich egal war, wo Johannes abblieb. Es sei ihm egal, rief Tine, ob Sandra das überlebe, ob diese Menschen da draußen eine Minimalchance bekommen würden, er wolle keine Behörden, schrie Tine jetzt hysterisch, der niemand mehr zuhörte. Nicht, weil die Temperaturen in dem Raum dafür einfach zu niedrig waren, alle hatten eben noch zu sehr im Ohr, wie Tine noch gestern verkündet hatte, man müsse bloß seiner Eitelkeit schmeicheln, dann komme man hier schon raus. Alle hatten eben noch zu sehr vor Augen, wie Tine, ganz Ibiza-Mäuschen, sich am Vorabend an ihn rangeschmissen hatte und doch nur abgeblitzt war.

Ganz klar, man hätte den Bootsflüchtlingen effektiver helfen sollen, die hier angekommen waren, und die ihm später als Rechtfertigung dienten, sich nicht mehr um Johannes oder Sandra zu kümmern, weil er einfach mit einem viel größeren Problem beschäftigt gewesen sei, zumal sie, also Karsten und Sven, ja auch diese absurden Aktionen gestartet hätten und tatsächlich eingreifen wollten. Man hätte sich ganz klar effektiver um die Boote kümmern müssen, sie waren sich einfach anfangs zu lange nicht sicher gewesen, ob es erlaubt war, und dann war die Situation schon definiert, wie es einmal heißen würde. Sie seien, würden sie zu diesem Zeitpunkt, falls sie hier je rauskommen würden, fortfahren, derart von seiner Unmenschlichkeit ausgegangen, dass sie sich nicht mehr getraut hätten, nachzufragen. Sie hätten schließlich zusehen müssen, wie die wieder aufs Meer hinaustrieben, und hätten bei diesem Zusehen etwas ihre eigenen Leute aus den Augen verloren, wie Gebhart das formulieren würde, könnte er noch. Johannes war schon länger fort, also verschwunden, und Sandra war nicht mehr ansprechbar. Sie würde bald keine medizinische Unterstützung mehr brauchen, wenn man noch länger wartete. Auch ob Normann abgereist war, wie er irgendwann verkündet hatte, darüber wusste niemand was zu sagen. Die Polizei suchte ihn ja auch nicht wirklich. Die vielen Leichen, die jetzt tagtäglich hier angeschwemmt wurden, hieß es, hielten sie bei der Suche auf.

Felsch habe im Nachhinein keine Absolution gewollt, wusste Tine, wieder draußen, immer noch zu berichten, weil Karsten das Gegenteil davon behauptete. »Am Ende sind wir natürlich an allem schuld«, meinte Gebhart, der etwas kopflos wieder aus dem Uferbereich aufgetaucht war oder was er als Uferbereich bezeichnete, konsterniert. »Karsten ist schuld«, würde Sven sagen, wäre er noch hier, »das wissen wir.« »Nein, Johannes ist selbst schuld«, hustete Normann, der kaum noch sprechen konnte. Jemand würde Normann endlich aus dem Pool holen müssen, doch stattdessen gab Tine zu bedenken, man hätte ihr sagen sollen, dass sie es mit einem komplett Wahnsinnigen zu tun gehabt hatte, und warum man sie heute zu Unmenschen abstemple, die sie doch nicht seien, niemals gewesen seien, zu keinem Zeitpunkt! Strenggenommen habe man irgendwie zugesehen, wie Sven bei seinem Rettungsversuch aufs offene Meer hinausgetrieben war, etwas, das Felsch im Nachhinein überhaupt nicht gesehen haben wollte. Dabei habe der doch schon aus seinem Badezimmerfenster einfach beobachten müssen, welches Drama sich an der Bucht abspielte. »Wir haben erst nicht einfach so drauflos agieren wollen, und als wir es doch taten, sind wir selbst untergegangen.« Und dann, fuhr Tine fort, habe man den Zynismus Gebharts, seine Aufforderung, jetzt bitte von *seinem* Unglück zu sprechen, falsch verstanden und tatsächlich von *seinem* Unglück gesprochen, der Einsamkeit des Oligarchen, der nicht einmal ein Oligarch sei, sondern sich nur so aufführe.

Siebter Tag

Klar war, im Augenblick komme kein Wort mehr von ihm, wussten die Übriggebliebenen, »wir haben hier einen oder mehrere Tote«, hatten sie umsonst in seine Richtung gesagt, »aber keiner macht was«, hatte Gebhart ausgerufen, bevor er ins Wasser sprang. »Du machst nichts«, hatte Tine umsonst gekontert. »Ja, ich mache nichts«, hatte Sven verzweifelt bekanntgegeben, bevor er sich nach vorne beugte, »aber irgendwie«, hatte Karsten beigesteuert, »bleibst du trotzdem dabei, dich lähmen zu lassen.«

An jenem siebten Tag, das war das Letzte, worüber sie sich alle einig waren, hatte Karsten etwas Dummes gesagt, nämlich den Satz: »Immerhin habe ich eine Entscheidung getroffen!«, und das nur, weil er plötzlich dachte, er müsste Felsch kopieren, dann komme er schon wieder zurück in sein normales Leben. Karsten konnte ihn aber nicht mehr kopieren, hatten sich Tine und Gebhart im Stillen darauf gesagt, als sie ihn so ansahen, wie das Blut an ihm herablief und er seine Stelle vor dem Pool wohl so schnell nicht mehr verlassen würde. Sandra war ohnehin stumm geblieben, sie hatte nur starr hinaus aufs Meer gesehen, als würde sie es zum ersten und letzten Mal sehen.

Hinzuzufügen bleibt, man hätte zu dem Zeitpunkt bereits deutlicher und expliziter die Frage stellen sollen, ob Felsch schon abgereist war oder nicht. Tine hätte dann feststellen können, dass nicht mehr viel von ihnen übrig war. Ganz allgemein würde es über das Haus heißen, dass es hier nichts Lebendiges mehr zu sehen gebe, ein Unort, der von seinem Eigentümer und dessen Lebensgefährtin schon lange verlassen worden sei, weil es angeblich spuke. Aber das erzählten dann nur die Dienstboten, die ebenfalls abgehauen waren. Ein Realist und Rationalist wie der Eigentümer würde niemals von Gespenstern sprechen, er würde diese Rede einzig als Angriff auf den Immobilienwert seines Hauses begreifen. Diese Rede von Geistern, die aus der Vergangenheit des Eigentümers hervorgekrochen seien, angeblich alte Freunde, und zunächst das WIFI lahmgelegt, dann den Pool verdreckt und die Nahrungsmittel verseucht hätten, in dem sie ihre toten Körper noch mal ans

Tageslicht gehievt hätten, so Felsch, das sei doch nichts als der laue Versuch, den Preis der Immobilie zu drücken, um dann zuzuschlagen. Dem würden mittlerweile alle beipflichten, ich bin mir sicher, auch Tine, Johannes, Sven, Normann, Sandra, Gebhart und Karsten, aber im Moment sagt niemand mehr etwas.

Überflug (Marokko)

»Warum ich keinen Krebs haben kann«, wiederholte
Herbert Wetterauer im Stillen, »liegt einfach daran – es
geht mir einfach zu gut dafür.« Er bestand darauf, ja, insis-
tierte regelrecht, keinen Krebs zu haben. Laut wollte er es
allerdings nicht wiederholen, da er lange genug mit seiner
Frau darüber gesprochen hatte und die Menschen aus der
Reihe 7 ohnehin alle schon mitgehört hatten. Auch die
Menschen aus der 8. Reihe musste man nun nicht mehr
extra informieren, dass seine Frau einen Krebsverdacht
hegte, selbst wenn die vordergründig so sehr mit ihren
Kleinkindern beschäftigt waren, dass es vielleicht doch untergegangen war. Der Pensionist neben ihnen war auffällig
oft auf die Toilette gegangen, der hatte vermutlich genug
gehabt von dem Wortwechsel, ob Wetterauer nun zum
Arzt gehen solle oder nicht, auch wenn diese Debatte ge-
zischelt worden war. Immerhin verhielten sich die Stewardessen normal, aber die hatten ohnehin so viel um
die Ohren, so nahm Wetterauer an, dass ihnen das ganze
Gesprächsschlamassel am Arsch vorbeigehen musste. Er
wisse, begann er erneut, was die Symptome seien, die einen
Krebs verraten könnten, und diese Anzeichen zeigten sich

bei ihm nicht. Er müsse über eine gewisse Energielosigkeit verfügen, schlaflos sein, Temperatur haben, Nachtschweiß, all so was. Das treffe bei ihm alles nicht zu. Er habe abgenommen, sicher, aber sie verstehe sein Abnehmen nicht richtig. Er hatte doch diese Lebensmittelvergiftung, hatte er ihr mehr als einmal gesagt. Sie hielt seine sogenannte Lebensmittelvergiftung für eine bemerkenswert langwierige Sache, außerdem war sie »gewichtstechnisch in deinem Alter nicht der Rede wert, mein Lieber«, nur, steckte sie in seiner Haut? Anscheinend ja, anscheinend musste er sie da wieder herausbekommen, wenn sie etwas äußerte wie: »Die Leute sterben um uns wie die Fliegen, weil sie es nicht wahrhaben wollten«, das hatte sie gesagt, und danach mussten sie zusammen erneut die Liste ihrer Freunde durchgehen, die allesamt an Krebs gestorben waren, die tatsächlich lang war. Sie hatte Fredi erwähnt und Charlotte, sie musste unbedingt Sabine erwähnen, die ewige Sabine, die dann gar nicht so ewig war, und Martin. »Sie sind gestorben, weil sie nicht aufgewacht sind.« Hatte sie gesagt, »wir wachen aber auf, hörst du?« Er hörte nur, wie sie in den Sitzen vor ihnen kicherten. Sie machten sich also bereits lustig über sie. Schon beim Einstieg war ihm das aufgefallen, dass sie scheinbar ein komisches Paar abgaben. Ihm war leicht übel geworden, als sie gestartet waren, das war alles, aber es reichte aus, um in der Reihe vor ihnen für gute Stimmung zu sorgen. Er vertrage das Fliegen nicht mehr so leicht, hatte er sich gerechtfertigt, und das war Wasser auf den Mühlen seiner Frau gewesen. Insgeheim hielt er es immer noch für eine Herausforderung Gottes, so viel stand fest, wenn sie erst in 2000 Meter, dann in 3000 und 4000 Meter über Marokko flogen. Es gebe da unten so was wie Bäume, bemühte er sich, vom Thema abzulenken, als er das Gebirge neben dem ausgetrockneten Wadi betrachtete, ein Flusstal, das er keinem Namen auf der Karte zuordnen konnte, vermutlich ein Teil des Atlas, der erstaunlicherweise gesprenkelt war, so von oben aus gesehen. Das mussten doch Bäume sein. Es sah so aus, als hätte der Berg Masern. Von hier oben konnte man auch die zahlreichen Gewächshäuser überblicken, von denen die Marakko-Reiseführer erzählt hatten. Aber waren sie überhaupt noch über Marokko? »Kaum zu glauben, Schnee!«, riefen die Leute aus Reihe 8, die für einen Moment lang ihre Kleinkinder gebändigt hatten, während er schon wieder daran denken musste, dass Krebs doch eigentlich später komme. Nicht in den Fünfzigern. »Du bist auch bald nicht mehr in den Fünfzigern«, hatte sie nur achselzuckend dazu gesagt. Alle Welt wisse doch, Krebs sei etwas für Übersechzigjährige, und er sei nun mal ein Untersechzigjähriger. Noch, gab sie zu bedenken. Heiß schien die Sonne zum Flugzeugfenster hinein, d. h. eigentlich mehr gleißend, die Wärme kam nicht wirklich an. Was gegen Krebs sprach, war auch das Timing. Er käme einfach zur falschen Zeit. In seiner Vorstellung trat Krebs nach Situationen der Selbstüberforderung und der Selbstverleugnung auf, das würde im Moment überhaupt nicht passen. Vor ein paar Jahren hätte es noch gepasst, damals, als er noch in seinem alten Job gearbeitet hatte, aber jetzt? Draußen registrierte er schon trockenere Gebiete mit seltsamen geometrischen Formen. Tafelgebirge vermutlich. Jedenfalls ein uraltes Gebirge, das nicht aufgab und doch in die Wüste übergehen musste. »Ich war jeden Tag im Wasser«, versuchte er ein harmloses Gespräch anzufangen, aber seine Frau war nicht bereit dazu. »Ich habe es genossen.« – »Du bist 58, mein Lieber«, sagte sie nur und wendete sich wieder ihrer Lektüre zu. So was hatte sie noch nie zu ihm gesagt. »Außerdem habe ich einen Mordshunger.« Er glaubte nicht, dass man einen Mordshunger hatte, wenn man Krebs hatte. Er war nun richtig gekränkt und schlang sein Flugzeugbrötchen hinunter, verspürte danach den klassischen Bauchschmerz, der ihn seit Tagen begleitete. Magengeschwür, das könnte sein, sagte er sich, das wäre ja auch kein Wunder. Er teilte seiner Frau mit, dass er nichts mehr über Krebs hören wolle, und hielt die Sache für abgeschlossen. Sie rede ohnehin nicht mehr davon, begann sie aber von neuem, sie habe auch gar nicht damit angefangen. Die Atmosphäre im Flugzeug hatte sich inzwischen gewandelt. Man schien sich auf den Boardbildschirm zu konzentrieren, auf dem eine der üblichen Sitcoms gezeigt wurde, irgendein Familienquatsch. Ohne Ton noch sinnloser, befand er, doch die um ihn Sitzenden schienen dem leeren Lauf der Bilder etwas abzugewinnen. Selbst die Reihe vor ihnen war ruhig geworden, und er konnte sich auf den Anblick Marokkos konzentrieren, das sich unter ihnen in immer neuen Facetten zeigte. Oder war es längst in Algerien übergegangen? Denn mal ehrlich: Dauerte dieses Land ewig? Wie viele Flugstunden konnten noch über Marokko zugebracht werden? Wann würden sie endlich etwas vom Mittelmeer sehen, das die Nachbarn zur Linken andauernd ankündigten. Man hatte also auf der anderen Seite wieder einmal den besseren Ausblick, monierte er im Stillen, dort herrschten auch sicher andere Gesprächsthemen, da wäre ein Krebsgespräch unmöglich, weil man sich über eine Küstenlinie freuen konnte. Drüben konnte man sich über keine Küstenlinie freuen, hier blieben einem nichts als Tafelberge. Aber er ahnte ohnehin, irgendwo über dem Mittelmeer würden seine Bauchschmerzen erneut einsetzen, kurz vor Italien würde er sich zur Boardtoilette aufmachen müssen, wo er sich übergeben würde. Das würde auch der Moment sein, an dem er zum letzten Mal über ein Magengeschwür spekulieren würde, ein Gedanke, der es nicht zu den Alpen schaffen könnte, weil er zu jenem Zeitpunkt merken würde, dass er ganz anders in sich hineinhorchen musste, um den Flug zu überstehen. In den verschneiten Alpen würde die Vorstellung von seltenen Parasiten kurz, wie eine Reminiszenz aus vergangenen Tagen, auftauchen, und pünktlich vor dem deutschen Luftraum würde ein Kreislaufkollaps allen weiteren Spekulationen ein Ende machen. Es wäre insofern besser, man würde erst gar nicht dahin kommen, sondern über Marokko bleiben, dachte er, und er hatte Glück, das geschah dann auch.

Die Anrufe

Ja, so musste es gewesen sein, wahrscheinlich werden es ihre Anrufe gewesen sein. Heidrun Paetz' Anrufe nach Werner Paetz' Tod waren schuld an dem Zerwürfnis. Ihr beständiges Redenmüssen über sein Sterben werden die Wut und die Enttäuschung ausgelöst haben, ihre telefonische Besetzung seines Todes, dieser ständige Hoheitsanspruch auf seinen Tod, den die Geschwister doch unter sich ausgedealt hatten mit unterschiedlichen Überwachungszeiten, Lebenszeichenüberwachungszeiten, aber sie war dann am Ende alleine dabei gewesen, d. h. nur halb dabei gewesen, nur so in etwa dabei, denn als es wirklich passierte, war sie natürlich nicht dabei, da war sie in diesem Hotelzimmer dieser fremden Stadt, in der ihr Vater ganz plötzlich umkippen musste, mit einer blöden Herzschwäche umkippen. Es hätte einen ganz jungen Menschen ebenso gut treffen können, hatte die Ärztin gesagt, als wäre das irgendwie tröstlich, dass ein alter Mensch in relativ kurzer Zeit an einem Tod gestorben ist, der einen jungen ebenso hätte ereilen können, bei all den Krankheiten, die der alte schon gehabt hatte. Sie sei nur kurz weg gewesen, einen Augenblick im Hotelzimmer gewesen, wie sie da-

nach allen mitteilte, im Grunde aber sei sie ganz dabei gewesen, also so rundherum dabei, also näher rundherum,
als alle anderen rundherum dabei gewesen waren. Sie habe
diesen Tod umrundet und habe danach alle angerufen,
ganz einfach. Sie habe sie darüber in Kenntnis gesetzt, mehr
noch, informiert, wie es gewesen sei, wie es sozusagen ab-
gelaufen sei. Sie nahm natürlich an, dass ihre Version die
richtige gewesen war, weil sie ja dabei gewesen war und der
Rest eben nicht, aber dass ihre Versionen, denn natürlich
gab es bereits mehrere, ganz und gar nicht richtig waren,
dass sie einfach nicht stimmen konnten, und vor allem, dass
sie den anderen die Aussicht verstellten, die Aussicht auf
andere Vorstellungen und Abschieds-, ja Abtrittsvarianten,
dass auch völlig anders damit unzugehen war, das habe sie
einfach nicht mehr im Blick gehabt, das habe sie einfach
nicht begriffen. Das müsse sie schon zugeben, so im Gespräch, so im Gespräch mit ihm, dass man es auch anders
sehen könne, dass man es vielleicht auch gar nicht hören
wolle, wie jemand, der nahezu dabei gewesen sei, dies
empfunden habe, würde sie ihrem Freund sagen, aber jetzt
war sie gar nicht bei ihrem Freund, jetzt war sie im Bus.

Vor allem wollte man nicht angerufen werden. Sie hätte
viel mehr darauf achten müssen, dass man nicht angerufen
werden wollte, d. h. nicht so angerufen, nicht so sehr mit
dieser Erzählstimme konfrontiert werden wollte, die etwas
hochgezogen klang, leicht im hysterischen Tonfall lag, wie
sie im Augenblick leider zugeben müsse. Später wird es
heißen, es sei doch nur ums Geld gegangen. Das Geld sei es
gewesen, und sie sei als Siegerin dabei hervorgegangen,
d. h. als eine Art Geldsiegerin aus dieser Geschichte, wobei

das überhaupt nicht stimme. Würde sie dann zumindest behaupten, weil sie davon ausgehen würde, dass dann alles mit rechten Dingen zuging. Aber im Grunde waren es nur ihre Anrufe gewesen und nicht die Geldflüsse, die sich dann am Ende nicht auf diese Weise einstellen würden, wie man sich das vielleicht jetzt gerade vorstellte oder auch nicht vorstellte, weil man noch mit anderem beschäftigt war. Noch nicht mal die Feststellung, dass man eigentlich ja auch eher um die Stille nach dem Tod durch ihr Dauergequatsche am Telefon betrogen wurde, hatte man parat, diese Einsicht würde erst nach und nach durchsickern, und dann würde es längst zu spät sein.

Ihre ständigen Anrufe würden einem auch die Sicht verstellen, werden dann die Geschwister und Halb- und Stiefgeschwister sagen, die Tanten und Stiefmütter, die Onkel. Ihre Vorstellungen von den letzten Atemzügen, was er noch verstanden habe und was nicht, was er noch wahrgenommen habe, lägen doch sicher ganz daneben, wird man sagen, das brauche sie sich nicht einbilden, dass sie eine Ahnung davon habe, nur weil sie auf dem Sterbebett gesessen habe, nur, weil sie seine Hand gehalten habe, die ohnehin nichts mehr gefühlt habe, und wenn die was gefühlt habe, dann nur noch Schmerz. Er habe sich ja nicht wehren können, er habe sich gegen ihren Durchhaltewillen nicht wehren können und habe nicht einfach abtreten können, wie er eigentlich abtreten habe wollen. Ihr Durchhaltewillen habe einfach weitergemacht, habe es einfach durchgezogen, und dieser sei es gewesen, der übriggeblieben sei, kein Fitzelchen von ihrem echten Vater auf diesem Sterbebett, nur ihr Durchhaltewillen. Sie sei nur kurz weg gewesen, wussten die anderen, sie sei nur kurz aus dem Sterbezimmer gegangen, und dann sei er sofort gestorben. Er habe seine Chance genutzt, er sei ihrem Durchhaltewillen für einen Augenblick lang entwischt, er habe ihrem Klammergriff entgehen können und sei sofort abgetreten.

Auf der Wiese des Geldes würden sich die Geschwister, die zweite Frau und Halbgeschwister dann in einer Erbschaftsauseinandersetzung wiederfinden, noch aber waren sie weit davon entfernt, noch waren sie in ihre Telefongespräche verstrickt, ihre Abtrittsberichte, die einfach nach einem Tod zu erfolgen hatten, oder etwa nicht?, würde sie ihren Freund fragen, später vor einem der Organisationstermine fragen, denn jetzt konnte sie ja nicht. All die bürokratischen Anlässe, zu denen man nach seinem Abtreten für die Hinterbliebenen mutiert, eine Ansammlung an Formalakten, Kündigungen, Steuerfragen. Und davorgeschaltet: Ein halbes Jahrhundert lang Telefongespräche mit den Verwandten, auch wenn es nur ein halber Tag war, ein Tag im Bus, wie sich herausstellen würde, ein Schienenersatzverkehrsbus, in dem alle Welt saß, um eine Unpässlichkeit der Bahn zu überbrücken. Alle Welt und Heidrun Paetz, die in ein halbes Jahrhundert lang Leichenfledderei aufbrach, die zu nichts führen würde. Ein halbes Jahrhundert lang Geldgespräche, die das würden aufwiegen müssen, was vorher Leichengespräche ihrerseits gewesen waren. Denn sie habe ja von der Leichenfledderei nicht lassen können, diese letzten Atemzüge, die ihr ins Gesicht gegangen seien und die da nun stehen blieben, einfach zurückblieben, wird es heißen.

Der Notar wird sich dann um ein ernstes Gesicht bemühen, er wird sich bemühen, seine Langeweile und sein gleichzeitiges Erstaunen zu verbergen. Er wird ja auch gar nicht der richtige Notar sein, sondern ein Unternotar, der sich mit seinen Kollegen abwechseln wird können, wenn ihm etwas zu viel wird. Er wird sicher schon gehört und erlebt haben, dass man auch über solche Summen streiten kann oder über Haushälften und Nießbrauchminimierungen, in seinem Notarleben wird es sicher schon zu Verspätungen gekommen sein, und dennoch wird er eine gewisse Belustigung verbergen müssen. Genauso wie sein Kollege, mit dem sie ihn immer verwechseln wird, sie wird ihn immer falsch ansprechen, mit dem falschen Namen ansprechen, da wird nichts helfen. Wir haben diese Menschen schließlich für ihre Arbeit bezahlt, wird sie ihren Gedächtnisverlust vor sich rechtfertigen, aber sie wird gleichzeitig wissen, da wird nichts zu machen sein, »der Name ist immer weg«. Diese Situationen lagen noch vor ihr, jetzt saß sie ja noch in diesem Bus, in diesem Schienenersatzbus, der sie vor nichts bewahrte, einem Schienenersatzbus mit aller Welt, die ihre Gespräche mit anhören musste, wie sie plötzlich feststellte. Die anhörten, wie sie sich vor sein Sterben platzierte – immer sei ihr Gesicht da –, wenn man sein Sterben ansehen wolle, habe man in ihr Gesicht gesehen, ihr telefonisches, würde sie später hören. Es waren der Todeszeitpunkt und die tatsächliche Todesursache noch nicht wirklich bekannt, da hatte sie schon begonnen anzurufen. Sie hatte bereits stundenlang telefoniert, sie war ja schon den Krankenhausgang auf und ab gegangen und hatte mit allen Verwandten geredet, mit der ganzen Familie, anstatt sich einen Augenblick der Stille zu gönnen. Die brach dann auf der Busfahrt über sie herein, einfach so, als wäre das in Ordnung. Aber irgendwie musste sie ja zurückkommen. Weg von dem Toten, hin zu seinem Lebens- und Begräbnisort. Die Leichenüberführung würde erst Tage später stattfinden, die Unheimlichkeit reiste aber bereits mit, überholte sie und würde sie dann pünktlich beim Betreten seiner Wohnung erwarten. Sie würde sich plötzlich nicht mehr vorstellen können, dort zu übernachten, ahnte sie jetzt schon. Ihre Kindheitswohnung, die sie nicht fortsetzen konnte, die sofort aufhörte zu existieren als lebendige Kindheitswohnung und sofort nur noch eine tote Kindheitswohnung war, bereits von der Vergangenheit verschluckt. Sie war schon in diesem Bus durch die Alpenregion eine tote Kindheitswohnung geworden, nur wusste sie das zum Zeitpunkt des Geschehens nicht.

Schon bald würde sie sich die Zeit einzuteilen beginnen, in unheimliche Momente und ununheimliche, und die Promptheit des Ununheimlichen würde sie genauso wenig mögen wie umgekehrt des einfach Unheimlichen, denn nirgendwo würde sie sich mit Gewissheit einrichten können. Diese Einteilung würde aber erst nach der Busfahrt durch die österreichischen Alpen zustande kommen. Während der Busfahrt war alles noch Mischmasch, war das noch ineinander verschränkt, das ständige Ineinandergleiten, Ungeschiedensein der Zeiten, von lebendig und tot. Es war ein Mischmasch zwischen ihrer Telefonexistenz und ihrer unmittelbaren Umgebung, der Mitfahrerumgebung, den sie noch nicht durchschaute. Ein Mischmasch, das jetzt unterbrochen wurde von einem Moment der Stille und des Nichttelefonierens, den sie noch nicht ganz durchschaute.

Während der Körper des alten Mannes zu zerfallen begann oder dem Zerfallsprozess einfach nichts mehr entgegensetzen konnte, hatte sie ja gleich telefoniert. Sie könne seine Wärme noch spüren, hatte sie vor ganz kurzer Zeit noch gesagt, sie bemerke, wie gleichzeitig Körperwärme da sei, aber der ganze Mensch weg. Wie der sozusagen schon längst verschwunden sei, d. h. der Geruch des Mannes sei verschwunden, dieser Sterbensgeruch, es sei nur noch die Körperwärme da. Deswegen denke sie vermutlich an einen heruntergefahrenen Computer, wegen des fehlenden Geruchs und der Restwärme. Der Geruch allerdings sei es, der gleichzeitig als penetrante Erinnerung in ihrer Nase stecken geblieben sei, hatte sie gesagt, ein Geruch, der sie verfolgen werde, so viel wisse sie schon. Das müsse sie erst einmal loswerden. Den trage sie nämlich immer noch mit sich rum, ihrer Wahrnehmung nach, selbst in diesem ÖBB-Bus trage sie ihn an sich, er sei quasi auf sie übergegangen und sie könne ihn nun förmlich riechen. Ach, was sie alles gemacht habe, um ihn am Leben zu erhalten, brach sie diesen Gedanken ab, auch das hatte sie bereits mehrfach formuliert. Allen hatte sie ihre Techniken verraten. Pluspunkttechniken. Gesang, Berührung, Gespräch, Überzeugunsarbeit am Totenbett. Der Tote sei aber nicht mehr besprechbar, der Sterbende eigentlich auch nicht, hatte man ihr am Telefon immer wieder mitgeteilt. Fachkundige Menschen hatten sich da plötzlich gefunden, fachkundig im Nachhinein, jaja, dachte sie sich jetzt, Menschen, die ganz genau Bescheid wüssten, wie man den Zustand des Toten einzuschätzen habe, obwohl sie nicht einmal da gewesen seien!, wurde sie plötzlich innerlich laut, nur so für sich. Was man in so einem Moment hören könne und sehen, und vor allem noch kognitiv verarbeiten. Sie wisse das alles nicht, würde sie sich vermutlich bald wieder anhören müssen, aber sie habe eben eine andere Erfahrung gemacht: »Er hat mich noch gehört«, erklärte sie ihnen andauernd, »ich bin mir sicher, er hat verstanden.« Sie hatte ja die Erfahrungshoheit da am Telefon, in ihren Anrufen. Und dann kam der Moment, in dem sie einen Augenblick lang nicht wusste, wen sie noch anrufen sollte. Sie saß da und starrte auf das Display mit den Ziffern, die plötzlich ganz fremd aussahen, wie unverständliche Zeichen einer sehr fremden Schrift. Es war jener Moment, den sie später als den entsetzlichsten Moment beschreiben würde, im Schienenersatzverkehrsbus sah sie bloß hoch von ihrem Handy und hinaus auf die österreichischen Alpen, die diesen Bus überfallartig zu umgeben schienen. Paetz fühlte eine Leere, ein Ungeheuer, das sie mühsam in sich zusammenstauchte, das danach sich gleich wieder in doppelter Größe herstellte. Der Kontakt zum Toten reißt ab, sagte sie sich etwas panisch, dabei riss vielmehr der Kontakt zu den anderen ab, die irgendetwas mit ihm oder ihr zu tun haben könnten.

Sie hielten vor einem Grenzübergang. Welch ein Grenzübergang das sein sollte, wusste sie nicht, sie wusste nur, hier wird gewartet. Vermutlich gab es da draußen wieder Listen, in die sich Menschen eintragen lassen mussten, nur sie würden wieder einmal durchgewunken, nur 2 Minuten noch! Heidrun Paetz war gewohnt, durchgewunken zu werden, aber diesmal schien das mit dem Durchwinken äußerst lange zu dauern. Sie war gewohnt, dass es mit ihrer behördlichen Position keine Probleme gab, warum um Himmels willen mussten sie warten in jenem Schienenersatzverkehr, und das in ihrem Zustand, quasi mit einem Toten im Gepäck. Waren sie etwa nach Slowenien eingereist und mussten nun irgendwie zurückkommen? War sie in den falschen Bus gestiegen, nicht den Bus in Kindheitswohnungsrichtung, sondern der Slowenienrichtung? Dem Flüchtlingsslowenien, so von Österreich aus gesehen, dem Rückwärtsgangslowenien oder Abschiebekroatien? Hatte sie sich getäuscht?

Der Kontakt zum Toten riss eben nicht ab, das war es eigentlich, was sie in Wirklichkeit verstörte, der Kontakt blieb radikal bestehen, sein Geruch blieb radikal in ihrer Haut, seine Geräusche blieben radikal in ihren Ohren, sein Gesichtsausdruck ging ihr nicht aus dem Kopf, ein Gesichtsausdruck, der vertraut und unvertraut gleichermaßen war. Diese Ambivalenz war es, die sie nicht ertrug. Und nun, so sagte sie sich, saß sie mit ihr im Bus, und es fiel ihr niemand mehr ein, den sie anrufen könnte, in diesem Moment der Stille, in diesem Moment des Wartens. Heidrun Paetz bemerkte plötzlich, wie alle anderen rund um sie herum lautstark zu telefonieren begannen oder vermutlich schon lange lautstark telefonierten, hinter ihr und vor ihr, es waren regelrechte Telefonwände, so Paetz, die sie um sich hochzuziehen schienen, und sie dazwischen gefangen als eine Art der unfreiwilligen Telefonnegation, eine einzige Stelle der furchtbaren Stille. Ja, während alle hinter ihr und vor ihr irgendwie mit ihren Toten telefonierten, oder zumindest um ihre Toten rum, saß sie da und telefonierte gar nicht mehr.

Der Wiedereintritt in die Geschichte I

»Es ist einfach zu laut«, das war der zweite Gedanke, der Peter Wols durch den Kopf schoss, als er den Laden betrat. Die Musik war ohrenbetäubend, und er wäre gerne einfach wieder rausgelaufen, hätte er nicht dringend das Waschmittel benötigt. Er fragte den Mitarbeiter, der meinte, er könne daran nichts ändern, die Lautstärke sei Anweisung von oben. Er zuckte mit den Achseln wie einer, der nicht recht zugehört hatte, und widmete sich weiter dem Einräumen von Kosmetikartikeln. Peter Wols war nicht sehr verwundert über diese Auskunft, er hielt sich damit nicht länger auf, schließlich musste er das Waschmittel finden. Es war einfach nicht da, wo es sein sollte, neben den Reinigungsmitteln, dort, wo es eigentlich sonst immer war in diesen Drogerieketten. »Wo finde ich Ihr Waschmittel?«, schnauzte er den Mitarbeiter erneut an, der darauf nur lakonisch zurückgab, er solle nicht so schreien, er könne ihn auch so verstehen. Er ihn aber umgekehrt nicht, blaffte Wols zurück und sah, wie der Mitarbeiter verschwand, was ihn ebenfalls nicht verwunderte. Eine alte Frau suchte ungerührt ihr Hundefutter zusammen, als fände auch sie derlei Szenen normal. Es war wie ein Déjà-vu: zu laute

Musik in zu krassem Laden, hochgetuned die Umwelt, er heruntergedimmt, zu leise, selbst wenn er schnauzte. Insofern hatte er auch den ersten Gedanken sofort vergessen, den er beim Eintritt in den Laden noch gehabt hatte. Der hatte dem Wiedereintritt in die Geschichte gegolten, von dem allerorts in diesen Tagen die Rede war. Erst gestern hatte Wols mit Kollegen darüber gesprochen. Machiavelli!, hatte Gert Joske-Schwerenbüchler versucht zu provozieren. Machiavelli sei es, was man heute am allernötigsten brauche, eine Abkehr von der Moralpolitik, von einem Scheinhumanismus und eine Rückkehr zur Realpolitik, zu quasi russischen Machtansprüchen, die man nicht etwa vorschnell verurteilen solle, sondern als immerhin halbwegs berechenbare Interessenpolitik einordnen. Man habe in Deutschland zur Genüge gesehen, wohin eine Politik der Moral führe. Interessenpolitik, so Joske-Schwerenbüchler, richte sicher weniger Schaden an als das absurde Eingreifen des Westens im Nahen und Mittleren Osten, die unschlüssigen Bombardements, der Drohnenwahnsinn, die alle auf rein symbolischer Politik beruhten. Das sei doch ganz offensichtlich ein Stellvertreterkrieg, murrte ein anderer Kollege, da gebe es nichts zu beschönigen. Wolle er auch nicht, so Joske-Schwerenbüchler. Wols hatte auf dem Stuhl gesessen, als hätte man ihn dort hinverurteilt. »Wir treten gerade wieder ein in die Geschichte«, hatte er gehört und konnte sich kein Stück bewegen, »die wir in den späten 80ern verabschiedet haben.« Wols hatte nicht verabschiedet, er hätte sich zu gerne wegbewegt, aber das Geschehen nannte sich Weihnachtsfeier, und er ahnte, auf Weihnachtsfeiern in seinem Sender musste man die

Ideologiediskussionen auf sich zukommen lassen, die mit denen aus den 80ern, geschweige denn 70ern, allerdings nichts mehr zu tun hatten. »Richtig«, so Joske-Schwerenbüchler, »wir sind ohne geschichtsphilosophisches Rüstzeug, wir haben kein Konzept mehr, wohin es gehen soll und wie es funktioniert.« – »Und landen direkt im Mittelalter!«, jauchzte eine Tonmeisterin. »Jau, wir müssten wieder gute Marxisten werden, um das zu verhindern«, frotzelte irgendein Gegenüber, das Joske-Schwerenbüchler am liebsten nicht mitreden lassen wollte, so viel wusste Wols. Er zog nur streng die Augenbraue hoch: »Das habe ich so nicht gesagt.« Irgendjemand im Raum hatte anscheinend die Rede des russischen Präsidenten auseinandergenommen, bevor Wols dazugestoßen war, und so den ganzen Abend auf geopolitische Machtspiele festgelegt. Plötzlich waren sie alle Ministerpräsidenten, Kanzler, Premiers, als hätten sie sich, wie so viele in diesen Wochen, gesagt: »Für einen Tag sind wir Staatsoberhäupter und denken nach, weil die das nicht tun. Oder falsch. Wir reden Tacheles, wie man das abstellen kann. Wie man den Krieg im Nahen Osten beenden kann.« Ja, gestern waren sie noch Kanzleramtskollegen gewesen, und es war viel die Rede von Gewehrläufen, die die Geschichte letztendlich entscheiden könnten, und nicht die moralischen Statements irgendwelcher Grünenpolitiker, von Territorialkämpfen bzw. Territorialbehauptungen – vor zwei Monaten noch unvorstellbar. Sie befanden sich eben in einer Zeit *davor*, hieß es plötzlich, das Gespräch war voller Ahnungen, und man hangelte sich an diesen Ahnungsverläufen sowie jeder Menge halboffiziellem Glühwein entlang. Irgendwann war man einzig auf dem besten Weg, der russische Staatspräsident zu werden, und was dann passierte, war Wols aber vollkommen entfallen. Quasi Filmriss.

Tatsache war, dass er nur noch die Hälfte der Gespräche im Kopf hatte, als er zu dem Drogeriemarkt gegangen war und, vielleicht durch die laute Musik, dabei war, dort den Rest zu vergessen, aber, so fiel ihm jetzt auf, man vergaß ohnehin sehr viel – z. B. die Statements, die die Kanzlerin eine Woche zuvor gemacht hatte. Man vergaß, dass bald schon die Zeit danach beginnen würde, eine nicht auszumalende Wende – eine neue Zeitrechnung, hatte es Joske-Schwerenbüchler, in historische Prophezeihungen versinkend, formuliert. Dies hatte Wols noch vor seinem Eintritt in den Drogeriemarkt klar vor Augen gehabt: Heute stellte sich doch nur die Frage, mit welchem Diktator es noch zusammenzuarbeiten gelte. Und wer schaue am Ende der Geschichte heraus? Europa sicher nicht, so wie es aufgestellt sei. Dann brach die Erinnerung ab. Es ist insofern nur zu vermuten, dass sie zum Zeitpunkt, als sie sich verabschiedet hatten, noch Kanzleramtskollegen gewesen waren, es ist zu vermuten, man blieb es auch bis zu Wols' Eintritt in diesen Drogeriemarkt, wo der Kontakt abbrach, alleine aufgrund der Lautstärke und allem, was aus ihr folgte. So hätte es jedenfalls Wols für sich formuliert, würde er sich noch erinnern. Im Nachhinein würde es andernorts heißen, er sei ohnehin kein so überzeugter Kanzleramtskollege gewesen, es sei ihm wohl angesichts der jüngsten Ereignisse unangemessen erschienen. Dass der Drogeriemarkt seine Hände im Spiel hatte, würde niemand erfahren. Genauso wenig wie man wissen konnte, was in dem kleinen Kabuff des Angestellten jetzt geschah.

Dass er die Musik später noch lauter drehen würde und es zu noch ganz anderen Erscheinungen kommen würde, würde Peter Wols allerdings niemals erfahren. Er floh unverrichteter Dinge. Rechtzeitig, wie manche sagen.

Der Wiedereintritt in die Geschichte II

Er hatte tatsächlich vor, die Rolle mit dem Jungen zu besetzen. Das war so ein Regiegedanke von ihm, den niemand ganz verstand. Eine Dämonisierungsvorstellung oder ein Verfremdungseffekt, den er erhoffte und der sich nicht umsetzen würde, da waren sich alle sicher. Nun würde man um das Kind nicht herumkommen, das irgendwelche Geschäftsführersätze von sich geben würde, irgendwelchen Businessmüll, einen Austeritätsmurks, angeblich, ohne ihn zu verstehen. Und so war es dann auch. Das Kind spielte überzeugend, da waren sich alle einig. Man musste ihm zwar immer wieder klarmachen, dass es mehr Kindlichkeit einbauen sollte in seine Äußerungen, aber sonst ging die Rechnung des Regisseurs voll auf. Jenseits davon war es relativ nervig mit dem Jungen. Er spielte die Leute gegeneinander aus. Ihm fehlten wohl andere Kinder, hieß es, aber man wusste nicht, woher man die nehmen sollte, insofern musste Johan Wegener die Rolle des Spielkameraden übernehmen, was dieser nicht gut konnte. Er war ja auch kein Pädagoge, sondern das Mädchen für alles, gerade vor Ort, jederzeit verfügbar und noch relativ jung. Johan sah sich gröberen Schwierigkeiten gegenüber, denn inzwischen hatte sich der Junge den Namen Zoltan zugelegt. Er hatte eine eigene Schrift entwickelt, die Wegener nun auch lernen musste, genauso wie die Regeln der Zoltandiktatur, unter der sie alle litten, das ganze Team, zumal sich Zoltan natürlich selbst nicht daran hielt. Auch Johan Wegener war keiner, der sich gerne mit Regeln beschäftigte. Grundsätzlich und schon aus biographischen Gründen nicht. Es gab zwar beispielsweise schon etwas, das ihn an die Bundesrepublik Deutschland glauben ließ, vage, er war da kein strikter Gegner, er war keiner dieser Reichsbürger, die in Sachsen einen Privatstaat aufbauen wollten, eine Art Schattenkabinett und Paralleluniversum, er war nur ein Kind der 90er Jahre, das unbekümmert vor sich hin stromerte und dachte, die Regeln, die alle andern beachten mussten, würden für ihn nicht gelten. Z. B., so viel hatte Zoltan herausgefunden, glaubte Wegener nicht daran, dass die Straßenverkehrsordnung für alle gedacht war. Bzw. dass man sie permanent befolgen musste, wenn kein anderer da war. Das Einzige, woran Johan Wegener im Moment festhielt, war das Geldverdienen, denn das musste er notgedrungen. Immerhin verband es ihn mit Zoltan. Johan musste, und Zoltan ahnte, dass das ganze Geldverdienen um ihn herum ihm diese Position ermöglichte, alle zu dirigieren, wie er nur wollte. Im Augenblick war er fasziniert von der Entwicklung der Kalender- und Wochentagsregeln (mit Ausnahmetagen, Doppelsonntagen), der territorialen Ansprüche (bis zum Schein der Tischlampe durfte Johan gehen, aber keinen Schritt weiter). Er war dabei sehr erfinderisch geworden. War die erste Regel, dass man die Ausgaben im Zimmer senken musste (welche auch immer), die zweite, dass das Büro zu umgehen war, die dritte, dass man nur auf staatlich subventionierte Bodenbeläge treten durfte, die dazu nicht grün waren, was für den Weg zum Set eine Unmöglichkeit darstellte. Und so watete man als überparteiliche Kompromisslösung durch ein kleines Rinnsal. Zoltan hatte gerade etwas willkürlich September genannt, was in Wirklichkeit längst November sein musste. »Es muss jetzt schon ein Jahr her sein«, hatte er beispielsweise eben angefangen, »ein richtiges Jahr drehen wir schon!« Als ob es unrichtige Jahre gäbe. Johan seufzte und ahmte akustisch steuerliche Rundumschläge nach, weil Zoltan das so wollte. »Dabei hatten wir damals doch eine andere Jahreszeit«, gab der hagere Kameramann neben ihnen vorsichtig zu bedenken. Zoltan sagte nur: »Wohl!« Und Johan: »Nach einem Jahr dürfen wir wieder gehen, so war es vereinbart! Also gehen wir!« Er wollte nur noch nach Hause, alle waren es überdrüssig, wenn man nicht drehte, durch das Gelände um das Set zu streifen und Ausschau nach etwas zu halten, das Zoltan Beweise für seine Markttheorie nannte, eine Theorie, die niemand recht durchschaute und die etwas mit dem Einbruch des chinesischen Exports zu tun hatte, mit dem Absturz der dortigen Börsen, der auch nicht von der interventionistischen Politik aufgehalten werden konnte.

Alles endete damit, dass Zoltan angeblich ein rotes Band hochgehalten hatte, als würde es ihm recht geben. Es war aber kein Beweis, entschieden der Tonmann und Johan. Der Kameramann sagte nichts. Zoltan selbst aber muss durch die Pfützen gehüpft sein und für immer verschwunden sein in seinem neuen Spiel: Wildnis. Endzeit. Atomunfall. Johan blieb sozusagen als Ersatzkind zurück und sprang in Zoltans Lücke. Er machte es, wie zu erwarten war, schlecht.

Das Gebäude

Sie hatte Feinde, und das angeblich nur, weil sie diesen Satz gesagt hatte. Sie hätte den Satz auch nicht sagen müssen, verdammt, warum hatte sie ihn nur gesagt. Silvia Kosminski hätte ihn auslassen können. Sie hätte um diesen Satz eine rhetorische Mauer errichten müssen, ihn umschiffen, immer außen rum. Und nun musste sie Angst haben, jemandem zu begegnen. Sie musste Angst vor ihrem Briefkasten haben, vor ihrem Mailaccount, sie begann, in der Nähe anderer Leute zu schwitzen, was ihr unangenehm war. Sie hatte zwar konkrete Feinde, aber die unkonkreten hatte sie eben auch, die, die sich nicht zeigten. Man wisse ja nicht, wer einen noch alles ansprechen könne, aus dem Nichts. »Ja, aus quasi von Amtswegen abrupt entstandenen Freunden können heute, schneller als man denkt, plötzliche Feinde werden«, hatte sie einer Bekannten berichtet. Menschen, bei denen man sich sicher war, auf die man sozusagen eingetuned war, rückten ab, bloß weil dieser Satz ungelegen kam. Nein, hatte sie ihrer Bekannten gegenüber protestiert, sie wisse, die hätten ihre eigene Agenda, es könne nicht an diesem Satz gelegen haben, den sie in einer Betriebsansprache geäußert hatte. Andererseits konnten die meisten ihre Feindschaft auch nicht wirklich offen austragen, das musste alles unter dem Deckel bleiben wegen ihrer nach wie vor offensichtlichen Machtstellung. Was sie erlebte, hatte nun zu tun mit Ächtung. Man hatte ihr gesagt, dass es natürlich nicht dieser eine Satz gewesen war, sondern das, was »darunter« lag. D. h. es sei nicht die Entscheidung gewesen, die sie gefällt habe, es sei der Stil der Entscheidung gewesen, der letztendlich alles verrate. Doch »darunter« lag nichts, war sich Kosminski sicher, sie hatte nachgesehen, es musste sich um die Entscheidung handeln, die, wie jeder hier wusste, eine richtige Entscheidung gewesen war, auch wenn sie sich als unangenehm erwies. D. h. es musste sich vielmehr um den Fakt handeln, dass sie überhaupt eine Entscheidung getroffen hatte, und dann noch als Frau, was manche als Möglichkeit zum Putsch begriffen, weil Entscheidungen immer angreifbar machten. Das Ganze hatte jedenfalls jede Menge moralische Entrüstung nach sich gezogen, und nun schnitten sie Kosminski, sie luden sie nicht mehr zu ihren kleinen Gesprächen ein, sie sahen sie vorsichtig an. So gestimmt ging Kosminski durch das Gebäude. Sie wusste genau, welche Zimmertüren heikle Zimmertüren waren, sogenannte Verräterzimmertüren, und welche Anlass zum Aufatmen boten. Sie wusste, wo sich im öffentlichen Dienst die Arbeit staute und wo die Stapel einfach liegenblieben, wo gewisse Telefongespräche geführt wurden und wo nicht. Sie war bereits von einigen Telefonaten durch ihre Informanten in Kenntnis gesetzt worden, von anderen wusste sie nichts, konnte sie nichts wissen, würde sie niemals etwas wissen, das war ihr klar. Es würde immer Telefonate geben, von denen man nichts erfuhr in dieser Institution. Dass man hier ein paar Sachen nicht sagen konnte, wie man anderswo auch ein paar Sachen nicht sagen konnte, war das eine, dass man notwendige Entscheidungen nicht treffen konnte, war ihr nur in der Theorie bekannt gewesen, jetzt musste sie dieses Wissen in der Praxis nachholen. Und doch verfluchte sie den Satz, der am allermeisten von diesem Unwissen erzählte. Sie hatte sich sozusagen durch die Naivität der ehrlichen Aussage die Blöße gegeben. Der Gang schien sich vor ihr zu erstrecken und auszudehnen. Er zog sich in eine Länge, die bestückt war mit kleinen Arbeitsverweigerungen, Blockadehaltungen, intriganten Manövern und Gegenangriffen. Schon lange war in ihr der Verdacht gekeimt, es wären hier einige DDR-Gebäudereste am Werk, die in diesem neuen Bau hängen geblieben waren und ihn sozusagen immer wieder in gewisse Längen brachten, unangenehme Längen. Die DDR-Gebäudereste, die sich in dieser Stadt in so manchem Gebäude wiederfinden ließen, wo man sie nicht mehr vorfinden wollte, mehrten sich derzeit. Es war historischer Ballast, war sie sich sicher, der untergründig fortwirkte, all die Kommunikationsweisen, die kleinen Gewohnheiten, Einstellungen, Paniken wirkten auf sie wie ein Festgefahrensein in einer Geschichte, die doch alle im Grunde loshaben wollten, weil sie als Diktaturgeschichte verstanden werden musste. Aber das sahen einige anders. Das Perfide war, so erkannte Silvia Kosminski, dass anscheinend auch der Widerstand gegen diese Diktaturgeschichte loszuwerden war, weil ihm immer noch der alte Geruch anhaftete, bzw. er sich in etwas Kontraproduktives verwandelt hatte, zumindest hatte er sich in ein Bollwerk gegen umsichtige Unternehmensführung verwandelt.

Wieder so eine Sache, die man hier nicht sagen konnte. Aber das hatte sie auch nicht getan. Das hatte sie sich nur gedacht, als sie an der Teeküche vorbeiging, in der erstaunlicherweise niemand saß. Sie hatte sich vor diesem Moment des Vorbeigehens an der Teeküche gefürchtet. Sie habe sich verraten, werde man in dieser Teeküche gesagt haben, mit diesem Satz habe sie ihre ganze Persönlichkeit verraten, also wie sie wirklich sei. Man habe unerwartet Einblick bekommen, wird man in der Teeküche gesagt haben, und die Akustik vor der Teeküche wird mit Sicherheit die perfekte Akustik gewesen sein, die man sich auch heute von ihr erwarten konnte. Nur, dass sie sich ein notorisches Vogelzwitschern eingefangen hatte, oder ein Brandgeräusch, aber doch irgendwas dazwischen. Eben eine Art Rauschen mit plötzlichen Obertönen. Es waren ihre Ohren, ganz klar, die Dinge hörten, die es gar nicht gab. Klänge, Geräusche, ungesagte Sätze, die sich in diesem Gebäude verfangen haben mussten – »Nein«, unterbrach sie sich selbst, »so was liegt nicht an Gebäuden, das liegt an deiner Haltung. Du hast es nicht im Griff, was mit dir passiert!« Ihr war längst klar, dass sie hier erst einmal raus musste. Es galt, einen Ausgang zu finden und dann erst einmal Luft zu schnappen, um zu neuen Aktionsmöglichkeiten zu finden. Es galt, das Schlupfloch zu finden, durch das sie als ganzer Mensch herauskommen könnte und nicht nur als halbierte Persönlichkeit oder Persönlichkeit in Streifen, um dann zurückzukommen, sozusagen durch die Vordertür. Bei dieser Suche traf sie ausgerechnet auf

Herrn Himal, ein Mensch, der immer einen Fuß etwas hinterherzog, als hätte er eine leichte Behinderung, und vielleicht hatte er sie auch. Er brachte vermutlich Unterlagen in das Büro von ihrem Kollegen, und es war ein Aneinander-Vorbeigleiten zu erwarten gewesen, ein Aneinander-Vorbeimurmeln, doch er blieb vor ihr stehen und fragte sie, ob sie auch nicht hinausfinde. Jetzt erinnerte sie sich schlagartig: Heute war der Tag, für den die Baustelle angekündigt worden war, zumindest hatte es geheißen, dass die Baustelle im Haus den Hauptweg von diesem Trakt abschneiden würde, man müsse komplizierte Umwege durch das Gebäudeinnere nehmen. Deswegen also kam sie vorne nicht raus. Herr Himal meinte, etwas stimme nicht. Der eine hintere Aufzug sei ausgefallen, das andere Treppenhaus erstaunlicherweise verschlossen, er wisse auch nicht weiter.

Kosminski malte sich aus, wie sie gleich aus ihren Zimmern stolpern würden, diese Gestalten mit ihren DDR-Resten, die sie nun doch langsam losbekommen wollten, und zwar ausgerechnet an sie, die mit deren Ost-Geschichte rein gar nichts am Hut hatte und auch nicht neu einsteigen wollte in dieses auslaufende Geschehen. Das war der Moment, in dem sie sich erinnerte, wie ihre Schwester sie einmal ermahnt hatten, mehr im Hier und Jetzt zu leben, was sie damals nicht verstanden hatte. Bzw. hatte die sich daran gestört, dass Kosminski sich immer in einem »Morgen« aufhielte, und dieses »Morgen« war jetzt anscheinend ein für alle Mal abgeschafft. Sie selbst hatte es mit einem Satz abgeschafft, den sie geäußert hatte auf einer vermeintlich internen Besprechung, die dann gar nicht so intern war, wie sich herausgestellt hat. So gestimmt ging sie Herrn Himal hinterher, der sich plötzlich an etwas wie eine kleine Einstiegsluke zu erinnern schien, ein absurdes architektonisches Relikt, wie er seltsam stolz erklärte, eine Luke, durch die man zu einem Gang komme, der sie beide rausbringen würde. Mit Sicherheit, bekräftigte er. Ein sehr freundlicher Mensch, würde sie später sagen.

Pentagonumgebung

Es war ein Hauen und ein Stechen. In einem Marriott mit 1400 Germanisten und Historikern, das hatte Bernd Deeke sich anders vorgestellt, d. h. er hatte es sich vorher gar nicht so genau vorgestellt, er hatte der Einladung entsprechend sich aufgemacht und war einfach ins Flugzeug gestiegen. Die Zahl 1400 hatte ihn auch erst heute eingeholt, mit einem Tag Verspätung. Gestern, als er angekommen war, war er einfach zu beschäftigt gewesen mit seiner Ankunft in diesem Land. Wahrzunehmen, was sich in den USA geändert hatte seit seinem letzten Aufenthalt. Abstände zu messen. Taxifahrergespräche einzuordnen, Transfersituationen, die Einreiseknaller zu sortieren. Und nun überfiel ihn diese Zahl geradezu, als er auf die Hotelbar starrte, in der sich hundert der Konferenzteilnehmer aufzuhalten schienen, eine harmlose kleine Hotelbar, die diese Wucht nun schultern musste. Bei diesem Anblick hatte er sofort aufgehört, darüber nachzudenken, dass man sich neben dem Pentagon befand, quasi in einer ständigen Pentagonumgebung, die aber dank Marriott-Atmosphäre nicht so rüberkam, wie er es gerade noch einem Kollegen gegenüber formulieren wollte. Arlington, Crystal City, das kannte er nur aus diversen Fernsehserien, die den Begriff Regierungsbezirk neu deklinierten, und die Gegend, wollte er eben noch sagen, sah in all diesen Fernsehserien verdammt anders aus. Sein Kollege hatte sich mehr Gedanken darüber gemacht, ob dieses Wetter wirklich Hurricane Caspar war oder ein ganz ordinärer Starkregen, der die acht Grad Celsius mit sich brachte. In einem Ausläufer des Hurricanes sich zu befinden war für seinen Kollegen aus Düsseldorf offensichtlich eine ausreichend aufregende Sache für ein Lobbygespräch. Man stand vor dem Aufzug, blickte gemeinsam in die Halle, und das war der Moment, in dem die Zahl 1400 Deeke auf die Schultern kroch und ihm wie ein böses Kind die Augen zuhielt. Er verabschiedete sich schnell von dem Düsseldorfer, dem diese Tatsache nicht viel auszumachen schien.

Am zweiten Tag war er allerdings noch immer weit davon entfernt zu begreifen, was das Wort »drinnen« wirklich bedeutete in diesen Lounge- und Konferenzwelten, die leicht durchsetzt waren von dem Chlorgeruch des Hotelschwimmbades. Ein Ort, den er erst Stunden später aufsuchen würde, aber nicht, um einen Fuß ins Wasser zu tauchen, sondern um seine Existenz zu prüfen, einen Glauben, den er dann bereits verloren haben würde. Der Chlorgeruch war allerdings ein wirklich strittiger Punkt. Es gab darüber sozusagen geteilte Meinungen. »Hier rieche ich es«, sagten die einen, und »hier ist es aber gar nicht zu riechen«, die anderen, »nein, ganz und gar nicht«, setzten wieder andere nach, die sich stets in Grüppchen zusammenfanden und selbst bei diesen Bemerkungen wirkten, als wären sie auf Jobsuche. Das Chlor war die berühmte Nebensache, die sich zur Gesprächsanfangssache aufschwang, sie führte zu einem fortwährenden Beschwerdevorhaben, das aber niemand umsetzte. Man blieb auch andauernd hängen auf seinem Weg zur Rezeption, man blieb hängen im ersten Stock beispielsweise, wo die großen Konferenz- und Seminarräume untergebracht waren, bei dem FedEx-Shop nicht unweit der Fahrstühle oder kurz vor dem Restaurant, in das keiner jemals hineinging – »es hat sich eben nicht eingebürgert«, man blieb weiter hängen im Erdgeschoss an der hochfrequentierten Bar, um die einfach kein Herumkommen war.

Es war ein Hauen und ein Stechen, und man musste wissen, wo man hingehörte oder in welchen Zusammenhang man hineinwollte. Er wusste es nicht. Gleich frühmorgens, am Tag nach seiner Ankunft, hatte er es schon nicht gewusst, d. h. es musste noch frühmorgens gewesen sein, zumindest war das von seinem Jetlag zu erwarten, als er mit einem Mal aufgewacht war, so schlagartig, dass das Gefühl der Desorientierung sich erst danach einstellte, die Frage, wo er war und ob es 4 Uhr oder 8 Uhr war. Noch nicht einmal sein berühmter Hustenreiz war es gewesen, der ihn geweckt hatte, seine Wachheit schien schon vor ihm selbst dagewesen zu sein, als müsste er sich erst mit ihr verbinden, indem er hustete. Ein nervöser Husten, der ihn sofort an andere Konferenzhotelzimmer erinnerte, z. B. in Teheran, wo er aller Wahrscheinlichkeit nach vom Geheimdienst vergiftet worden war, oder in Peking, wo er den Weltuntergang in Form von Smog wirklich miterlebt hatte. Washington hatte aber derzeit keinen Weltuntergang für ihn und vermutlich noch nicht einmal einen Geheimdienst, es hielt nur seine Innenwelten bereit, seine permanente Tiefgaragennähe, die man in dieser Stadt wohl als unaufdringlich beschreiben darf, es zeigte sich ihm nur durch seine Marriott-Hotelhaftigkeit, die man vermutlich nie wirklich verlassen konnte. Denn das Drinnen wurde nicht, wie anderswo, durch ein Draußen kontrastiert, sondern durch ein weiteres Drinnen. Beispielsweise durch das Drinnen der unterirdischen Shoppingmall von Crystal City, die direkt an die Hotelgänge anschloss, erkannte er am dritten Tag. Doch an jenem zweiten Tag war er bloß sehr langsam aufgestanden, zum Fenster gegangen, hatte versucht, hinauszusehen auf die Stadtautobahn, oder was er für die Stadtautobahn hielt, und in Richtung Pentagon zu blicken, schließlich war er bei der Taxifahrt ins Hotel daran recht lange vorbeigefahren. Doch von hier aus konnte er es nicht sehen.

Bei einem der Social Dinner traf er eine Frau, der er alles erzählen konnte, weil sie hier als Außenseiterin eingeladen war und sich nicht im Kampf um die Jobs befand. Er konnte sich zu ihr an die Bar setzen und ihr sein Leid klagen. Er konnte von den Zuständen in seiner Fakultät erzählen, von den Missständen, die dazu führten, dass Peter G. nun den Job bekam und nicht er. Er konnte von Dekanen erzählen, die ihren Geliebten Jobs kreierten, von all diesen ungerechten Frauenbevorzugungen und von Beiräten, die allesamt unter einer Decke steckten. Er konnte ihr einfach alles erzählen, weil er wusste, er würde sie hernach niemals wieder sehen. Sie schien nicht sonderlich erstaunt und sagte nach einiger Zeit, sie wolle wenigstens das Pentagon von außen besichtigt haben. Er stutzte. Das hatte auch er sich vorgenommen, fiel ihm wieder ein, das zumindest, so viel Außenwelt musste nun doch sein, und so kam man überein, am nächsten Tag gemeinsam hinzufahren. Man würde durch diese seltsamen Gänge vom Hotel aus direkt zur U-Bahn-Station gelangen, man würde die gelbe oder die blaue U-Bahn-Linie nehmen, die sie direkt von Crystal City vor die Tür des Pentagon befördern würde, also das sollte doch klappen. Sie lächelte und meinte etwas spöttisch zu seinem Übereifer: »Mal sehen.« Es kam so, wie es kommen musste. Das öffentliche Transportsystem ließ, wie zu erwarten war, erst einmal zu wünschen übrig. Die Abstände zwischen den Zügen waren selbst für einen Samstag immens, und so wartete man eine kleine Ewigkeit am kahlen Bahnsteig. Nach einiger Zeit entdeckte Deeke an dessen anderem Ende ebenfalls Konferenzteilnehmer, die aufgeregt debattierten und wirklich irgendwohin unterwegs waren, nicht nur einen absurden Pentagonbesuch vorhatten. Deeke wäre zu gerne bei ihnen gewesen, schließlich war er ja nicht umsonst auf die Konferenz gereist. Im Zug verschaffte sich dann das, was man amerikanische Öffentlichkeit nennen konnte, Platz in seiner Wahrnehmung. Fünf Minuten lang betrachteten sie beide stumm die Gesichter, die es hier tatsächlich gab und die einfach so hier lebten, als könnte man das. Die U-Bahn-Station des amerikanischen Verteidigungsministeriums beförderte sie zurück in ihre touristische Situation, ganz alleine standen sie auf der Rolltreppe, fuhren martialischen Waffenwerbungen entgegen, die vermutlich niemand fotografieren durfte. An ihnen vorbei traten sie aus dem U-Bahnhof und sahen sich einer Regenwand gegenüber, die keine weitere Passage mehr zuließ. Das Schild links neben dem Ausgang machte ihnen klar, dass es hier ohne Anmeldung sowieso nichts zu besichtigen gab. »Dead End!«, lachte seine Begleitung, er reagierte darauf aber nicht. Irgendwo rechts hinter dem Regen musste sich das weiträumig abgeschirmte Gebäude mit den langen Voranmeldungszeiten befinden, auf der anderen Seite zeigte sich ihnen kurz eine vage Autobahnumgebung mit einer nachgelagerten Skyline trister Hochhäuser. Sie traten den geordneten Rückzug an, gingen nicht, wie sie es vorgehabt hatten, ein wenig vor dem Gebäude auf und ab, sondern stiegen gleich wieder hinab zur U-Bahn. Dabei begann sie zögerlich von ihrer Welt zu erzählen, die tatsächlich nur sehr wenig mit den Uniseilschaften zu tun hatte. Deeke war in Gedanken bereits woanders, abgelenkt von diversen Berufungsverfahren, zu denen er eingeladen oder eben nicht eingeladen war und die er immer wieder durchspielte, gleich einem Rosenkranz, der fast automatisch durch die Finger glitt. Man konnte nicht weiter davon entfernt sein, miteinander ins Bett zu gehen, als sie es waren, würde ihm später durch den Kopf gehen, ihr ganzes Beisammensein wirkte äußerst asexuell, ja desinteressiert, er wusste zu dem Zeitpunkt schon, er würde nicht einmal ihren Namen in Erinnerung behalten.

Als sie zurückkamen, wirkte das Hotel irgendwie verändert. Lag es daran, dass das Zimmer gemacht worden war oder er den starken Eindruck hatte, es wäre gelüftet worden, obwohl man die Fenster nicht öffnen konnte? Nein, an der Luft konnte es nicht liegen. Sie war komplett unausgetauscht. Ihm blieb auch nicht wirklich Zeit, sich darüber Gedanken zu machen, schließlich musste er seinen Vortrag schnell fertigstellen. Dass er diesen in einer Art sonntagvormittäglicher Kirchensituation halten würde, einem verkleinerten Bankettsaal unter vielen anderen verkleinerten Bankettsälen des Hotels, in denen gleichzeitig die Bewerbungsvorträge durchdiskutiert und abgefertigt wurden, hätte er sich nicht ausmalen können, würde er später erzählen. Keine Seminarraumhaftigkeit war dem Ort beim Eintreten anzumerken. Diese musste erst von den wenigen Leuten, die gekommen waren, mühsam hergestellt werden, und augenscheinlich hatte niemand wirklich Lust dazu. Im Gegenteil, sie hatten schon ihre Mäntel dabei, man war auf dem Sprung, wie schon die Ansammlung Hunderter Koffer in der Lobby zeigte. Am Ende roch er es plötzlich wieder, diesen Chlorgestank vom Schwimmbad, der das Kommende verraten hätte können. Dass er kurz darauf der einzige Überlebende sein würde, davon zeichnete sich in dem gesamten Vorgeschehen nicht viel ab.

Die Welt ist flach

Es war die alte Geschichte: Man stand am Fenster und beobachtete die Fassade auf der anderen Straßenseite. »Puppen oder Menschen?« Sabeth Grünauer wusste es nicht zu entscheiden. »Ich schätze, irgendwas dazwischen.« Unter ihnen die Straßenschlucht. Langsamer, dichter Verkehr trennte die beiden Straßenseiten voneinander. Sie standen in diesem klitzekleinen Midtown-Appartement, das nur nach vorne rausging und gerade mal so groß war, dass man ein Bett vor dem riesigen Fenster platzieren konnte, das dann den gesamten Raum ausfüllte. Direkt gegenüber befand sich dieses Bürohaus, erschreckend nahe, wie sie meinten. Eine Straßenfront, wie sie nur in New York existieren konnte, mit dem üblichen architektonischen Patchwork, das mittlerweile eine gewisse Historizität ausstrahlte. In den Fenstern des zwanzigsten Stockwerks ihres Gegenüberhauses waren immer noch diese drei Gestalten zu sehen, die sich schon länger nicht bewegt hatten. Auf die Entfernung war das allerdings nicht gut zu beurteilen. Bzw. hatte man sich selbst etwa bewegt? War man nicht selbst in die Zweidimensionalität abgetaucht und dabei, langsam in ihr zu versteinern? »Lass uns rausgehen!«, versuchte es Sabeth Grünauer noch einmal, doch es schien unmöglich, sich umzudrehen, kein Raum mehr hinter ihnen. Starrten die Puppen, oder was das war, etwa zu ihnen rüber? Wurde man beobachtet? Es sehe ja nicht so aus, als seien die lebendig, steuerte ihre Begleitung bei. Doch nach einiger Zeit waren die beiden sich nicht mehr sicher. Die Blicke, die sie auf sich fühlten, waren einfach nicht mehr zu verleugnen. »Wir sollten uns einfach wegbewegen!«, gab nun Grünauers Begleitung etwas phlegmatisch von sich. »Wir sollten jetzt einfach mal *raus* in die Stadt«, setzte sie ein wenig energischer nach, aber immer noch so, als wäre dieser Ort sehr weit weg. Ihre Stimme schien ebenfalls von sehr weit weg zu kommen, dabei stand sie bloß neben Grünauer. Was würde geschehen, wenn die sich umdrehte weg von der Straßenfront und tatsächlich durch den Raum ginge, mit dem Rücken zum Fenster? Je länger sie sich dort aufhielten, umso unmöglicher wurde dieser Gedanke. Waren sie in eine Postkarte hineingewachsen, die keinen Ausgang mehr ließ? Eine Zwangspostkarte der unwirklichsten Stadt der Welt, diesem Gespinst aus Kapital und Kapital? Die Puppen waren ein Köder der Fläche, verstanden sie erst zu spät, denn längst schon hatte die Zweidimensionalität ihre Arbeit gemacht, und sie würden ihr nicht mehr entkommen. Ansonsten zeigte sich New York von der besten Seite.

Absolutionsgeschehen

Es sind ja nicht die New Yorker, sagte sich allerdings Eduard Krauss, die hier vermeintlich alles aufkaufen. Es sind Wolfgang und Susanne. Er sah sie schon von weitem kommen, sie mit ihrem weiten Mantel, er mit seinem Szenejäckchen. Er wusste, sie wollten zu ihm. Es gab gar keine andere Möglichkeit als die, dass sie auf das Café zusteuerten, keine andere Himmelsrichtung blieb ihnen mehr, das las er an ihren Gesichtern ab. Gleich würden sie die Klinke herunterdrücken und mitten im Café stehen, als wäre das das Einfachste der Welt. Sie würden dazu einen erfreuten Gesichtsausdruck machen, einen Gesichtsausdruck der gespielten Überraschung sah er voraus, und heraustrompeten: »Na so was, sehen wir dich mal wieder!«, und: »Was machst denn du hier?«, als würde er nicht jeden Tag hier sitzen und auf seine Klienten warten. Aber das gehörte zum Spiel dazu: Die Überraschung, das Erstaunen, die gespielte Neugier, wie es ihm gehe, dabei war es ihnen ganz egal, wie es ihm ging, sie wussten nur, er hatte das, was sie im Moment brauchten, und zwar ganz dringend. Vermutlich wollten sie wieder irgendwelche Mieter auf Eigenbedarf rausschmeißen oder irgendwelche moralisch nicht einwandfreie Geldanlagen unternehmen. Sie suchten den moralischen Freispruch, und dieses Café mit seinem Inhalt kam ihnen gerade recht.

Eduard Krauss wartete niemals lange auf Kundschaft, so viel stand fest. Und diese da war Stammkundschaft. Schließlich sei das ihre Wohnung, würden sie feststellen. Gleich beim Eintritt in das Café W. würde das schon ihre Wohnung sein und, wenn sie den Kellner lässig grüßten, würde das noch immer ihre Wohnung sein, und wenn sie auf seinen Tisch zusteuerten, würde das schon wieder ihre Wohnung sein, als fiele ihnen nichts anderes ein. Als Eigentümer hätten sie gewisse Vorrechte. Es könne doch nicht sein, dass das Recht des Mieters über dem des Eigentümers stehe, der doch andauernd angehalten sei, zu investieren. »Ja?«, würde er nur kurz einhaken, und sie würden es ignorieren und weiterreden. »Den Freispruch kann ich euch leider nicht erteilen«, merkte er insofern gleich an. »Welchen Freispruch?«, fragte seine alte Freundin Susanne arglos. »Ich habe ihn gerade an andere verliehen, die brauchen ihn dringender als ihr.« Sie sahen ihn erstaunt an, als hätten sie nicht ganz verstanden. Wo bleibt es nur, das Winseln, das Flehen und Bitten? »Zudem: Ich habe keine Zeit dazu, ich muss mich um andere Dinge kümmern. Erscheinungen, von denen meine Nachbarin geplagt wird. Engelserscheinungen, aber vermutlich säkular.« Sie begannen langsam zu verstehen. Er war wirklich nicht geneigt, ihnen entgegenzukommen. »Wie geht es deiner Jobsuche?«, erkundigten sie sich etwas frostig. – »Komme nicht dazu, habe hier so viel zu tun mit Leuten wie euch«, versetzte er knapp, »gleich schlägt hier wieder ein Pulk Holländer auf, die das spitzgekriegt haben, was in diesem Kiez läuft, die wollen dann ein ganzes Package an Freisprüchen, quasi im Voraus.« Es stimmte: Die Skandinavier witterten hier besonders gerne günstige Zweitwohnungen, sie hatten sich längst zu Immobiliengesellschaften zusammengeschlossen, sie waren sozusagen zu einer Immobiliengesellschaft mutiert, dies war der Common Sense der Nachbarschaft, allerdings, so musste er zugeben, waren sie keinesfalls auf Absolutionen aus, schon wegen ihres protestantischen Hintergrunds nicht. Aber sie wollten ihre Selbstrechtfertigungen loswerden, sie wollten hören, dass sie auch alles richtig machten, und erzählten es sich derart lautstark, dass er Ohrenschmerzen bekam. Susanne und Wolfgang, die sich eben Espresso bestellt hatten, beharrten inzwischen darauf, sie hingegen seien nicht organisiert, er müsse das doch von dem unterscheiden können, was sonst so laufe. Könne er, könne er. Sie ereiferten sich über gewisse Griechen mit ihrem Fluchtkapital, gewisse Spanier mit ihrem Fluchtkapital, gewisse Italiener mit ihrem Fluchtkapital. Hier in Nordneukölln müsse man mittlerweile davon ausgehen, die ganze Welt bestehe aus Fluchtkapital, das nach und nach hier ankomme und die Mietpreise versaue. Er aber wusste, die ganze Welt bestand nur aus Wolfgang und Susanne, die zuerst Vorschläge machten, wie er sein Leben wieder in den Griff kriegen könnte, um dann elegant zu ihrer Problematik überzuwechseln, denn sie standen ja mit dem Rücken zur Wand. Sie müssten sich sonst vergrößern, insofern brauchten sie ihre vermieteten Wohnungen zurück. »Euer Eigenbedarf ruiniert das Viertel!«, versuchte er noch einmal zu Wort zu kommen, »außerdem: Hatten wir das nicht schon im letzten Jahr? Habt ihr mir da nicht hoch und heilig versprochen, dass das nicht mehr vorkommen wird? Erst kauft ihr eine Immobilie zur Kapitalanlage, dann überlegt ihr es euch anders?« Man konnte direkt an ihren Gesichtern, die zu manchen Zeiten des Jahres Vermietungsgesichter und zu anderen Entmietungsgesichter waren, erkennen, wie die Stimmung gerade stand. »Was redest du da?«, entrüsteten sie sich, »so lange wohnt unsere Mieterin nicht bei uns, dass von einer Entwurzelung die Rede sein kann.« Sie wussten immer Bescheid über die Verwurzelung und Ent-wurzelung ihrer Mieter, sie unterteilten sie in »Efeuge-wächse«, also Luftwurzler, und Tiefwurzler. Ihre derzei-tige Mieterin, ein echtes Efeugewächs, habe sich in einem Affentempo im Haus und in der Nachbarschaft beliebt ge-macht, und jetzt hätten sie den Salat. »Wieso?« – »Na, Shitstorm auf Nachbarschaftsebene.«

Inzwischen waren tatsächlich ein paar Holländer, Dänen und Amerikaner ins Cafe W. gekommen und hatten am Nachbartisch Platz genommen, als könnten sie das. Ein-fach so, in Edus Stammcafé hineinspazieren und so tun, als wäre es ein Touristencafé. Wolfgang und Susanne reg-ten sich ebenfalls pflichtschuldig über die Touristen auf, d. h. über diese nachursprünglichen Menschen, die ihnen, den vorursprünglichen Menschen, den Platz raubten. Es wurde tatsächlich enorm voll hier. Er verstand kaum noch, was die beiden von ihren bürgerlichen Berufen erzählten, die sie immerhin noch hätten, wenn sie ihnen auch so gut wie gar nichts einbrächten. Wie das eben heute so laufe als Arzt, als Lehrerin, als Graphikerin, Physiotherapeut und

Wissenschaftlerin. Man verdiene nichts und sei angewiesen auf monetäre Zufuhr aus anderen Bereichen, die man ihnen verweigere, weil Mieterschutz in diesem Land über alles gehe, zumindest in moralischer Hinsicht.

Jetzt war eigentlich alles gesagt, was zu sagen war. Insofern schwiegen sie eine Weile. Sahen durch die Menschenmengen hindurch auf die Straße hinaus, wie ein Kind, das lange noch Kind sein würde, hinter einem Einkaufswagen herzottelte. Ein letztes Kind seiner Art, wussten sie und atmeten ein. »Wie wäre es mit einer Teilabsolution?«, schlug Wolfgang von neuem vor. Doch nein, warf Susanne sich dazwischen, Teilabsolution gehe gar nicht, sie brauchten, wenn schon, eine Totalabsolution, um am Ende nicht wieder irgendwelche absurden Versprechungen zu machen. Sie seien ja keine Entmenschlichungsmenschen, sondern Menschenmenschen und insofern ehrlich und hielten sich an das, was sie versprachen. »Na ja«, murmelte Eduard, der bemerkte, wie Aldo und Sabrina die Straße überquerten und aufs Café zusteuerten. Nächste Kundschaft. Er musste Wolfgang und Susanne loswerden, denn Aldo und Sabrina würden als Arbeitgeber eine Absolution brauchen, irgendeine chronisch kranke Mitarbeiterin mussten sie sicher gekündigt bekommen, und danach hatten sich schon diese Kitaeltern angesagt, die eine Erzieherin verabschieden mussten, die erst für 14 Uhr angekündigt waren, aber schon längst vor dem Geschäft nebenan standen und hineinglotzten, als würde niemand das bemerken. Langsam ahnte er, dass er sein Absolutionsgeschäft aus gesundheitlichen Gründen würde runterschrauben müssen und sich endlich auf die Heiligenerscheinungen kaprizieren sollte, solche im Treppenhaus, solche in Badezimmern, solche beim Kellerzugang, wie das sein Mitbewohner mit großem Erfolg machte.

Er hörte eine Weile dem Applaus zu, der jemandem gezollt wurde, der seine Steuern wirklich zahlte, ein Applaus, der sich in dieser Stadt mittlerweile gerne in die Länge zog, und steuerte auf die Toilette zu. Das großzügige Toilettenfenster (auch so eine Berliner Kneipeneigenart) öffnend, erwägte er noch einen Geschäftseinstieg im Bereich der Engelsbefragung, da wäre doch einiges möglich in Bezug auf Parktickets, Behördenschreiben oder Elterngeldanträge, oder, so dachte er, durch das Klofenster ins Freie des Berliner Hinterhofs steigend, der Heiligenbegleitung durch Steuertermine bzw. der Auraarbeit nach Kündigungen, wie Fred sie machte. Doch selbst eine Engelsposition darzustellen wie jenes Romamädchen vor dem Lidl, so viel war ihm klar, das würde er niemals schaffen. Er musste es bescheidener angehen und etwas dazwischen wählen. Keiner würde später jedenfalls wissen, wie er es geschafft haben konnte, sich derartig in Luft aufzulösen. Mit der Stimmung im Viertel ging es seither jedenfalls steil bergab.

Wochenplan oder Heilige Maria
der Nonbook-Ecke

Montags gehe sie immer zum AA-Meeting in der Christopheruskirche, so Maria Föttinger, ja, montags in die
Christopheruskirche, das sei der Klinkerbau in der Luisen-
straße, da kämen sie eigentlich alle hin und sprächen über
die Wochenendschwierigkeiten, den Beginn einer neuen
Arbeitswoche, die Scheide von Zukunft und Vergangenheit usw. Es sei eher ein ruhiges Come-together der alten
Gruppe. Das sei ja das erste Meeting gewesen, das sie überhaupt kennengelernt habe, ihr Ursprungsmeeting sozusagen. Es habe sich, das müsse man hinzufügen, über die
Jahre so ziemlich verändert. Früher sei das mal eine über-
sichtliche Runde gewesen, heute mehr so ein Mainstream-
treffen, eines der großen Schlachtschiffe der AAs. Wenn
man dort sei, habe man das Gefühl, die halbe Welt bestehe
aus Alkoholikern und die andere Hälfte aus deren Angehörigen. »Aber seien wir einmal ehrlich – so ist es auch!«

Dienstags die Binge Eaters. Die, die nicht aufhören könnten zu essen. So eine sei sie nämlich manchmal. Sie habe
aber eine Weile gebraucht, um sich selbst so einzustufen,
weil das ja gesellschaftlich als akzeptiert gelte, mal so richtig reinzuhauen. Genau wie beim Alkohol, aber da wüss-

ten es die meisten nach einer Weile doch insgeheim. Um ein Binge Eater zu sein, müsse man nicht unbedingt ständig vor einem Kühlschrank sitzen und alles in sich hineinstopfen, um die Krankheitsform im Vollbild zu erfüllen. Das habe sie lange nicht kapiert. Aber nun wisse sie es und habe diesen Termin dazu gefunden, der das auffangen könne.

Mittwochs die Privatschuldner. Mit Geld habe sie noch nie umgehen können, aber sie wäre früher nicht auf die Idee gekommen, dass man da mit einer Gruppe etwas machen könne, bis sie dann auf diesen Mittwochsterminim Nachbarschaftsheim P. gestoßen sei, der ihr eine gute Möglichkeit biete, sich immer wieder auf den Boden der Tatsachen zurückzuholen. – Richtig, das sei dieser Flachbau, den man so leicht übersehen könne. Irgendwer habe mal gesagt, das sei ein altes Kino, aber das könne sie sich nicht vorstellen, obwohl, im ganzen Stadtviertel sollen sich einmal dreißig Kinos befunden haben, irgendwo mussten die doch auch gewesen sein, also warum nicht in so einem Flachbau, der allerdings mehr wie eine Garage aussehe. Maria Föttinger saß für einen Moment still da und schien nachzudenken. Sie sah auf einen hinteren Punkt im Raum, der anderen verborgen bleiben würde. Dann besann sie sich wieder auf die Gegenwart und fuhr rasch mit ihrer Aufzählung fort: Donnerstags entweder eine weitere AA-Gruppe oder die Angehörigensache, die sich allerdings erst entwickeln müsse. Bei ihr liege strenggenommen keine Angehörigenschaft mehr vor, die sei sozusagen ausgelaufen. Es sei aber immer noch ein gewaltiges Thema für sie, welches sie bearbeiten müsse. Sie könne eben noch nicht loslassen. Und dennoch werde sie manchmal dort deswegen etwas komisch angesprochen, besonders, weil das ein relativ kleines Treffen sei. Sie müsse immer wieder klarmachen, wie sehr es noch nachwirke, was ihr Ex mit ihr gemacht habe, d. h. in welches Fahrwasser sie durch ihn gekommen sei. Niemand würde sie rausschmeißen, aber man gebe ihr indirekt, sehr indirekt zu verstehen, dass es nun Zeit sei, sich von diesem Treffen zu lösen, obwohl permanent das Gegenteil behauptet werde: »Anonymous ist deine Heimat!« Es herrsche hier ja genauso ein gewisser Legitimationsdruck wie auch sonst überall, da müsse man viel Außenarbeit leisten. Man solle sich nicht vorstellen, das sei eine befriedete Welt, quasi eine Enklave, sicher, das sei es auch irgendwie. Aber es gebe ja ebenfalls die erklärten Feinde und die nichterklärten, auch wenn der Kodex ein anderer sei. Besonders bei den sehr kleinen Treffen. Manchmal entstünden auch da gewisse Verwerfungen, und in dieser Gruppe, die vermutlich nicht umsonst so klein sei, bei diesem Thema widernatürlich klein, müsse man davon ausgehen, dass es große Verwerfungen gegeben habe. Also vor ihrer Zeit. Da tauche beispielsweise ein Mann mit einem Pferdeschwanz auf, der sie jedes Mal misstrauisch angucke, und manchmal ganz so, als hätte er sie ertappt. Als wäre sie eine, die nicht dazugehörte, als wäre sie eine Voyeuristin oder irgendwie nicht echt, was wisse sie. Sie müsse dann donnerstags sozusagen immer um diesen kleinen Mann mit Pferdeschwanz drum rumreden, sie vermeide seinen Blick. Aber sie frage sich schon, wie so einer so eine Machtposition erreichen konnte, oder wie so einer das Treffen jedes Mal zu torpedieren in der

Lage sei, weil ja immer weniger kämen. Von Mal zu Mal hätten sie weniger Teilnehmer, und bald sitze sie alleine da mit diesem Typen. Eine Horrorvorstellung für Maria Föttinger, die nun sichtlich mit dieser Vorstellung kämpfte und sie erst einmal loswerden musste.

Wie dem auch sei, fuhr sie nach einer Weile fort, danach gehe sie noch zu der AA-Gruppe für Selbständige in der Niederkirchner Straße. Weil ihr das die Möglichkeit gebe, so richtig zu ihr selbst zurückzukommen und sich nicht immer ablenken zu lassen von Typen mit Pferdeschwänzen. Freitags stehe noch nichts auf ihrem Plan, den Freitag habe sie bewusst offengelassen, aber das werde sich nun wohl ändern.

Denn um das zu ändern sei sie ja hierhergekommen in diese ehemalige Buchhandlung – ja, denn strenggenommen sei das für sie immer noch die ehemalige Nonbook-Ecke der Kette, die vor kurzem Pleite gemacht habe. Und das finde sie schon komisch, dass ausgerechnet diese Zukunftsgruppe sich hier treffe, wo doch hier alles mehr nach Vergangenheit aussieht. Sie sei sich allerdings auch nicht sicher, wie sie die Sache mit der Zukunftsfestlegung verstehen solle, und habe auch erst vor kurzem von diesen Treffen hier überhaupt gelesen, habe es erst einmal grotesk gefunden, das müsse sie zugeben. Dass es Leute geben solle, die die Zukunft stillstellen wollten, habe sie erst einmal nicht glauben können bzw. die Sache mit sich selbst nicht in Verbindung bringen können. Nein, vielmehr sei sie erst einmal erstaunt gewesen, dass die eigene Zukunft in Bewegung sein solle. Immerhin könne sie sich sicher sein, dass der Pferdeschwanztyp hier nicht auftauchen werde, weil so einer wie er sich dieses Thema sicher nicht zutraue. D. h. letztens habe er in die Runde gesagt, dass etwas passieren werde in naher Zukunft, mit allen, auch ihrer Gruppe, in dieser Gegend. Er sei mit einem Mal von dem Thema, seinem Verhältnis zu seiner Mutter, seinem Dauer-issue, abgekommen, er habe einmal nicht seine Nullfortschritte als Minifortschritte verkauft, er habe plötzlich diese Sachen gesagt, die überhaupt nicht in sein Muster passten. Andy heiße er, mit Ypsilon, was schon alles sage. Wie dem auch sei – sie sei hier, er sei nicht hier –, und sie gehe davon aus, dass hier genauso die Twelve Steps, d. h. die zwölf Prinzipien und zwölf Traditionen, praktiziert würden.

Sie brach ab und sah etwas verwirrt in die Runde. Es waren einige dazugekommen, die sich hinten an die Wand gestellt hatten. Kein Zweifel, das Treffen war übervoll. Keiner verabschiedete ihre Rede mit der rituellen Formel: »Danke, Maria!«, sie alle sahen sie weiter erwartungsvoll an und vermittelten ihr das Gefühl, sie sei noch nicht ganz zu Ende mit ihrer Vorstellung, es müsse da noch was kommen. Es sei schon zu komisch, begann sie erneut. Nun stehe sie in diesem Raum, in dem sie vor nicht allzulanger Zeit einmal gearbeitet habe, als das Ganze hier noch eine Buchhandlung gewesen sei, strenggenommen eine Buchhandelskette. Gerade in der Nonbook-Ecke habe sie ja immer mal wieder Schwangerschaftsvertretungen gemacht, und nun mache sie eben keine Schwangerschaftsvertretungen mehr, könne ja auch keine mehr machen – sie stolperte über diesen Fauxpas und sah nervös in die Runde. Es sei er-

194

staunlich, wen man bei so einem Meeting alles treffe, sie habe sich an Computerbosse und Vorstandsvorsitzende genauso gewöhnt wie an crazy Headbanger und Hartz-4-Omas. Es gehe auch allen im Grunde gleich, auch wenn es von außen ganz anders aussehe, also krass anders. Das sei es eigentlich, was ihr am meisten helfe. Dass diese Vorstandsvorsitzenden genauso immer wieder von vorne anfangen müssten und nachts ihre Mentoren anriefen, um zu sagen: »Ich weiß aber, die ganze Sache geht den Bach runter.« Und am nächsten Tag würden sie doch nur wieder den Frühstücksdienst in der Apostelkirche machen oder sich in einem ehemaligen Bürgerheim, einem alten Kino oder einem dieser unverständlichen Zweckbauten treffen, dem Immobilienmüll, den diese Stadt immer mehr hergebe, nachdem die Blase geplatzt sei.

Der Raum war mittlerweile knallevoll. Es waren ungefähr 300 Menschen, wenn nicht mehr. Maria Föttinger war nicht gut im Abschätzen von Menschenmengen, sie hatte aber irgendwie das Gefühl, diese Leute wären wegen ihr gekommen. Sogar Jugendliche schoben sich nach vorne und setzten sich in die erste Reihe. Die Jugendlichen irritierten sie, sie gehörten einfach nicht hierher, sagte sie sich, wollte aber trotzdem mit den Schlussformeln jedes *sharings* langsam zu einem Ende kommen.

D. h. vorher musste sie an diese gestrige Geschichte von Andy bei den Privatschuldnern denken, die sie dann doch berührt hatte. Sie habe wieder einmal mit seiner Mutter begonnen, der er trotz seines Helferkomplexes eine Absage erteilen habe müssen, eine Übung, die er sich auferlegt habe. Er habe sich ja geschworen gehabt, rund um die Knieoperation seiner Mutter einfach einmal wegzufahren und nicht, wie die das erwarten würde, wieder einmal alles für sie zu erledigen. Er sei dann mit der S-Bahn raus aus der Stadt gefahren, oder das, was er für raus aus der Stadt gehalten habe. Es sei ein Gewerbegebiet gewesen, in dem er dann spazieren gegangen sei, einfach so, zumindest habe er das für ein aufgelassenes Gewerbegebiet gehalten, und in diesem Gewerbegebiet seien plötzlich Hunderte von Obdachlosen gewesen. Menschen, die da gehaust hätten wie in einem Hollywoodfilm mit Bruce Willis. Niemand hatte gelacht. Auch er habe plötzlich geschwiegen. D. h. er erkenne gewisse Areale seiner Stadt immer weniger, hatte er noch abrupt hinzugesetzt, und dann war seine Stimme gebrochen. Er hatte mit einem Mal nicht mehr weiterreden können, als wäre das das Problem und nicht sein Helferkomplex. Maria Föttinger hatte gewusst, dass alle im Raum auf den Abschluss seiner Erzählung warteten, doch das hatte er offensichtlich, genauso wie sie jetzt, nicht können, oder dies war es wohl gewesen, nicht üblich für Andy, der seine Auslassungen immer zu rahmen verstand. Dies fiel Maria Föttinger noch ein, als sie diese Menschen ansah und plötzlich wusste, welche Erwartung an sie gestellt wurde, die sie ebenfalls nicht mehr würde erfüllen können. »Es hat begonnen!«, wollte man, dass sie wie auf Kommando sagen würde, »die Zukunft hat bereits begonnen.« Sie konnte jetzt nur noch in Flammen aufgehen.

Das dritte Kind

Pluspunkte für das dritte Kind sammeln, das war wohl Mona Liebigs Spleen auf dieser Fahrt nach Obilic. Obwohl sie eigentlich anderes zu tun hätte. Sie sollte sich besser überlegen, wieso sie nicht im Expertenbus saß, sondern im Teambus, sie sollte sich lieber die richtige Route überlegen, denn sie verfehlten andauernd die Einfahrt nach Obilic, die Abzweigung, die sie letztendlich auf die Straße zum Werksgelände führen würde, sie sollte lieber aufpassen, was die Stimmung hier zum Kochen brachte und wie man den Expertenbus inhaltlich wieder dahin bugsieren könnte, wo man ihn haben wollte, denn er war ja mit einigen Thesen ausgebüchst, aus dem thematischen Rahmen eines öffentlich-rechtlichen Senders ausgebüchst, und man konnte ihn nicht weiter seiner Eigendynamik überlassen. Stattdessen steckte sie in der Überlegung fest, was ginge und was nicht. Also: »Der Platz im Auto geht schon mal nicht. Die Wohnung ist auch zu klein. – Und wie stelle ich mir das beruflich vor?«, so was in der Art. Sie sei eine Tabellenmeisterin im Pluspunktesammeln, hatte sie schon beim Grenzübertritt geäußert und hatte damit die Zerstörung der Teambusstimmung eingeläutet. Einer Stimmung, die man sich mühsam erarbeitet hatte auf dem gemeinsamen Weg nach Süden, quer über den Balkan, eine Stimmung, die persönlich sein musste, aber niemals direkt ins Privatleben der Teambusinsassen hineinschlittern durfte, nur immer sanft daran vorbei. Oder war der Tonmann mit seiner todkranken Mutter gekommen? Aber nein! Und der Kameramann, hatte der auch nur irgendwas Privates berichtet? Auf gar keinen Fall! Und jetzt das. Ihre Mitfahrerin habe Platz 25, hatte Liebig ihr zu jenem Zeitpunkt eröffnet, als ihnen zum dritten Mal ein Schild Obilic angekündigt hatte. »Platz 25?« – »Ja, auf meiner Liste!« Ob das einen Plus- oder einen Minuspunkt für ein Kind bedeutete, wollte sie ihr aber nicht verraten, jedenfalls könne sie jetzt nicht so tun, als ob nichts sei, meinte Liebig zu ihr, während die so Angesprochene fluchend auf die Navigation in ihrem Handy starrte. »Was soll denn auch sein?« Auch ihr Mann sei so ein Wackelkandidat zwischen Plus- und Minuspunkten, gab Liebig nicht nach. Er sei schon älter, und da wisse man natürlich nicht: »Ist's gut wegen der Erfahrung und Beständigkeit oder schlecht wegen des eher anzunehmenden Abkratzens.« Es gebe noch mehr von den uneindeutigen Kandidaten, verkündete sie vielsagend, als sie stehen blieben und die Karten herausholten. Irgendjemand im Kleinbus brummelte etwas vor sich hin. »Wir könnten doch endlich weiterfahren.« Der Tonmann wollte nun die linke Straße probieren, auf der man angeblich bisher noch nicht entlanggefahren sei. Alle wussten, draußen würde zum vierten Mal ein Schild vorbeikommen, das Obilic ankündigte und es dann doch nicht so ernst meinte, weil Obilic noch nicht vor ihnen lag. Vor ihnen lag einzig die

Verdoppelung der Familienverhältnisse, denn so würde es sich bestimmt anfühlen, wenn noch ein Kind käme.

»Ich meine, warum drei, wenn es auch zwei sein können«, warf überraschenderweise der Kameramann von hinten ein, bis eben noch mit seinem Equipment beschäftigt, »es existiert kein Grund für die Vermehrung, das wissen wir alle.« Ja, ein Minuspunkt gegen das Kind, führte der Tonmann fort, ergebe sich aus Orten wie diesen, er meine, er wolle ja nicht gleich auf Tschernobyl raus, aber so was wie hier gebe es doch überall in Europa. Eine Investitionsruine mit chemischen Rückständen nach der anderen. »Ich dachte, du kommst jetzt mit fehlenden Großeltern«, kommentierte Liebigs Mitfahrerin spöttisch. Der Kameramann stimmte ihr zu, mit fehlenden Großeltern kamen sie ja alle, die Großeltern fehlten doch immer. Der Tonmann blieb aber strikt global. Giftmülldeponien, die nukleare Frage, Flüchtlingsschicksale.

Die Fahrt zum ehemaligen Kohleveredelungswerk zog sich weiter hin durch dieses zersiedelte Fake-Country, das sich langsam zu was Echtem mausern wollte und doch wirtschaftlich vor sich hin marodierte. Was könnte jetzt auch helfen? Energiewirtschaft? Landwirtschaft? Tourismus? Ein Land um eine noch nicht ganz freigelegte Transitstrecke rum, in dem sich dereinst Nordkosovo auf Südkosovo reimen würde? »Vielleicht«, überlegte inzwischen der Kameramann, »haben wir eine Abzweigung genommen, die das Navi noch nicht mitgekriegt hat?« – »Quatsch, das Navi bekommt immer alles mit«, selbst die Aufzählungen von Plus- und Minuspunkten für ein drittes Kind in einem Land, in dem die Weltbank angeblich noch in einem klar abgegrenzten Gebäude residierte. Liebigs Mitfahrerin seufzte. Da hatten sie sich vier Tage lang in eine wunderbare Nicht-Privatsphäre hineingesteigert, und nun war diese auf einen Schlag zerstört, umsonst die Bemühungen während der langen Wartezeiten an den Grenzen, als das Equipment komplett ausgeladen und wieder eingeladen werden musste. Umsonst der Versuch, sauber an ihrer Scheidung vorbeizureden und haarscharf an der kleinen Operation des Tonmanns.

Immerhin stelle Liebig, so dachte sich Liebigs Mitfahrerin, sich nicht mehr die Frage, warum sie nicht im Expertenbus saß, sondern im Teambus. Damit hatte sie den anderen die längste Zeit den letzten Nerv geraubt, und sicher, es bestand kein Zweifel, der Expertenbus war längst angekommen, während der Teambus immer noch hilflos einen Weg zum Ziel suchte. Bald, so war hier jedem klar, würde Liebig über Abtreibung nachdenken, ohne überhaupt schwanger zu sein. Quasi vorsorglich. Sie würde ihre Gefühle damit verletzen, sagte sie auch schon. »Welche Gefühle?«, fragte Liebigs Mitfahrerin verwirrt, während sie mittlerweile, wie die anderen, starr auf die von der Sonne verbrannte Wildnis blickte. Distelfelder, Gestrüpp, Staub. Dahinter waren die alten Anlagen zu erahnen, die sie nicht ranließen. Ein marodes Durcheinander aus dem 20. Jahrhundert. Dysfunktional. Baufällig. Überwachsen. Von der Natur heimgeholt, wie es heißt. Perfekter Drehort für *Die Welt ohne Menschen*. Na, ihre Familiengefühle, ihre Ehegefühle, unterbrach Liebig diesen Gedanken. Irgendetwas in ihr selbst tief drinnen, was wisse sie. So eine Abtreibung, früher sei das gegangen, jetzt aber bedeute das Tod, Herannahen des Alters, Aufgeben. Sie könne danach sicher ihren Mann nicht mehr sehen. D. h. eigentlich könne sie heute schon ihren Mann nicht sehen, wegen des andauernden Kinderalltags. Sie bräuchten mal Abstand, sagte sie, während der Tonmann das Tempo drosselte, denn schließlich kamen sie zu einer Art Wärterhäuschen, einem Eintrittshäuschen, einer Art Einfahrt auf das Gelände. Ist es der Richtige? So viele Werkseingänge im Kosovo hätten sie wahrlich nicht vermutet. Sie stiegen aus, als könnten sie außerhalb, jenseits des Autos, besser überblicken, wo der Expertenbus geblieben war, der sicher die richtige Einfahrt genommen hatte und jeden Moment vor ihnen auf einer Schotterpiste auftauchen würde. »Die kennen das hier.« Doch der Kameramann klang selbst unüberzeugt, »irgendwo müssen die sein«, schob er nach und hängte sich erneut ans Handy, ohne Erfolg. »Da kommt nichts mehr.« Irgendjemand musste scheinbar den Satz endlich ausgesprochen haben. So jedenfalls standen sie eine Weile da. Totale Windstille, brütende Hitze, nur drinnen im Auto das dritte Kind, mitten unter ihnen, wartete noch eine Weile auf seinen Einsatz, dann verschwand es für immer.

Status

Es war so lange her, dass Elena Tsangaris Kinder bekommen hatte. Die Vorstellung, jetzt wieder schwanger zu sein, schaffte sie, mehr noch, es kam ihr richtiggehend merkwürdig vor. Und jetzt sollte das, was ihr widerfuhr, tatsächlich eine Schwangerschaft sein mit allem Drum und Dran? Mit Eisenräubern und Bluthochdruck, mit Flüssigkeitsaustausch und der ganzen Gewichtszunahme. Kaum zu glauben! Doch der Arzt ließ sich auf keine Debatten ein, der Blutdruck wurde gemessen, die Werte gecheckt, und während sie im Untersuchungszimmer stand, mit ihrem Urinbecher in der Hand, tauchte der dunkle Schatten der Erinnerung auf, eine Erinnerung an eine ehemalige Erwartung eines neuen Lebens, eines unbekannten Wesens, dem man sich werde stellen müssen. Doch die Vorstellung von kleinen Gliedmaßen, Minizehen und Fingerchen, spärlichen Haaren, das Gefühl eines Kätzchens, das man nach der Geburt vorsichtig im Arm halten würde, auf den Bauch legen, als wäre es zu einem gehörig, konnte sich erst mal nicht gegen das medizinische Fieber behaupten, das rund um sie ausbrach. Außerdem war es unglaubwürdig. Sie könne nicht schwanger sein, versuchte sie es noch mal, obwohl auch der Ultraschall ein anderes Urteil sprach. Sie war noch nicht beim Gedanken an die Aufbruchstimmung in der Familie, den verwirrt wirkenden pubertierenden Kindern und dem unruhigen Mann, der sich längst in sein eigenes Alter abgeseilt hatte. Sie war noch nicht einmal bei der Furcht vor ihrem eigenen Körper, der der Belastung einer Schwangerschaft nicht mehr gewachsen sein würde – nein, das alles passte jetzt nicht mehr! Es würde nicht geschehen, beharrte sie, doch der Arzt meinte, es sei zu spät. Sie sei bereits im fünften Monat, nein, darüber hinaus. Ob sie die Tritte des Kindes nicht gespürt habe? – »Ach, es ist zu lange her«, versuchte sie eine lockere Formulierung, die misslang. D. h. sie habe es nicht zuordnen können. D. h. sie sei ja erst am Anfang der Trittphase, justierte sie das Gespräch nach, doch der Arzt ließ sich darauf nicht mehr ein. In den folgenden Tagen vernachlässigte sie etwas ihr ansonsten so vernünftiges Vorgehen. Sie machte Dinge, die sie niemals zuvor getan hatte, zumindest fühlte es sich so an. Sie rächte sich an ihrem Zustand, indem sie Brücken abbrach und Kontakte, indem sie Gespräche nicht mehr fortsetzte, weil sie sie für unwirklich hielt, wie sie das formulierte. Sie regelte sozusagen den Verkehr in ihrem Leben, und dann ging sie zu den Behörden, gab Selbstanzeigen auf und machte Klarschiff, meldete sich sozusagen sukzessive von allem ab – es war kein Kräftezuwachs, es war mehr ein Richtungswechsel, erkannte sie später, und es kam zu erstaunlichen Konsequenzen, allerdings nicht zu jener einen, die sie erhoffte. Mit einem Schwangerschaftsabbruch war nicht mehr zu rechnen. Ihren Zustand verdrängte sie dabei noch eine ganze Weile erfolgreich. Niemand hörte sie mehr davon sprechen, allerdings sprach sie auch kaum von etwas anderem. Dass es doch nicht zu einer Geburt kommen sollte, verdankte sie einem unvorsichtigen Handygespräch im falschen Augenblick und dem nervös gewordenen Temperament ihres Mannes hinter dem Steuer.

Indirekter Status

Nino Bakradse stand an der Haltestelle irgendwo am Stadtrand von Berlin. Sie hatte doch ihre Papiere, was also wollte sie? Sie hatte doch alles, was ihren Status hier sicherte, man konnte sie nicht einfach zurückschicken. Und doch: Sie fühlte sich beinahe wie zurückgeschickt. Die komplette Familie war weg. Damit hatte sie nicht gerechnet – aber wer hätte damit schon rechnen können? Sie waren wie verschluckt, angeblich war es nur dieser Unfall gewesen, aber Nino Bakradse wusste, dass sie verschluckt waren und mitverschluckt ihr ganzer Deutschlandanfang. Bakradse war erstaunt, wie sehr sie das mitnahm. Sie war strenggenommen nur ein bis zwei Jahre bei dieser Familie gewesen, ihrer deutschen Ankunftsfamilie, und nun waren sie weg. Also komplett weg. Die ganze Arbeit, die sie in sie hineingesteckt hatte, war mit ihnen verschwunden. Sie hatten sie mitgerissen. Ihr Einstieg in Deutschland hatte sich sozusagen komplett vertschüsst. Und sie war übriggeblieben mit ihrer Aufenthaltsgenehmigung und ihrem Deutschland-Starterkabel in der Hand, das sie im Grunde nicht mehr brauchte, weil sie längst gestartet war. Ansonsten niemand, der sich mit ihr an diese ersten Monate, beinahe das ganze erste Jahr, würde erinnern können. An die Sprachprobleme, an diese Unorientiertheit, an den Stress mit den beiden Kleinen. Dabei hatte sie die ohnehin schon länger nicht mehr besucht gehabt, sie hatte sie hinter sich gelassen, sie hatte sie abgehakt, und nun hatten sie sie erneut eingeholt, durch ihr Verschwinden. Mein Gott, war sie froh gewesen, als die Vertragszeit auslief und sie ihr eigenes deutsches Leben beginnen konnte ohne Deutschlandeinstiegsmusik. So, als wäre man schon immer hier gewesen, als hätte man gar nicht ankommen müssen. Als wäre das nichts gewesen, sich ihr Leben hier zu erkämpfen. Denn das war für Bakradse enorm wichtig: dass das Leben, das sie jetzt führte, selbstverständlich war. Und dazu gehörte auch, diese Anfangszeit in Vergessenheit geraten zu lassen, denn das musste man auch können, und daran hatte sie in den letzten Monaten gearbeitet. Sie hatte bemerkt, wie sie sich in dieser privat-beruflichen Vermengung einfach nicht wohl gefühlt hatte. Sie schätzte klare Verhältnisse: Da wird gearbeitet, und da wird gelebt. Und doch musste sie jetzt zwanghaft an das kleine Mädchen denken, an die Mutter, die sich andauernd Gedanken gemacht hatte wegen jeder Kleinigkeit. Der Vater, der stets ungehalten wirkte, in seinen Übersprungshandlungen gefangen. Nun waren die Zeugen ihrer Ankunft alle fort mit ihrer Nervosität, die sie im Grunde nie verstanden hatte, denn sie selbst war ein ruhiger Mensch. Doch seit der Nachricht schien etwas von dieser Nervosität auf sie übergegangen zu sein, im Augenblick bemerkte sie, wie sie ein Papierstückchen in den Fingern die ganze Zeit schon malträtiert haben musste. Vielleicht, überlegte Bakradse, war diese

Nervosität das Einzige, was von ihnen übrigb lieb in ihrer Welt. Ansonsten erschien ihr durch die Nachricht die Arbeit, ihre emotionale Investition in diese Familie, quasi rückwirkend vergeblich.

Warum sie erst nach drei Monaten davon erfuhr? Der gemeinsame Bekannte gab an, er habe zunächst nicht gewusst, wie er sie erreichen sollte, und dann habe er gedacht, sie wisse es ohnehin schon. Sie starrte ihn an. Na ja, sie sei auch schwer zu erreichen und andauernd unterwegs, stotterte sie nach einer Weile. Um ihr Studium zu finanzieren, arbeitete Nino Bakradse in einem Hotel, sie arbeitete in einem Discounter, sie arbeitete mal hie und da als Putzfrau. Ihre Beine schmerzten nach der Arbeit, und sie hatte wenig Zeit, sich mal länger Gedanken zu machen. Sie war auf anderen Gleisen unterwegs, hatte sie sich gesagt.

Sie habe Spuren hinterlassen, dennoch, würde man ihr ein wenig später mitteilen. Hatte sie sich etwa ihrer Freundin anvertraut, um diese Antwort zu bekommen? Aber was hätte sie von der auch hören wollen? Eben indirekt, würde diese kaltschnäuzig fortfahren. Im Umfeld der Kinder. Der anderen Eltern. Sie würde den Spielkameraden der Kinder in Erinnerung bleiben. Darauf könne sie nun wirklich verzichten!

Nach einer Weile erschien es Bakradse merkwürdig, dass sich ausgerechnet ihr letzter Besuch bei der Familie mit Bedeutung auflud. Es war eine ungünstige Wiederbegegnung vor ein paar Monaten gewesen – die größere Tochter hatte sie nicht beachten wollen, und das Kleinchen hatte schüchtern den Kopf weggedreht. Man hatte sie nicht verabschieden wollen, als sie abends ging, zumindest nicht ordentlich, und das ärgerte sie jetzt erneut. Ja, es war Ärger, der zurückbleiben würde, im Augenblick war allerdings nur diese Leere im Kopf, eine kurze Leere, die irgendwo hinsank, wohin, konnte sie nicht sagen, aber es war ein Ort ganz weit weg.

Aktivbürger (weit entfernt)

Was hatte Mirko Sladic erwartet? Es war keine Zeltstadt, mehr ein weißes Riesenzelt mit jeder Menge Dixi-Klos außenrum. Er hatte sich auch nicht wie sein Vorgänger unter die Leute gemischt in Spielfeld-Straß und so getan, als wäre auch er ein Asylsuchender, wie das in diesen Tagen viele unternahmen, um zu verstehen, was die durchmachten. Er hatte sich auch nicht verhaften lassen, um zu kapieren, was in den Köpfen los war. Oder anscheißen lassen von der Polizei, er müsse hier sofort weggehen, und nein, er habe hier keine EU-Bürgerrechte mehr. Er kannte jede Menge Leute, die andauernd zu dem einen oder dem anderen Lager aufbrachen, die es wissen wollten, weil sie nicht glauben konnten, was da geschah. Was er jetzt veranstaltete, war Humanismus hinter Zugfenstern. Ca. 300 Meter entfernt vom wirklichen Geschehen. Ein weitgehend leerer Zug, der von Österreich nach Slowenien an der Grenze stand, aufgrund der unterschiedlichen Spurbreite der Gleise. Im Waggon hatte er nur die beiden Amis getroffen, die ihrerseits noch von irgendwelchen Schweizern erzählt hatten. Die seien unterwegs nach Ljubljana. Um zu helfen, hätten sie hinzugefügt.

Nicht mehr hier waren Tausende Facebookeinträge, Onlinestatusberichte, indirekte Präsenzen, weil sein Handy eben eingekracht war. Kein Empfang. Plötzlich Funkstille. In seinem Postfach war seit Wochen jede Menge los gewesen. Mailfluten von Rechtsanwältinnen, von Ärzten und Soziologen, die alle etwas unternahmen, um das Problem in den Griff zu kriegen, um bei der Ankunft zu helfen, wie man das nun ausdrückte. Er hatte versucht, die Mails abzuarbeiten, und war gescheitert, er hatte sie alle auf einen Platz verschoben, wo er dereinst, wenn er wieder Zeit haben würde, noch mal nachlesen könnte, aber er würde natürlich niemals Zeit haben, so viel war klar. Er war einfach zu beschäftigt. Er hing doch in tausend Sachen drin. Aber ihm sei es ganz und gar nicht egal, hatte er sich erst gestern beeilt zu sagen, was da an den Grenzen Europas geschah, die er andauernd passierte, aber vermutlich immer in die andere Richtung. Er habe eben gerade wenig Zeit, und so nehme er mehr aus der zweiten Reihe teil an dem großen humanitären Spektakel, das sich gerade in Mitteleuropa und irgendwo in seinem Computer abspiele, beides im Moment recht weit entfernt. Weit entfernt ebenfalls die aufgeregte Stimmung der Erst- und Zweithelfer, die schon vom drohenden Burn-out berichteten, der gewisse Helferkulturen bereits erreiche, obwohl man mit dem Burn-out erst in zwei bis drei Monaten gerechnet habe. Er aber hatte es besser gewusst, schließlich hatte er genügend eigene Erfahrung, denn seinen eigenen kleinen Burn-out hatte er sich wie auf Vorrat zugezogen in diesem Stadtentwicklungsprojekt, als könnte er den großen Burn-out verhindern, der alle rund um ihn treffen würde. Er schloss die Augen und versuchte, sich darauf zu konzentrieren, warum er sozusagen vor Ort war. Es gelang ihm nicht. Vielleicht war er ja auch ein Schweizer, unterwegs zum Helfen? Hier war ansonsten niemand, in diesem Zugabteil herrschte Stille, Leere, und draußen zog eine trübe slowenische Landschaft vorbei, die er sich immer wieder anzusehen begann und es dann gleich wieder bleiben ließ, um drei Minuten später erneut hinauszuglotzen. Aus den Bergen dampfte der Nebel, die Schneefallgrenze war schon zu erahnen, obwohl sich die Berge hinter die Nebelschwaden verzogen. Es ging aufs Neue langsam voran, um nach fünf Minuten zu stoppen. Sladic hörte, wie durch den Wagen andere stolperten, sicherlich die Schweizer. Sie würden die Tür aufreißen und auf ihn in Englisch einreden, obwohl man doch angeblich dieselbe Sprache sprach. Das würden sie jedenfalls in jenem Gespräch behaupten, in das sie ihn verwickeln würden. Es würde sich um einen Grundhumanismus drehen, den man doch einhalten müsse, und sie würden ihn automatisch in ihren Aktivismus inkludiert haben, weil er doch auch vor Ort war. Oder etwa nicht? Aber im Prinzip war die Schweiz weit weg, er war weit weg. Und diese Entfernungen würden sich vergrößern. Im Augenblick vergrößerten sich ja alle Distanzen, draußen wie drinnen. Der Winter würde trotz anhaltender Kälte ausbleiben, die Weihnachtszeit würde aussetzen, die Städte würden sich zurückziehen, die Häuser, die er betreten wollte, würden wie weggewischt sein, die Kilometer fuhren einfach auseinander, die Menschen, die nun im selben Waggon standen, würden mit einem Mal unerreichbar voneinander stehen, auseinandergefahren und entfernt, die Geographie würde ihre zigtausend Kilometer auf den Buckel gepackt haben und andauernd ausspucken. Sie entzog sich ihm, mitsamt den Bergen und Wiesen, den Landflecken und Straßen und Gewerbegebieten, die jetzt ständig neue Namen bekamen, niemand würde mehr in der Lage sein, sie im größeren Maßstab zu verfolgen. Es war die größte Naturkatastrophe, die Mirko Sladic erlebte. Sie würde ihn auch nicht mehr entlassen.

Im Bauch des Wals (Nuller Jahre)

Sein Gegenüber korrigierte sich gerne, stellte Peter Wols fest. Schon wieder äußerte er, dass er lieber noch mal von vorne anfangen würde, er habe das völlig falsch dargestellt, das komme jetzt komisch rüber. Aus dem war beim besten Willen kein Statement rauszuholen, so sehr man auch schaufelte. Genau wie bei dessen Vorgänger. Er hatte sich doch bereit erklärt, zur Situation etwas zu sagen, warum tat er es nicht? Die Zuhörer brauchten beruhigende Worte, Alltagsworte und keine Politikerworte, und wer, wenn nicht ein Bandmitglied, könnte das leisten. Wer könnte nicht über den erneut eingetretenen Ausnahmezustand einer Gesellschaft plaudern – »Ich möchte das gerne richtigstellen.« Ganz eindeutig, er war eine Fehlbesetzung, aber im Moment gab es wohl nur Fehlbesetzungen, und Peter Wols musste sich mit diesen Fehlbesetzungen in seiner Sendung abmühen. Leute, die stammelten, sich unterbrachen, sich korrigierten. Leute, aus denen irgendwas rauskam, was sie danach bereuten und es dann einfach kurzerhand dementierten. Lange genug war es in die andere Richtung gegangen, das Stottern hatte über mindestens ein Jahrzehnt insgesamt abgenommen, von den 90ern bis in die nuller hinein, ja, durch die nuller Jahre hindurch waren die Leute flüssig geworden, sie hatten immer authentischer gewirkt, gelassen, vor Ort, einfach da, und dann musste irgendetwas die Wende eingeleitet haben, denn plötzlich wirkten sie immer öfter abwesend, begannen zu stottern, stockten bald wieder. Es war ein neues Stottern, kaum zu vergleichen mit dem multiplen Stottern der 80er, das in alle Richtungen zu gehen schien, das manchmal aus einem gezielten Ausschweigen und Pausemachen bestand, manchmal aus einem bloßen Verpeiltsein. Dann kamen die 90er mit ihrem Authentizitätsblock, der einfach alles in das *Jetzt* trieb, das immer marktförmiger zu werden schien, bis, es musste Ende der nuller Jahre gewesen sein, vielleicht eine Folge von Lehman-Brothers, vielleicht einer der vielen damaligen Krisen, eine neue Zerfahrenheit im Sprechen sich bemerkbar machte, als würde man im Bauch eines Ungeheuers sitzen, das sich Mitte der 10er Jahre dann auch gewaltig aufgeblasen hatte. Und nun hockte er dort mit ihnen und hatte es permanent zu korrigieren, geradezubügeln.

Die Situation, die jetzt eingetreten sei, bringe einen zum Verstummen, versuchte Peter Wols einen Neuanfang. Die rethorische Floskel half aber nicht weiter, denn sein Gesprächspartner reagierte darauf nicht. Er wirkte jetzt überhaupt verwirrt. War es die Aufforderung, angesichts der Ereignisse absolut zeitgleich mit sich sein zu müssen, die den heutigen Gast von Peter Wols aus dem Konzept brachte? Er war eigentlich kein Radiodünnhäuter, kein Interviewspinner, kein Fernsehungetüm, er war ein einfaches Bandmitglied einer deutschen Punkrockband, früher bekannt für ihre Schlagfertigkeit – da müsste doch etwas rausschauen. Aber es erschien Wols wie ein Virus, ein Schnupfen, plötzlich nicht mehr zu wissen, wer man ist, keine geraden Sätze mehr formulieren zu können, weil *das da* dazwischenstand. Man kam einfach mit den sich über die Jahre zurechtgelegten Sätzen nicht mehr zurecht. Dass es überall stattfand, nicht nur in jeder verdammten Vorstadt. Er würde Anrufer zwischenschalten müssen, damit es nicht so aussah, als würde hier nicht gesprochen werden. Er müsste ihr gemeinsames Gespräch sozusagen ins Außen verlagern, wenn das überhaupt möglich war. Doch er wusste im Grunde auch nicht, was da draußen los war, er selbst konnte sich ja kaum mehr erinnern, wie er hierhergekommen war in dieses nächtliche Studio, in dem er bei gedämpftem Licht vor einem Glas stillem Wasser und vor einem Nachtgewächs saß, dem er nun wirklich jede Menge Gelegenheit gegeben hatte, sich zu formulieren, und er wusste vor allem nicht mehr, wie lange er hier saß. Er ahnte nur, dass es keinen Sinn mehr machte, die Kommunikationslöcher mit Anekdoten zu stopfen, etwa noch einmal von alten Oststudios zu beginnen, von der Nalepastraße zu erzählen, und wie sie einmal war, was aus ihr wurde und was sie heute war, oder damit zu beginnen, was aus den einmal gefeierten Mittzwanzigern und den typischen Erfolgsdreißigern wurde, von denen ein jetzt eher untypischer Endvierziger vor ihm saß, »... hineinkopiert in ein eher schlecht laufendes Bild von verfrühter Fünfzigjährigkeit«, wollte er schon sagen, doch er würde lieber einen Anrufer zuschalten.

Ja, vorbei waren sie, die Zeiten, in denen man flüssig über Karriereverläufe plaudern konnte, Sätze wie: »Ihr seid wie Nokia: Ihr erfindet euch immer neu – vom Holzhandel, über Gummi zu den Kabeln, zum Handy –«, blieben ihm heute im Hals stecken. Stattdessen hatte er die Siebentagesadventisten in der Leitung und die Unheilverkünder, die sich stets selbst korrigierten, im Studio. Verunsicherte Apokalyptiker drinnen und draußen, wohin man auch blickte. Mit einem Mal konnten sie alle nicht mehr reden: die Musiker, die Initiativler, die Verbandsvorsteher, die Lehrersprecherinnen, die Zeitungsredakteurinnen, die Künstler, die Sportlerinnen, die Krankenhausspezialisten. Sie konnten nichts mehr äußern, die Unternehmensberater und Mittelschichtsexperten, die Institutsvorsteher und Direktorinnen der Versicherungsvielfalt, die Sprecher der Betriebsblinden und der Firmenteilöffentlichkeiten. Die Obfrauen und Obmänner des Unvermeidlichen, die ganzen Türöffner zur Alltagsmusik hielten plötzlich die Klappe. Und unter ihnen die Bandmitglieder und DJs, die er all die Jahre mitgeschleppt hatte und die ihn nun durchschleppen sollten durch die schwierige Zeit. Sie alle hatten irgendwann angefangen, über religiöse Momente zu sprechen, dieser hier aber nicht. Diese Ebene verweigerte er zumindest komplett.

Die angegebene Stunde musste längst überschritten sein. Vielleicht saßen sie hier schon seit Jahren, von nichts abgelenkt als von dem optischen Ticken der Uhr, die immer nur dieselbe Stunde anzeigte. Vielleicht hatte sein Gast auch nie wirklich Musik gemacht, sondern stets nur davon geredet oder eben auch nicht geredet. Die Frage des aktuellen Anrufers war typisch: Ob man wüsste, was da draußen derzeit los sei? – »Natürlich weiß man das«, antwortete Peter Wols anstelle seines Gastes, ohne auch nur die geringste Ahnung zu haben, »wir sind doch die Ersten, die alles erfahren!« Er war berühmt für seine lässige Art, die niemanden davon abhielt, anzurufen. Die Hörerbeteiligung war immer hoch, und Wols machte sich einen Spaß daraus, darüber nachzudenken, aus welchen Situationen die Hörer um zwei Uhr morgens anriefen. – Waren es Truckfahrer? Waren es Nachtwächter, Nachtgestalten, Bardamen nach der Schicht, Krankenhauspersonal, das ihnen nicht nur von der Vernichtung der ganzen Musikbranche erzählte, dem völligen Verfall der Rohstoffpreise, dem Ölpreiskampf, von Straßenschlachten in Brüssel, dem Hauen und Stechen auf den Lohnarbeitermärkten, sondern auch von abgespaltenen Bevölkerungsteilen, von denen man seit langem nichts mehr gehört hatte, von Parallelschauplätze, auf denen Paralleldinge geschahen. Waren es Leute mit Schlafschwierigkeiten? Sie schienen zumindest jede Menge erfahren zu haben, von dem Peter Wols all die Jahre hindurch immer wieder nichts erfahren hatte. Sie konnten ihn umgekehrt allerdings auch nicht überraschen. Ihre Informationen waren, strukturell gesehen, nichts Neues, und seine Reaktion darauf konnte auch nicht strukturell neu sein. Wie das alte Radiosprichwort sagt: Im Prinzip komme man nie aus der ersten Sendung raus, »Sie hat uns alle verschluckt und uns nie wieder ausgespuckt«, hörte er sich es auch prompt aufsagen. Ja, so musste es gewesen sein: Er hatte all die Jahre in dieser Nachtsendung verbracht mit

Telefonschaltungen und Hörerfragen, die er durchziehen musste, und so mancher Spukgestalt, die das Nachtradio eben hergab, aber nun, ahnte Wols, würde Schluss damit sein. Er war die längste Zeit im Bauch des Wals gesessen, gleich würde es aufs Schwimmen ankommen. So was sagten sie doch andauernd um ihn rum. Und nun konnte er auf seinen Gast blicken, mit seinen Ringen unter den Augen, seiner ungesunden weißgelblichen Gesichtsfarbe und seinen spindeldürren Fingern, und wissen, man würde nur gemeinsam an die Oberfläche befördert werden. Nur mit ihm würde er ausgespuckt, ins Meer gekotzt, an die frische Luft, wie es schnell hieß, um vermutlich gleich zu ertrinken. Wols würde sich zwar, wie so oft, mordsmäßig anstrengen, um wieder zurück in den Bauch des Ungeheuers zu kriechen, aber es würde diesmal nicht klappen. Für einen Augenblick lang glaubte er schon, die salzige Luft zu riechen.

Da entschloss sich sein Gast endlich zu einer gebundenen Rede, in der es um die Überraschung ging, die alle ereilt habe, die Plötzlichkeit der Ereignisse, wie oft man sich hier nun schon getroffen habe, und nun sei doch alles anders. Man müsse zusammenstehen und die Sache gemeinsam durchstehen, Solidarität mit den Opfern zeigen und durch ganz einfache menschliche Handlungen seine – ja – Mitmenschlichkeit zeigen und so weiter und so fort. Es war fürchterlich, aber es wirkte. Das Meer zog sich zurück. (Einen Augenblick lang, dann war es da.)

Kein Kontakt zu den Toten

Auch in Berlin sind sie weg. In Hessen sind sie weg und in Köln sowieso. In Graz gibt es sie genauso wenig wie in Zürich oder Buenos Aires. In Mexico-City werden sie nicht mehr gesehen oder wenn, nur im übertragenen Sinn wie in Lagos. Abgetreten und verschwunden. Noch nie sei einer von ihnen zurückgekehrt, wie manche das behaupteten, weder als Ganzes noch partiell, sagte sich Markus Leimer, da konnte seine Gesprächspartnerin noch so sehr vermuten, Teile ihres verstorbenen Mannes gesehen zu haben, die wieder am Leben seien und in anderen Menschen fortwirkten, wie sie eilig hinzufügte, als sie das Erstaunen ihres Gegenübers wahrnahm. Sie fuhr fort zu erzählen, wie sie in letzter Zeit überall Doppelgänger sehe, Doppelgänger oder Menschen mit verblüffenden Ähnlichkeiten, die ihr wie Botschaften aus dem Jenseits erschienen. Von allen Seiten tauchten sie plötzlich auf, schon kurz nach der Beerdigung ihres Mannes, die erst ein paar Monate her sei. Sie habe sich einen Moment lang erschreckt, erzählte die junge Frau immer noch in demselben Tonfall, und dann habe sie begonnen, ihnen hinterherzugehen, sie heimlich zu beobachten, ihnen nachzustellen, bis sie genug von ihnen gesehen habe, um zu erkennen, dass er es doch nicht sei. Genug, um enttäuscht zu sein, radikal enttäuscht und nahezu abgestoßen. »Klar«, stimmte ihr der Mann zur Rechten zu, »kenne ich, die Ähnlichkeiten verfliegen, werden überlagert von den Differenzen, den Andersartigkeiten, die einem natürlich sofort unangenehm werden.« Es seien lauter Einzelheiten, waren sie sich einig, als hätte es eine imaginäre Explosion gegeben und man müsste den verlorenen Menschen wieder zusammensetzen. Dort drüben liege die Art, wie er seinen Kaffee umgerührt hatte, in der Sonne, da spaziere sein Lachen über einen gelungenen Witz vorbei, drei Räume weiter höre man ein Schnarchen, das man just für das seinige halten könne, am Fahrrad husche sein Unwillen über die ganze Entwicklung im Stadtviertel vorbei, und seine politischen Ängste verteilten sich auf drei Gestalten, die gerade aus der U-Bahn gekommen seien. Leimer fragte sich langsam, in welche Unterhaltung er da geraten war. Er dachte, er sei bei einer Beerdigungsfeier, und nun stellte es sich als eine Art Gegenteil heraus. Hier wurde wieder ausgegraben! Dazu kam, dass seine Gesprächspartner ihn hier zu kennen schienen, während er nur eine vage Ahnung hatte, wer da vor ihm stand, weil er aus Harrys Leben hinausgetreten war, wie es so schön heißt, und er im Grunde von seinem sozialen Umfeld der letzten zehn Jahre nicht viel wusste. Es war verflixt heiß, ein irritierend warmer Frühlingstag, sie befanden sich nur ein paar Meter entfernt von der Gruppe, die unter einer ganz anderen Form der Trauer zu leiden schien. Insofern wirkte das Gespräch auf ihn sozusagen doppelt unangemessen.

Leimer wollte auch nichts beisteuern oder ein zweites Mal sagen, dass die Verstorbenen einfach fort seien, dass es sie nicht mehr gebe, auch nicht im übertragenen Sinn, und auch Harry, zu dessen Totenfeier sie an diesem Tag zusammengekommen waren, war jetzt einfach mit ihnen fort, aber irgendwie musste er es doch gesagt haben, denn die Frau neben ihm bekräftigte seinen Gedanken: »Er ist so was von weg, dass es weh tut!« Sie sei auch keine Freundin davon, überall Botschaften zu sehen oder gar eine Meldung von Harrys Seite zu erwarten. So eine telepathische Grußformel, ein Abschiedswinken. Als ihr Vater beispielsweise gegangen sei, habe nichts darauf hingedeutet, erst der Anruf aus dem Krankenhaus habe sie überhaupt geweckt. Das ewige Gerede davon, dass man ihn noch spüren würde, sei ihr bei dessen Beerdigung so ziemlich auf den Keks gegangen, sagte sie leise. Sie schwiegen.

Und doch, fuhr sie nach einer Weile leise fort, Doppelgänger tauchten eben auf, das müsse auch sie zugeben. Leimer stutzte. »Sie tauchen immer dann auf, wenn man jemanden aktiv wirklich verabschieden muss, der sich bereits wirklich verabschiedet hat, wie es heißt, und dann grast man eine Weile die Welt nach ihm ab«, hörte er, »zumindest nach einem Fitzelchen von ihm.« Bei ihrem Vater sei es eine sanfte Suche gewesen, sie habe erst lange nach dessen Tod begonnen. Ohne einen ersichtlichen Auslöser habe sie begonnen, den Stadtraum nach ihm abzuscannen, insgeheim Ausschau nach älteren Herren mit Stock zu halten, nach gewissen Redeweisen, einem Habitus, den man gar nicht mehr so oft sehe, wie wenn sich mit seinem Tod eine ganze Ära verabschiedet hätte. Es sei ein Gleiten über die Köpfe der Menschen gewesen, als hätte sie etwas vergessen und wüsste nicht, was. Als hätte sie jemanden aus einer geheimen Reisegruppe, die sie plötzlich betreuen musste, zurückgelassen, der eben noch da war. »Doch, da drüben! In jener Gruppe von Menschen, die gerade in die S-Bahn steigen, taucht er auf, er sieht im Augenblick nicht her, aber gleich wird er sich umdrehen und mir zuwinken, um mir zu sagen, dass ich doch einmal rüberkommen solle, er wolle mir etwas zeigen.« – »Etwas zeigen?«, unterbrach Markus Leimer nun doch ein klein wenig ungeduldig ihre Ausführungen. »Er hat etwas im Fahrplan entdeckt, er entdeckte immer etwas im Fahrplan. In mir sagt dann seine Stimme: ›Wir müssen umdisponieren, wir fahren nicht über das Ostkreuz, sondern über das Südkreuz, denn auf der Strecke über das Ostkreuz müssen wir ungünstig umsteigen.‹« Dabei habe sie gedacht, ignorierte sie Leimers Stirnrunzeln, sie hätte ihn verdaut, diesen letzten Familientod, der ja gewissermaßen ein erwartbarer gewesen sei, alleine schon aufgrund des hohen Alters. Sie habe angenommen, sie sei durchgekommen durch die Zeit der Trauer ohne nennenswerte Begebenheiten. Ein einfaches Loslassen. Bis sie bemerkt habe, dass sie gar nicht loslassen könne. Es gebe da immer noch diese Suchbewegung, ähnlich einer leeren Greifbewegung, wie sie die bei ihrer einjährigen Tochter wahrnehme. Ein automatisches Festhaltenwollen, ohne zu verstehen, was eigentlich. Leimer hielt dieses Gespräch plötzlich nicht mehr aus und murmelte nur: »Bei Harry ist es anders.« – »Na klar ist es anders!«, meinte sie einen Tick zu scharf. Sein Abtreten war einfach unzeitgemäß, wussten beide, seine Zeit war, wie es so schön heißt, noch nicht gekommen. Und doch war er fort, einfach weg. Weggespült von einem stinknormalen Begräbnis, und nicht nur von einem stinknormalen Begräbnis, sondern auch von einer stinknormalen Trauerfeier. Sie wurden dem Verstorbenen damit nicht gerecht, zu dem etwas Außergewöhnliches gepasst hätte. Leimer selbst hatte auch nichts unternommen, um das Außergewöhnliche aus der üblichen Begräbnismechanik herauszuarbeiten. Er hatte diesbezüglich versagt, auch wenn er eine kurze Rede gehalten hatte, doch die war ihm hölzern erschienen, das reine Klischee. Wie alle anderen hatte er versucht, seiner Trauer ein individuelles Gesicht zu verpassen, wie alle anderen war er im Grunde tagelang auf dieses stinknormale Begräbnis zugesteuert, ohne es zu wissen, und nun hatte er es zu verdauen. Sie alle waren, so überlegte jetzt Leimer, in die Aussegnungshalle gekommen, waren vor den Blumenbouquets gestanden, vor Harrys Sarg, auf dem man das übliche Foto von ihm positioniert hatte. Sie alle waren mehr oder weniger für den Anlass konventionell gekleidet gewesen, hatten die verlegenen kleinen Handbewegungen gemacht, die ihn seltsamerweise an die katholischen Riten seiner Kindheit erinnerten, während sie den Verwandtschaftskindern bei irgendeiner Verwandtschaftskindermusik zuhören mussten. Er hatte die übliche Beklemmung in der Brust gespürt, die bei den Reden aufkam, und gleichzeitig die Intonation der für diesen Anlass gebuchten Trauerrednerin verabscheut. Danach hatte er der Witwe die Hand geschüttelt und ihr auf die übliche Weise kondoliert. Und jetzt, dachte er, hörte er seiner Begräbnisnachbarin brav zu, die immerhin nicht von einer stimmungsvollen Trauerfeier sprach, und er würde auch diversen anderen Leuten bei der Trauerfeier noch zuhören, die alle ausnahmslos von ihrer Beziehung zum Verstorbenen sprechen würden, eine Nadja sogar von ihrer Nicht-Beziehung – Harry sei jahrelang ihr Nicht-Freund gewesen, habe er ja schon erfahren, während da drüben Berit stehe, der der Titel der ehemaligen On-&-Off-Freundin zukomme – »Hast du Berit noch nicht kennengelernt? Ich stelle euch mal vor.« Er wollte aber Berit nicht kennenlernen. Er wollte nur noch für sich sein und aus seinem Schweigen nicht mehr rausgerissen werden mit Formulierungen über den Funkkontakt zu dem Toten.

Natürlich war ihm genauso pünktlich unheimlich geworden wie all den anderen, als sie Harrys Wohnung betreten hatten, aber nicht wegen Harrys vermeintlicher Präsenz, nein, wegen seiner Abwesenheit. Er hörte keine Stimmen wie alle anderen, die der Witwe unermüdlich von angeblichen Botschaften ihres Mannes berichteten, die sie aus dem Jenseits erhielten, allesamt mit beruhigendem Inhalt. Sie machte sich begreiflicherweise die Vorwürfe, die sich bei jedem unweigerlich einstellen, der einmal an einem Sterbebett gesessen hat. Leimer hatte es klar vor Augen: Man kann dort einfach immer nur die falschen Entscheidungen treffen, steht man doch unter dem Bann des Gefühls, man könnte den Prozess noch einmal umdrehen und den Sterbenden wieder zurück ins Leben führen, ihn dazu überreden, noch mal weiterzumachen, mit seiner Krankheit weiterzumachen, mit seinen Schmerzen, Hauptsache, der verdammte Körper atmet. Deswegen wohl übersetzten sie alle wie die Wilden aus dem Jenseits seinen jetzigen Frieden, sie übersetzten im Grunde alle das Gleiche, als würde es dann umso mehr stimmen, dachte Leimer und suchte nach einer Rückzugsmöglichkeit. Harry hätte das alles sehr lustig gefunden. Er hätte sie alle rausgeschmissen. Er hätte sie alle auf die Demonstration gescheucht, die seit Tagen auf dem Platz vor seinem Haus angekündigt war, damit sie endlich was Vernünftiges täten.

Ja, mitten unter den Demonstranten, so wusste er, die sich dort versammelt hatten, um gegen die Flüchtlingspolitik des Senats sowie der Bundesregierung zu protestieren, müsste er seine Suche beginnen. Wie oft war er schließlich mit Harry auf Demonstrationen gewesen? Er konnte es nicht sagen. – »Siehst du den Mann in der North-Face-Jacke?«, flüsterte auch schon jemand direkt neben ihm, als sollte ihm was verkauft werden. Es war die Kollegin vom Begräbnis. Er überhörte die Frage erst einmal, zu sehr war er mit dem Aufgebot an Themen beschäftigt: Frontex, Gentrifizierung im Viertel, Rücktrittsforderungen an Politiker. Das hier war sein ganz persönlicher Ritus, denn vor nur 20 Jahren wären sie beide, Harry und er, dagestanden und hätten das einfach nur richtig gefunden, sie wären ganz simpel dabei gewesen, und alle Esogespräche dieser Welt konnten sie kreuzweise. Und dann war etwas zwischen sie getreten. Leimer hatte sich verabschiedet, wie Harry das nannte, er hatte sich aus der Szene verabschiedet und sei verbürgerlicht, sukzessive verbürgerlicht. Was auch immer er damit meinte. Seinen Job? Eine Versteinerung in den Schichten des Alltags? Heute stand Leimer jedenfalls da und sah verdammt fremden Vätern zu, wie sie ihren Kindern Telefonnummern auf die Arme schrieben für den Fall der Fälle, er lauschte etwas verwirrt den langatmigen Demo-Verhaltensanweisungen, die in mindestens drei Sprachen verkündet wurden, er versuchte verzweifelt, irgendjemanden wiederzuerkennen von den alten Politfreunden. Altersgenossen waren genug da. »Siehst du den Typen in der blauen Jacke nicht, dort drüben beim Fahrradständer?«, wiederholte aber seine Beerdigungsgesprächspartnerin bereits zum dritten Mal. Er sah ihn nicht. »Du bist eben doch blind. Er starrt schon die ganze Zeit zu uns rüber.« Leimer verließ abrupt die Demonstration und hatte endlich das Gefühl von Abschied.

Erst Tage später würde er, in einem Café sitzend, eine Idee davon bekommen, worauf sie hinausgewollt hatte. D. h. was der Mann in der North-Face-Jacke, der eben plötzlich an der Bushaltestelle gegenüber aufgetaucht war, da mit ihm trieb. Immer wieder sah er zu ihm rüber, als wollte er jede Bewegung von ihm registrieren. Er hatte einen komischen, ja, fast erschrockenen Ausdruck im Gesicht, der auf eine unangenehme Bekanntschaft zwischen ihnen hindeuten ließ. Leimer fiel kurz vor seinem Büro ein, dass er diese Gestalt in der letzten Woche immer mal wieder gesehen hatte, an der Bushaltestelle, vor dem Büro, neben einem Bauzaun, jemand, der ihm folgte, als wollte er ihm ein Geheimnis abluchsen oder sich vergewissern. Es dauerte dann allerdings noch bis zu einer weiteren Begegnung, erst dann fiel bei ihm, just während ein paar junge hardboiled Türkinnen vorbeigingen, eine Familie mit Bollerwagen, der Groschen: Er selbst musste der Splitter einer Explosion eines anderen Lebens sein, eines, das er nicht kannte und zu dem er keinen Zutritt hatte. Er selbst war ein Untoter oder hatte etwas von einem Untoten an sich – und dieser Typ war nicht der Einzige, der ihn verfolgte, sondern viele Begegnungen der letzten Woche hatten etwas von einer Prüfung, als ob man die Reste (remains) der Toten in ihm abrufen wollte, die er herzugeben noch nicht bereit war. In diesem Moment, und nur in diesem, musste er zugeben, dass sie doch nicht weg waren, weder in Hessen, Graz oder Buenos Aires. Auch nicht in Mexico-City, Lagos oder Zürich, und vor allem nicht hier in Berlin.

Geographie überall
(Das verdoppelte Lanzarote)

In den USA, heißt es, lassen sie Menschen aus dem Kopf Weltkarten zeichnen und kommen zu bestürzenden Ergebnissen. Die Leute seien unorientiert, sie kennten sich nicht mehr aus. Sie wüssten zum Beispiel nicht mehr, dass es Japan gibt, sie wüssten nichts von Australien und nähmen den Schwund ganzer Halbkontinente in Kauf. Indien und China zeichneten sie klein, stattdessen fügten sie mehr Nähe zwischen Europa und den USA hinzu, wo doch diese Nähe nicht ganz stimmte, zumindest nicht zu dieser Zeit. Michael Pratter hatte noch niemals jemanden eine Weltkarte aus dem Kopf zeichnen lassen, er wusste auch, warum man ihn das nicht fragte, denn wenn sie es täten, würden sie zu ganz anderen Ergebnissen kommen, Endergebnissen sozusagen. Die Deutschen machen wieder einmal alles richtig, würde es dann heißen, die Deutschen mit ihrem Ingenieurswissen, dabei war er noch nicht einmal technisch begabt, er wusste einfach nur, wo alles lag. Er wusste beispielsweise, wo Lanzarote lag, unter seinen Füßen, und man müsse jetzt nicht behaupten, es sei im Prinzip überall, worunter zu verstehen sei, dass das, was hier passiere, im Prinzip überall passiere.

Wer weiß, vielleicht war schon letztes Jahr Lanzarote beinahe überall, und Pratters hatten es einfach nur nicht mitgekriegt. Nun waren sie wie jedes Jahr wiedergekehrt, und
der Familie wurde erst einmal eines klar: Der Papageienanimator aus der Schweiz blieb in dieser Saison aus. Ja, der
Papageienanimator mit seiner erloschenen Stimme trat im
Parque tropical hoch oben in den Bergen nicht mehr auf.
Schade, sie hatten sich so auf ihn gefreut: Er war immer so
hübsch unverbindlich geblieben, und vonseiten des Publi-
kums kein Mucks! Der Schweizer Tieranimator, der mit
seiner erloschenen Stimme im Dörfchen nebenan gewohnt
hatte, wo die Häuser billiger zu haben waren als in den
Touristenzentren an der Küste, hatte also beschlossen,
seine Weltläufigkeit an den Nagel zu hängen, seine An-
amerikanisiertheit, seine halbe Karibik, die er quer durch
die Vorstellungen schleppte, was unschwer an seinen blon-
dierten Haaren zu erkennen war, seinem französischen
Einschlag, der nur noch in seinem Schnurrbart steckte.
Er hatte beschlossen, seine Weltläufigkeit an den Nagel
zu hängen und zurückzukehren in seine Heimatstadt, urplötzlich, wie es hieß. Die Aussteigerparadiese für Schweizer gingen jetzt auf dieser Insel ohne ihn weiter, das lang-
same Gastgewerbe, die Physiotherapien und gewisse Teile
der Bioagrarproduktion, die noch nicht komplett in deutscher Hand waren.

Eine Menge Leute, so viel hatten Pratters schon herausgefunden, hatten hier ein Leben hinter sich gelassen, der
Zahnarzt aus Mannheim hatte ein Leben hinter sich, genauso wie die beiden Inhaberinnen der Bodega, der Koch

aus Basel mit der Zwischenstation Philadelphia, sie hatten ihr Leben hinter sich gelassen und waren jetzt da. Sie alle waren da, d. h. in diesem Jahr waren sie ein wenig weniger da, weil sich die Krise nun doch auswirkte.

Bisher war es einzig die Familie Pratter gewesen, die ihr altes Leben noch mit sich herumgetragen hatte, aber das hatte sich schnell geändert. Jetzt hatten sich die meisten wieder in ihr vormaliges Leben verkrochen. Das meinte zumindest die Vokuhila-Frau, die immer an ihrem Appartement vorbeiging, einmal morgens, einmal abends, und keinen Spaß verstand. Tipps, die anderswo als Lächeln auf den Gesichtern einfroren, wirkten bei ihr knochentrocken. So empfahl sie stur Badeplätze und Sandstrände, als wüsste sie nicht, was Pratters eigentlich vorhatten.

Sie stellten Grabungen an. So hieß es jedenfalls im Bioladen. Sie wollten es nun wirklich wissen. Pratters, das war offensichtlich, kannten jeden Zentimeter dieser Insel und würden, ganz in deutscher Tradition, damit nicht aufhören wollen. D. h. viel würden sie jedenfalls nicht mehr finden, denn die meisten waren schon fort. Die auf den Kontinent zurückgekehrten Leben würden sich nämlich schon gewaltig hinter Bottrop summieren, hinter Berlin und vor Zürich, sie hätten gewaltig was angerichtet, Staus unter der Oberfläche einer jeden Stadt, Staus in den Vororten, stockender Verkehr auf den Autobahnen und manches mehr. Und so habe sich hier jede Menge verabschiedet, gab der Mann im Bioladen bekannt, der noch ein wenig bleiben wollte.

Ja, während sie in den USA vergeblich – und nicht ganz

so vergeblich – Weltkarten zeichneten, hatte sich hier das Wissen über europäische Himmelsrichtungen schlagartig neu organisiert. Plötzlich gab es Nord- und Südkonflikte, es gab Schengen und Post-Schengen, offene Grenzen und halboffene, und nicht mehr verfügten die Bodegatanten über ihren geographischen Bauchladen, aus dem sie noch bis eben Länder herausgekramt hatten und mehrfach koloriert hochgehalten, als wäre Geographie für sie eine watscheneinfache Sache: hellblau für Frankreich, grün für England, rosa für Deutschland und gelb für Österreich, nein, orange. Nicht mehr deuteten sie dann zu ihren Gästen und sagten: »Ein zweites Deutschland liegt hier versteckt unter der Oberfläche der Insel.« Denn niemand wollte noch etwas von einem zweiten Deutschland wissen oder gar etwas von dem, was unter einer Oberfläche sein könnte. Niemand wollte dann die Engländer erwähnen und ihr berühmtes zweites England, das bisher auch nur rund um die Touristenhochburgen aufgetaucht war, in Flecken, unterirdischer, ein paar Lagen tiefer (an der Luft trocknete es rasend schnell). Nicht mehr interessierte man sich für die andere Seite der Insel, wo früher die Franzosen waren, Surfer, die wollten den Sport, die wollten den Sport, die wollten den Sport. Die Bodegatanten atmeten aus. Nicht mehr, so fuhren sie fort, hörte man: Mehrere Krimiautoren seien schon hier gewesen und hätten sich das angesehen: »Seht nur, da sitzen sie aufrecht, die Pärchen, in eurem Restaurant!« Aus denen sei was rauszuholen! Und jetzt seien sie alle weg, die Pärchen, die Krimiautoren, nur noch vereinzelt saßen da ein paar Gestalten und sahen nach Süden, dahin, wo sie eine Wintersonne vermuteten.

Sie ahnten: Es war das letzte Mal vor der Abreise, das letzte Mal vor ihrem Sparkurs, den sie jetzt auf alles anwenden mussten, auf Landkarten, auf Bauchläden, auf kolorierte Vorstellungen. Sie ahnten, kurz vor Sonnenuntergang würden dann alle aufstehen, um ein letztes Mal zu fotografieren, und sich dabei gegenseitig die Sicht verstellen.

Pratters stellten indes unverdrossen Grabungen an: »Ein zweites Deutschland liegt hier, ein paar Zentimeter tiefer! Man muss nur graben.« Das hatte ihnen noch der Bioladenbesitzer zugerufen, quasi als letzten Gruß, als würde er damit etwas zurückholen können, was unwiderruflich verloren war. Sie wollten aber kein zweites Deutschland, hatten sie zurückgerufen, man hatte sie falsch verstanden, sie wollten die Insel erfassen. Sie seien hierhergekommen, um ihren Familienrealismus zu betreiben, ihre Art, *wahre* Verhältnisse zu erfassen, die besonders hier aus *vielem* bestanden. Doch das viele hatte sich verkrümelt. Man verkniff sich heute anscheinend sogar den Hündchenstrand. Bis vor kurzem, wussten die Pratters, waren Hündchen so was wie Teilzeitlösungen, mit denen es nicht bergab gehen konnte, und jetzt waren anscheinend auch alle Hündchen fort.

Verschwunden auch der Wochenmarkt in den Bergen und mit ihm die Pensionisten, wie flüchtig verkleidete Kinder. Als Verkäufer ihrer Töpferwaren, Seidentücher und Bioprodukte standen sie den Käufern ihrer Töpferwaren, Seidentücher und Bioprodukte optisch in nichts nach. Heute befand sich niemand mehr hinter den Produkten, heute fragte auch niemand mehr, wie die Kinder aus der

Hüpfburg mit dem russischen Namen wieder herausgekommen seien. »Du weißt schon, die Hüpfburg, die so
gerne die Farbe wechselt!« Heute wechselten bestenfalls
Dreijährige auf Parkplätzen die Farbe und regelten den
Verkehr, bis auch das aufhören würde.

Immerhin konnte man sich von diesem Punkt aus immer noch prima als bewohnbare Insel vorstellen, was anderswo im Landeanflug stecken blieb, als Überrest eines
fernen Ritus mit alkoholischen Getränken. Doch auch
diese Vorstellung verblasste schon im Rhythmus der abfah-
renden Mietautos, der wenigen Busse, die es hier noch her-
aufschafften und die nun alle restlos zurückkehrten zu ihren Hotelburgen. Die Vorstellung verblasste, und zurück
blieb das etwas verwahrloste Hippiemädchen vor der Bäckerei, von dem Pratters dachten, sie wären es nun endlich
losgeworden. Als hätte es jemand mitgenommen, endlich,
dorthin, wohin es schon so lange drängte. Hinüber ins alte
Europa.

Ja, das Hippiemädchen vor der Bäckerei, das Hippiemädchen hinter dem Restauranttisch, das Hippiemädchen am
Zeltplatz – sie hätten jede Menge Begegnungen! Konnte
immer noch auf allen Postkarten stehen, die sie schon noch
schreiben würden. »Das kann überall passieren«, sagten
sie sich unterdessen, »die Menschen hauen eben ab. Sie ver-
flüchtigen sich. Sie müssen hin und wieder ihre Zelte ab-
brechen.« – Und doch: Seit der Finanzkrise bewegte sich
hier nichts mehr, das sei ziemlich schlagartig gegangen,
wusste der Tankstellenwärter zu berichten, »Sie bleiben
einfach alle aus«. Pratters ahnten, er war der Letzte seiner

Art, nein, der Letzte überhaupt, den sie treffen würden, und so versicherten sie: »Der Krisengehalt auch unserer Gespräche steigt ständig, täglich um ein paar Deziliter.« Es seien Niederschlagsgrößen, mit denen sie längst rechneten, keine Zeiteinheiten. Er konnte ihre Anwesenheit so gar nicht glauben und bewegte sich rund um ihr Auto, immer rundherum, bis er ans Ende kam und sie abkassierte. Diesmal, so verabschiedete er sie, könnten sie unbesorgt sein. Der verrückte Hund habe sein tägliches Auto bereits angefallen. – »Wir haben den verrückten Hund verpasst, stellt euch vor!« Er bewachte den Müll, als würde er ihm gehören. Aber auch er hatte sich anscheinend hinter die Müllstelle an jener einst hochfrequentierten Kreuzung zurückgezogen und wartete ab, bis alles vorüber war.

Es war nun alles vorüber. D. h. da war nur noch der alte Truppenübungsplatz am Naturstrand aus Zeiten des Kalten Krieges. Er war vermutlich selbst mit dem Phantasieenglisch der Kinder nicht mehr zu reaktivieren. Dazu war die Himmelsrichtung, die ihn beherrschte, veraltet (Westen). Da war nur noch die Geschichte der Sybille W. aus Moers, dem Buch von Sybille W. aus Moers zu entnehmen, sie war ganz plötzlich in der Bodega aufgetaucht. Angekommen vor zwanzig Jahren auf dieser Insel als Lebenskünstlerin und Malerin. Hatte dies Inselbuch verfasst und weitergemacht als Körpertherapeutin. Dann waren ihr die Augen aufgegangen. Jetzt Gottesmittel. Gottesdienst. Gottesbeweis. Schizo-Schub. Dann versah sie das Buch mit handschriftlichen Kommentaren, weil nichts bleibt, wie es bleibt. Z. B. im Jahre 4023 würde die Erde untergehen, und zwar am 10. 12., sie würde alles voraussehen. Nur dass der Termin sich, wie man heute weiß, gewaltig nach vorne verschoben hat.

Freigeschaufelt hatten sich indessen immer weitere Flugzeugtouristen unter den Trümmern ihrer zu groß geratenen Bewegungen. Es hieß, es habe sie plötzlich zurückgezogen in das kalte Europa der nächsten Finanzkrise, und jetzt seien sie weg. Selbst die Trauer um das vernachlässigte Hippiemädchen auf dem Zeltplatz ließ langsam schon nach, diese zu groß geratene Fünfjährige, die immer Anschluss suchte, um rauszukommen an einem der Flughäfen Europas, wo sie ihre Großeltern vermutete, lange dünne Erwachsene, die sie abholen würden und endlich mitnehmen in ein anderes Leben. Doch Flughäfen, hatten ihr Pratters versichert, so was existiere da oben mit Sicherheit nicht mehr, und Europa, das sei ohnehin nur noch so eine vage, eher schlecht laufende Vorstellung. In den USA jedenfalls, so nahm Michael Pratter dann plötzlich an, hatten sie inzwischen endlich aufgehört zu zeichnen. Jeden Moment fielen da die Bleistifte. »Hört ihr es schon klirren? Hört ihr, wie die Zeichnungen auslaufen?«

Pratters hätten, so würde man später hören, nicht abschätzen können, dass sie in einem Sturm steckten, der sich diesmal nicht so leicht abseilen würde in Richtung Osten, weiter auf irgendeinen nächsten Kontinent zu, der ab jetzt nur noch alleine gelte wie in einem uralten Roland-Emmerich-Film. Und so saßen sie fest in einem Sturm. Die Anbindung nach Norden war längst versunken, nach Osten komplett

ausgefallen, nach Westen hingegen von vorneherein verloren, und nach Süden wagte sich ohnehin keiner mehr.
Ihnen blieb alleine der nun freigegrabene deutsche Himmel.

Kein Karneval

»So was gibt es hier nicht«, hatte man Arnold Blaschke gleich gesagt. »Wir verkleiden uns nicht.« Er hatte seinen Hut und seine Brille abgenommen und war sich lächerlich vorgekommen mit seinem Versuch. Strenggenommen der vierte Versuch, in dieser Stadt irgendwie zu landen. Ein jeder war gescheitert. Der nichtverkleidete Zustand des Städtchens war ihm gewissermaßen nicht aufgefallen, er dachte, er hätte hier jede Menge Verkleidete gesehen, und schließlich befand man sich im Großraum Köln, aber er musste sich wohl geirrt haben, gab er bekannt. »Ja, das müssen Sie wohl«, blaffte die Tankstellenwärterin ihn etwas bissig an und setzte nach: »Wir verkleiden uns nicht.« Dies wiederholten auch die Kassiererin im Supermarkt und der Mensch im Baumarkt, in den er nur zufällig hineingerannt war. Da redeten sie alle von der Freundlichkeit in der Stadt, und nun kam sie ihm nicht entgegen.

Eigentlich kannte er sie alle, die Provinzlöcher und die mittelgroßen deutschen Städte, die halben Großstädte und Minimetropolen. Er war auch immer unterwegs von Ort zu Ort, um seinen Vertreterjob zu machen, ja, und auch er hatte seine Städte-App, um schneller anzukommen, wie er das ausdrückte, was ihm allerdings paradoxerweise immer seltener gelang. Und als Städte-App-Anwender wusste er genau: Verkleidungen finden nur in einigen Teilen Deutschlands statt. Es gibt Verkleidungsstädte und Nichtverkleidungsstädte, und er passe mittlerweile auf, so hatte er eben noch der Frau in der Tankstelle gegenüber gefeixt, dass er strikt nur in Ersteren lande. Sie hatte aber nicht gelacht. Sie hatte ihn nur entsetzt angesehen. »Na, wegen der Lebensqualität«, hatte er etwas ratlos nachgesetzt, worauf sie ihm die Tomatendose hingeknallt hatte. In Tankstellen einzukaufen habe er immer vermeiden wollen, und wahrscheinlich sei das der Fehler gewesen, erzählte er jetzt der Frau in der Buchhandlung, von der er noch immer nicht wusste, ob sie die Buchhändlerin war oder nur eine Kundin, da sie sich ihm kaum zuwandte, aber in dem Regal herumwurschtelte.

Hier müsse doch eigentlich eine Verkleidungsstadt sein, versuchte er es nun bei ihr, also bei dem Weichbild der Stadt Köln müsse man doch eigentlich nicht diskutieren. Sie zog ein weiteres Buch aus dem Regal, drehte sich nicht zu ihm auf und fragte ihn etwas unvermittelt, ob er denn wisse, wo genau er sei. Natürlich sei es fraglich, antwortete er ihr, wie weit er sich nun aus Köln herausbewegt habe, er habe gedacht, er sei gar nicht so weit weggefahren, ins Braunkohlerevier hinein, in die Zone, lachte er. Die Buchhändlerin oder Nichtbuchhändlerin habe aber darauf nicht wirklich reagiert, würde er ein wenig später erzählen, sie habe einfach abgewartet, und er habe nicht gewusst, ob er ihr sagen sollte, dass er hier einen Termin habe, aber er sich wohl verfahren habe, wegen des merkwürdigen Gewirrs an

Zubringerstraßen, Feldwegen und Autobahnteilstücken westlich von Köln. Das Navi hatte den Namen anvisiert, der auf seiner Liste stand, aber vielleicht gab es ja zwei Orte mit nahezu dem gleichen Namen, in einer Gegend, in der alles derartig unübersichtlich wirkte, in diesem Mischmasch aus Gewerbegebiet und bäuerlichem Land. »Und? Gibt es zwei Orte mit demselben Namen?«, hätte er fragen wollen, aber da hatte die Buchhändlerin bzw. die Nichtbuchhändlerin den Laden bereits verlassen gehabt.

»Tatsache ist«, berichtete er jetzt, »sie waren alle unverkleidet, niemand zog sich lustig an. Sie hielten sich nicht an die eigentlichen Regeln, die in dieser Jahreszeit laut Städte-App gelten sollten. Sie waren auch nicht betrunken, wo man doch erwarten sollte, dass sie alle betrunken sein sollten, wo sie doch angeblich tagelang durchfeierten. Um ehrlich zu sein«, fuhr er fort gegenüber der echten Buchhändlerin, die sich inzwischen eingestellt hatte, er habe sich ja gewundert, dass man überhaupt mit ihm heute diesen Termin gemacht habe, wo doch alle betrunken sein sollten, nicht? »Wir betrinken uns nicht«, habe die Frau irritiert gesagt, »und wir haben hier auch keinen Termin.« Stimmt, habe er sich vergewissern können, alle erschienen nahezu nüchtern in ihrem Alltagsablauf. Der Bahnhof war leer, die Straßen waren leer, die Geschäftszeilen waren leer. Da, wo er lustiges Karnevalsvolk vermutet hatte mit seinen berühmten Liedern, herrschte regelrechte Liederleere, sozusagen eine musikalische Totalpause. Er nahm seine Unterlagen wieder mit, verließ den Laden und stieg ins Auto. Dort tippte er erneut den Namen ins Navi und wurde nicht enttäuscht – anscheinend existierte der Ort zweimal.

Es gab Gegenden, das war ihm klar, da würde er sich auch nach einem Jahr noch nicht auskennen. Hier war ihm nicht einmal die Vorstellung möglich, wie man überhaupt zu einer gewissen Orientierung gelangen sollte. Straßen sahen wie Feldwege aus, führten aber an großen Industrieanlagen vorbei und mutierten dann flugs zu mehrspurigen Straßen, die sich plötzlich wieder zu einer Dorfstraße verengen konnten. Man war zwar irgendwie auf dem Land, aber jeden Moment tauchten merkwürdig überdimensionierte Gebäudekomplexe auf, besonders nachts, wenn Flutlicht die Anlagen erhellte. Abends fuhr man noch an einem dunklen Forst vorbei, der sich am Morgen schon als eine Müllhalde entpuppte. Man glaubte, ein Dorf zu sehen, und hatte doch eine Braunkohleförderstelle vor sich, die letzten Endes wieder etwas ganz anderes war. Ein Autobahnzweig wurde neu gebaut, hatte er gestern erfahren, weil man wegen der Braunkohle den alten plattmachen musste, und dann geschah es nicht. Das leergeräumte Dorf, so seine Zimmerwirtin, hatte man Asylbewerbern zur Verfügung stellen wollen, aber dann habe an einer Stelle eine Grundwassersenkung stattgefunden, und an einer anderen sei es zu Dauerüberflutung gekommen, da müsse jetzt andauernd gepumpt werden. Renaturierung sei hier in verschiedenen Schichten zu bewundern, und auch das, was man fälschlich darunter verstehe, was in Wirklichkeit eine reine kosmetische Operation im Gesicht der Landschaft sei, so zumindest hatte seine Zimmerwirtin etwas umständlich nachgesetzt. Tatsächlich, würde er ein paar Minuten später seinem nächsten Gegenüber erklären, sei die ganze Landschaft hier im Kölner Hinterland ein Kostümunfall. Ihm würde er auch von der Begegnung an der nächsten Tankstelle erzählen können, die er gerade erlebte.

Er habe die zwei dort stehen gesehen, würde er dann fortfahren, eindeutig verkleidet, wie er zu seiner Befriedigung festgestellt habe. »Sie waren also doch zum Fasching unterwegs, zum weltberühmten Karneval, denn irgendwo hier musste es noch diese Tradition geben.« Er sei rangefahren und habe sie gefragt, ob sie mitkommen wollten. »Sie wollten. Sie stiegen ein, setzten sich auf die Rückbank und sagten erst einmal eine Weile lang nichts. Sie hatten rote Wuschelhaare auf und Sternchen an der Wange, also eindeutig bereit für die Bütt. ›Na, zu welcher Fete seid ihr unterwegs?‹«, habe er sie freundlich gefragt, und sie hätten sich nur angesehen und nichts drauf geantwortet.

Nach einer Weile habe er sie noch einmal gefragt, wo sie denn hinwollten. Als nichts gekommen sei und er einfach nicht weitergewusst habe, habe er ihnen freundlich, er betone noch einmal, freundlich vorgeschlagen, dass sie doch an der nächsten Kreuzung aussteigen sollten. Wer dann allerdings ausgestiegen sei, war er selbst. Eben noch habe er sie von der Rückbank holen wollen, auf der sie ja immer noch steif saßen, da hätten sie ihm die Autotür gegen den Bauch geknallt. Er sei zu Boden gefallen. Als er wieder aufgestanden sei, sei sein Auto weg gewesen. Die Polizei glaubte ihm kein Wort. »Hier ist kein Fasching«, sagte der Beamte nur und: »Wir verkleiden uns nicht.«

Im Taxi fiel es ihm wie Schuppen von den Augen. Er

erinnerte sich mit einem Mal, was sich im letzten Herbst in Süddeutschland zugetragen hatte, in Baden-Württemberg, wo er auf jener Stadtumfahrung auf der Suche nach dieser Pension gewesen war und plötzlich bremsen musste. Zuerst hatte sein Navi begonnen zu spinnen und ihm Straßen vorgeschlagen, die es gar nicht gab. Dann waren sie wie aus dem Nichts aufgetaucht, die beiden Figuren, die aussahen wie Hexen. Oder so Fantasywesen, wie sie heute überall auftauchten, auf Kongressen, auf Fachmessen, vor dem Hauptbahnhof. Jedenfalls war es billiger Plunder, den sie anhatten, leicht brennbare Kleidung, an der man doch immer die Kostümierung erkennt. Auch sie stiegen in sein Auto und wollten gerne aus der Dämmerung raus, wie sie das bezeichneten. Er hatte sie auf ihre Verkleidung angesprochen und dabei an Halloween gedacht, sie aber wirkten eingeschnappt und begannen, ihn erst verbal, dann körperlich zu attackieren. Als sie endlich wieder ausgestiegen waren und quer über den Aldi-Parkplatz vor ihm verschwanden, bemerkte er, dass ihm Blut den Arm hinunterlief. Ein Schnitt in der Oberarmgegend, den er gar nicht wahrgenommen hatte. Er ließ die Sache damals auf sich beruhen, suchte seine Pension auf und vergaß die Geschichte. Immerhin hatte er diesmal keine körperlichen Verletzungen erlitten, erzählte er jetzt etwas freimütig dem Taxifahrer, der abrupt den Wagen stoppte und ihn aufforderte, sofort auszusteigen. Das habe er, würde er später sicher beteuern, nach kurzem Zögern auch wirklich getan. Er habe auch gar nicht mehr auf jene Tiergestalten reagiert, würde er erzählen, die am Rande der Straße schon auf ihn warteten. Zwei Pelzohren waren das Einzige, was er in Erin-

nerung gehabt habe, würde er später fortsetzen. Er habe
gewusst, gleich würden sie sich ihn greifen und mit ihm
machen, was sie wollten. So in etwa , würde er dann ganz
sicherlich es formulieren, später – jetzt aber wurde er erst
mal völlig zerlegt. (Und danach eingenäht in dieses Kos-
tüm, das er bis heute nicht versteht.)

A9 mit A3 mit A7

»Du blutest da«, wiederholte Lisas 4-Jährige. »Wo?« – »Da, am Rücken.« – »Mann, echt! Sieht voll krass aus«, kommentierte Lisas 7-Jähriger etwas verlangsamt, um das Thema erneut fallenzulassen. »Da ist er wieder!« Tatsächlich, erkannte Sylvia Hardt, da war er schon wieder, dieser merkwürdige Golf mit seinem merkwürdigen Kennzeichen, das sie nicht zuordnen konnte, wo sie doch grundsätzlich alle Kennzeichen zuzuordnen in der Lage war, und auch auf dieser Fahrt immer aufs Neue punkten konnte mit Aussagen wie: »GG, das ist Groß-Gerau« oder »AÖ– Altötting!« Immer war der rote Golf vor ihnen, dann war er wieder weg und tauchte dann plötzlich erneut hinter ihnen auf. »Das ist er nicht.« – »Doch!« – »Vielleicht sollten wir ranfahren?«, schlug jetzt Hardts Beifahrer vor, »und ihn einfach mal ein paar Meter gewinnen lassen?« – »Ja, gut, und was, wenn er dann *auch* ranfährt?«, stellte sie die Frage, die man auf Autobahnen niemals zu stellen hatte. Ihr Beifahrer wusste die Antwort natürlich nicht, er wusste nur, dass man sich auf deutschen Autobahnen nicht wiederbegegnen sollte, denn »auf deutschen Autobahnen herrscht Krieg«, hatte auch kürzlich dieser Lkw-Fahrer bekanntgegeben, als man ihn endlich verhaftet hatte. Er hatte zu dem Zeitpunkt bereits 17 Menschen auf dem Gewissen, und heute sahen sie die anderen Kriegsteilnehmer neben sich, vor sich und hinter sich und waren nicht sicher, wie mit ihnen umgehen. Der Lkw-Fahrer, der auf Rastplätzen gestanden hatte und in aller Seelenruhe mit seiner kleinkalibrigen Waffe aus der Fahrerkabine seine Kollegen beschoss, soll nicht mehr unter ihnen sein? Kaum zu glauben! Ach was, ein weiterer braver Angestellter seiner Firma würde sich ohnehin bald finden, ein stiller Amokläufer oder ein Amokläufer auf Raten, in einem einzigen langen Anfall verbleibend, der sie alle mitreißen würde. Über 80-Mal habe der zugeschlagen, bevor man ihn erwischt habe, hatte vorhin Lisas 7-Jähriger zu berichten gewusst. Er war erstaunlich informiert über diese Angelegenheit und versorgte sie schon seit heute Morgen mit immer neuem Material.

Die Festnahme des Lkw-Monsters galt als großer Erfolg der Big-Data-Fahndung, doch: War die Verhaftung eine Erleichterung für ihn, wie jetzt immer gesagt wurde? Für die anderen in jedem Fall. – »Der spinnt doch!« Sylvia Hardt versuchte, sich ein Bild von der Lage mit dem Golf zu machen, »Wie der uns andauernd ausbremst!« Doch wie hatte es kürzlich geheißen: »Lassen Sie sich niemals auf einen Wettkampf auf Deutschlands Straßen ein!« – »Vielleicht sollten wir ranfahren oder so«, versuchte es ihr Beifahrer erneut. »Oder so?«, blaffte sie zurück, als sie an einer weiteren Unfallstelle vorbeikamen. Niemand, war ihr klar, hatte da draußen auch nur die geringste Ahnung, was auf den deutschen Autobahnen wirklich los war. Da halfen all die Kameras nicht, die sie jeden zweiten Kilometer an den Behelfsbrücken oder auf den Masten, einfachem Gestänge, angebracht hatten. Was nahmen die schon auf? Vielleicht waren das ja auch nur Radarfallen, Lkw-Mautkontrollen, Staumesseinrichtungen? Zählten sie die Fahrzeuge, die Insassen? Nahmen die Apparate Daten auf, die sie gar nicht beabsichtigt hatten abzugeben? Z.B. dass Lisas 4-Jährige schon zweimal versucht hatte, ihr die Augen zuzuhalten? Wurde das Fahrverhalten, die physiognomische Veränderung, gar die Ausschüttung von Stresshormonen über Infrarot beobachtet? Gab es irgendwo Wärmekörperbilder von ihnen zu sehen, die deutlich rote Stellen in irgendwelchen Gehirnregionen zeigten, Abweichungen von der Norm, die Aufschluss gaben über zukünftige Amokläufe, Revolten auf der Straße, Massenkarambolagen? Damit es nicht so ende wie am Kirchheimer Kreuz drei Wochen zuvor? Die Spekulationen nahmen kein Ende, klar war, dass Sylvia Hardt mit Recht daran zweifelte, dass irgendjemand all diese Daten *wirklich* auswerten würde. Oder war es nur der alte automatische Abgleichungsprozess: Fahrzeugdaten mit Personendaten, Kaufverhalten mit Fahrverhalten, die zu den üblichen Festnahmen führten? Doch was bedeuteten diese Scheinwerfer, die alle paar Kilometer auftauchten und mit Klappen verschlossen waren? Sprangen die jemals auf und überfluteten einen dann mit Licht in einer Art jüngstem Tag der Autobahn? »Einmal habe ich es erlebt«, hatte Hardts Beifahrer erzählt, »wie ein Fahrer davon erwischt wurde.« Er hatte danach bedeutungsvoll geschwiegen. Hardt wusste schon, dass ihr Beifahrer etwas kauzig sein konnte, zählte er doch auf

dem Streckenabschnitt zwischen Nürnberg und Würz-
burg andauernd auf, wer alles auf deutschen Autobahnen
zu Tode gekommen sei – lauter illustre Namen: Jörg Fau-
ser z.B. sei dort als Fußgänger von einem Lkw überfahren
worden. Aber auch »Büchner, Kleist, Hölderlin mit Sicherheit«, spekulierte er, wären zu Tode gekommen, hätte es
damals schon Autobahnen gegeben. Goethe, Schiller, Les-
sing, eher nein – Karl Philipp Moritz, Jean Paul, unklarer
Sachverhalt. Er war eindeutig ein Literaturfreak, überlegte Hardt, während Lisas 4-Jährige plötzlich einwarf,
ihr sei schlecht, sie müsse *jetzt* kotzen. Sie sagte das so
fröhlich, zumindest fröhlicher als der etwas unsinnige
Kommentar ihres Beifahrers: »Sie meint das sicher nicht
so.« – »Wir können ohnehin nicht anhalten.« Seit Stunden, so kam es ihr vor, nichts als Baustellen, gesperrte
Abfahrten, Engpässe und dahinter nur Wald, deutscher
Wald, der bei steten 120 km/h ein beinahe graphisches
Aussehen annahm. Kaum vorstellbar, dass es noch irgendwo Dörfer geben sollte oder gar Städte. »Da wäre
eben eine Ausfahrt gewesen.« – »Wo?« Ihr Beifahrer
wurde ärgerlich: »Ich meine, was hält dich davon ab, mal
rauszufahren? Dein Tagespensum?« Ihr Tagespensum
war wirklich ein wunder Punkt. Ein Thema, das auch
schon zwischen ihr und ihrem Mann nie zu Ende disku-
tiert worden war. Aber schließlich wollte man doch irgendwann mal ankommen, oder? Es schien aber so, als ob
man im Auto ohnehin nichts mehr vom Ankommen hielt,
was allerdings auch keine Rolle mehr spielte, denn der
Golf war wieder hinter ihnen aufgetaucht, der Golf mit
den Aufklebern, die sie vorhin zu entziffern versuchte.

»Irgendein Nazi-Scheiß mit Sicherheit«, hatte sie geflucht, und ihr Beifahrer hatte nur genickt, »diese Aufkleber haben sie ja mittlerweile alle.« Hoffentlich, so schoss es ihr durch den Kopf, kein Irrer wie jener Fahrer in dem blauen Peugeot kurz vor der Autobahn. Mitten in dieser abgelegenen Waldstrecke hatte der die Warnblinkanlage angestellt, als wollte er sie auf etwas aufmerksam machen. Als er an ihnen vorbeigefahren war, hatte sie für eine Sekunde im Auto nur einen Vermummten gesehen, irgendeinen roten Stoff um den Kopf, der nicht einmal das Gesicht freiließ. Eine unwirkliche Sekunde lang, dann war er schon weg gewesen, und es war nur gut, dass sie auch in diesen Augenblicken nach vorne gucken mussten, denn die Kinder quiekten. Lisas 7-Jähriger meinte, er müsse im Unterschied zu seiner Schwester nun wirklich kotzen, und sie gingen gemeinsam die Dinge durch, die man machen konnte, um nicht *wirklich* zu kotzen.

Um den roten Golf loszuwerden, fädelte sie sich hinter den Lkws auf der rechten Spur ein, aus der sie, so wusste sie, nicht so schnell wieder rauskommen würde. Die Linksfahrer ließen einen einfach nicht mehr rein, vor allem nicht der rote Golf, der sich weiter auf ihrer Höhe hielt. Sie drosselte das Tempo auf solide 80 km/h – das konnte der unmöglich auf der linken Spur durchziehen, denn nichts tat mehr weh als solide 80 km/h auf der Autobahn –, wagte es aber nicht, zu ihm hinüberzusehen. Sie überließ sich lieber der Vorstellung selbsttätig kommunizierender Autos, von denen im Moment so viel die Rede war. Intelligente Autos, die miteinander im Kontakt standen und von vorneherein alle Verkehrsprobleme lösen konnten. Unfallvermeidungautos, Minority-Report-Autos sozusagen. »Vielleicht sind sie längst da, nur wir wissen es nicht.« Hatte ihr Beifahrer gerade überlegt, »eine Geheimsoftware, die alle miteinander verbindet, nur eben mit einem anderen Ziel als dem des flüssigen Verkehrs.« Ja, vielleicht ging es längst um die Eliminierung unerwünschter Subjekte – potentielle Terroristen, wie sie dann offiziell genannt wurden. Vielleicht hatten sich längst Autofirmen und Staaten zusammengetan: Eliminierung durch Straßenverkehr. »Das löst viele Fragen, auch die nach der Übersättigung des Automarktes. Fällt auch nicht so auf, so ein Autounfall, da steckt immer noch menschliches Fehlverhalten drin und muss polizeilich nur in einem gewissen Rahmen überprüft werden – und schon steigt die Nachfrage nach neuem!«, hatte er vor einer Minute noch überlegt, jetzt schwieg er. Die Kinder, eben noch mit ihrem Antikotzprogramm ruhiggestellt, waren hellauf begeistert gewesen von dem Gedanken, dass sie das einzige noch echt fahrende Auto weit und breit sein könnten. »Bis auf den Golf!« – »Bis auf den Golf«, hatte sie ihnen recht gegeben, »dem Nazi-Golf«, hatte der 7-Jährige altklug hinzugefügt.

»Manno, wie lange sind wir schon unterwegs?«, meldeten die Kinder sich nur eine Minute später. Sie fuhren sehr langsam durch ein ziemlich rottes Autobahnteilstück. Spurrillen, Platten, die spürbar waren, fehlende Seitenstreifen, mehr noch, an den Seiten bröckelte die Straße. »Als wir in dieses Auto eingestiegen sind, warst du noch ein klitzekleines Baby!«, zog sie Lisas 7-Jährigen auf. Also sei seine Schwester hier drinnen geboren worden, konterte er geschickt, doch sie ließ diese Frage ganz bewusst im Dunkeln. Konzentrierte sich auf die Schilder mit den Statistiken, die man neuerdings hie und da entlang der Strecke platziert hatte, fand aber nichts darüber, wie sich das Zeitempfinden verändert, wenn ein Kleinkind in einem Auto auch nur dreißig Sekunden lang durchschreit. Hardts Beifahrer versuchte, es fünfzehn Sekunden lang verzweifelt als Singen zu bezeichnen, und gab es dann doch auf: »Wir haben doch ausgemacht, dass die Rückbank nicht wild wird – wird die Rückbank jetzt wild?« Im Radio, das sie kurz vor *jenem* Augenblick aus einer Übersprunghandlung heraus einschaltete, brachten sie immer noch Nachrichten von einem brennenden Bus, der noch unterwegs sein sollte. Er fahre mit 80 km/h auf der A8 Richtung Hofoldinger Kreuz. Ein Bus mit chinesischen Touristen, der im Allgäu gestartet war und weiß Gott wohin fuhr. Da erwachte Lisa und fragte, was das mit dem Radio solle, sie habe doch klipp und klar gesagt, sie wolle nicht, dass ihre Kinder das hörten. Ihre Kinder hörten das nicht, schnauzte Hardts Beifahrer zurück, die seien doch mit Brüllen beschäftigt. Lisa meinte, er solle die Klappe halten, er sei hier nur der Beifahrer und überhaupt, Sylvia Hardt blute. Diese hörte verzweifelt den weiteren Stellungnahmen zu dem brennenden Bus zu – es sei nun der dritte in einer Woche, da müsse endlich was geschehen –, doch wurden ihre Gedanken von einem nervösen BMW-Fahrer unterbrochen, der versuchte, mit Lichthupe den roten Golf, der sich noch immer neben ihnen hielt, aus dem Feld zu drängeln. »Dürfen die das?«, kam die entsetzte Frage von der Rückbank. Hardt sah nervös in den Rückspiegel und klammerte sich

250

instinktiv fester ans Lenkrad. Für einen Augenblick sah sie hinüber zum roten Golf und erschrak.

Was dann passiert war? Sie wusste es nur noch ungefähr: »Du sollst nicht das Fenster herunterkurbeln!«, hatte sie noch geschrien, dann spürte sie den Schlag in den Rücken durch den Aufprall, der ihr an und für sich nicht so heftig vorgekommen war, dachte sie zumindest, als alles zum Stillstand kam. »Staus seien allerorts zu erwarten«, kam es noch aus dem Radio, eine Botschaft aus vergangenen Zeiten, so schien ihr. »Staus, weil die Leute glotzen müssen«, hätte sie normalerweise gesagt und die Bilder von ineinander verkanteten Autos, verbackenem Metall und amorphen Blechmassen kommentiert. Irgendwo ein verbogenes Schild, auf dem stand: »Hünfeld/Schlitz 500 m«, als gäbe es das wirklich. Als gebe es so etwas wie Städte und Dörfer neben der Autobahn, Fußgängerwelten mit Innenräumen und nicht nur vorbeifliegende Landschaftsreste. Sie bemerkte, dass sie gar nicht mehr neben ihrem Auto stand, sondern schon ein paar Schritte gegangen sein musste, sie sah einen Wagen, der innen völlig weiß vor lauter Airbags war. Irgendwo klingelte ein Handy, irgendwer machte sich an einem Gurt zu schaffen, es gab Kratzgeräusche, ein Zerreißen. Das Knallen der Fahrzeuge wurde immer leiser, wanderte sozusagen in die Gegenrichtung.

Sie sah noch einmal zurück. Über mehrere Kilometer konnte sie die ineinander verkeilten Autos wahrnehmen. »Was ist mit der Frau los?«, hörte sie jemandem im Radio sagen, obwohl da gar kein Radio mehr sein konnte, »holt mal diese Frau aus dem Auto!« Und dann bemerkte sie, wie sich die Landschaft langsam auflöste, ganz weit hinten begann es wie ein Grisseln, das ins Flimmern wechselte, Datenschatten, nannte man das wohl, und sie war ganz und gar nicht damit einverstanden.

Heilige Maria der Nonbook-Ecke
(in Flammen)

Maria Föttinger sprach wieder. Es war ja seit dem letzten
Mal jede Menge geschehen. Sie nahm schlafwandlerisch
sämtliche Mythen von Hochhauseinstürzen in ihre Rede
auf, was alles schon an Wundern passiert sei und insofern
zur Hoffnung Anlass gebe. Wie das Haus die Menschen aus
dem Dachgeschoss nach unten mitgenommen habe und
diese überlebt hätten. Wie ein anderes Gebäude sich regelrecht zusammengefaltet habe und eine Person herausgekommen sei, die danach einfach nach Hause gegangen sei.
Wie ein Bürokomplex sich regelrecht pulverisiert habe,
nur die Leute aus dem 23. Stock seien übriggeblieben,
seien dagestanden und hätten es nicht glauben können. Sie
hätten auch nicht gewusst, wie sie später in die Parallel-
straße gekommen seien. Wie eine Reihe von Häusern in
Flammen gestanden habe und Menschen aus ihnen rausgesprungen seien, aus dem 10. Stock rausgesprungen seien
und irgendwie unten angekommen seien, ohne sich nen-
nenswert zu verletzen. Wie Luft sich um andere angesammelt haben musste, als diese Tiefgarage der Shoppingmall
geflutet worden sei und sie wie in einer Luftblase gehockt
hätten, so lange, bis das ganze Wasser wieder abgeflossen

sei. Eine Blase, die sich später niemand erklären habe können. Ähnlich wie jene schützende Hand, fuhr sie fort, die
sich um einen Haufen geschäftstüchtiger Mütter auf dem
Flohmarkt gelegt habe, als dieser plötzliche Sturm in D.
aufgekommen sei, der alles zu Kleinholz verarbeitet habe,
nur diesen einzelnen Stand eben nicht.

Und ja, sie sprach auch wieder von den Wundern des
Wiederauftauchens. Wie beim letzten Mal erwähnte sie
diese Menschen, die in Parkanlagen, in Shoppingmalls
und vor Busstationen wiederaufgetaucht seien, ebenfalls
auf Flughafenparkplätzen oder in Kirchhöfen oder in
Schulen. »Menschen, die schon abgeschrieben worden waren«, einfach verschwunden in zusammenfallenden Struk-
turen, getilgt von unerklärlichen Wetteranomalien.

Denn es seien durchaus Häuser vom Blitzeis betroffen
gewesen, das durch die Gebäude einfach so durchgeschos-
sen sei und alles Lebendige schlagartig begraben habe, nur
die drei Menschen nicht, die sich über ihre Unterlagen auf
dem Konferenztisch gebeugt hätten, um eine Teambesprechung durchzuführen. Da sei das Eis nur an ihnen vorbeigegangen, immer an ihnen vorbei. Auch die Unmenge an
Sand, die plötzlich in das Haus in der Frankfurter Hahn-
straße eingedrungen sei, habe einen Korridor frei gelassen
für zwei Auserwählte, die so entkommen seien. Die heilige
Maria aus der Nonbook-Ecke war nicht zu bremsen. Und
tatsächlich hatte sich um sie eine Fangemeinde gebildet,
die von dem Grüppchen, das tatsächlich noch den Ausstieg
aus dem ganzen Schutt gefunden hatte, hören wollte. Ret-
tung auf ganzer Linie auch im Hochhaustrakt des Hotel-
komplexes in Crystal City! Plötzlich seien Hausteile einge-

sackt und hätten einen Tunnel frei gelassen, durch den letztlich nur ein Einzelner von immerhin 1400 Konferenzteilnehmern entkommen sei. Er sei heute hier mitten unter ihnen! Maria Föttinger fuhr allerdings gleich fort, von weiteren Wundern zu berichten. Sie würde niemals von denen erzählen, die nichts überlebt hätten. Dabei ging es ja auch weniger um Hurricanes, Wirbelstürme, Tsunamis und Erdbeben. Sie würde niemals erzählen von denen, die hängen geblieben seien, aufgehalten, verhindert wurden. »Gewöhnlicherweise sinken die Toten im Meer ab, und es sieht so aus, als würden sie über den Meeresboden krabbeln. Sie schaben am Boden entlang, und langsam wird ihnen die Haut abgezogen.« Das schilderte sie jetzt aus gutem Grund nicht, denn man solle sich das besser nicht vorstellen: Eine ganze Armee über den Boden Krabbelnder, eine Hundertschar, Tausende vielleicht, das könne man nicht genau beziffern. Sie sammelten sich direkt unter der Schicht an Plastikmüll, der sich unten angesammelt hat und sie unsichtbar werden lasse für die Taucher, die die Lage sondieren. Maria Föttinger wusste allerdings, es sah nur so nach Bewegung aus. Im Raum war es still geworden, für einen Augenblick wirkte es so, als würde sie aufhören zu sprechen. Aber es würde später nachweislich keinen Zeitpunkt gegeben haben, an dem sie es unterlassen hatte, von Wundern zu sprechen, von den Notgelandeten und der Blechlawine Entkommenen, von den um ein Haar Überlebt-Habenden, den zufällig in der Lawine Gesichteten, von dem Eishöhlenwunder und den Waldbrandkindern, von der Meteoriten-Verschonten, den unfreiwilligen Allspaziergängern und der Frau in der brennenden Themse.

Erste Zeichen

Man könne von Polarlichtern ausgehen, die sich verselbständigt hätten, eine singuläre Erscheinung am norddeutschen Himmel, ein Ausnahmeereignis, das sich leider so schnell nicht wiederholen werde. Die Anomalie zeige keineswegs an, dass die Zeit aus den Fugen sei, nicht einmal das Klima. Die Wärmepumpe im Atlantik, die chaotischen Wetterkonstellationen in der Arktis, der freeze down am Balkan habe nichts mit dem ewigen Klimawandel zu tun, der plötzlich Nordlichter nach Süden schob, Wolkendecken versiegelte und Sturmböen mit sich brachte. Tornados in Deutschland, Windhosen, die alles mit sich nahmen, bizarre Blitzeisformationen. Wetterunsicherheit, so nannten es die Meteorologen neuerdings, die keine Prognosen mehr wagen wollten. Das Vorhersagegeschäft kam trotzdem nicht zum Erliegen. Von den Umsätzen konnten andere Branchen nur träumen. Es gebe sichere Orte in der Schweiz, wussten alle. Der Lindenhof in Zürich war bekannt für seine Tauglichkeit des Überstehens, im Engadin sollten einzelne Landflecken sein, die übrig bleiben würden, auch hinter Basel gab es diese eine Stelle, an die man sich rasch gewöhnen sollte. Einige taten dies.

Endlager

»Salz fließt, hat Ihnen das schon mal jemand gesagt? –
Na, dann wird es aber langsam Zeit. Als Geologe stehe ich
am Bahnhof von Staßfurt und sage Ihnen heute und hier,
dass Salz fließt. Diese anhaltinische Stadt hat das zur Genüge bewiesen. Sie ist sozusagen ein Denkmal des Salzflus-
ses.« Es waren nicht viele gekommen, die Stefan Kovac
zuhörten, umso mehr war er entschlossen, sein Publikum
mitzunehmen. Er wollte seine Botschaft endlich an den
Mann bringen: »Kommt Wasser hinzu, hast du viel Freude
als Geologe, aber auch ohne Wasser sollte jedermann klar
sein, dass Salz fließt, so grundsätzlich. Das macht es ganz
von alleine, und unter unseren Füßen ist es auch heute wieder unterwegs.« Sie hörten ihm nicht zu, das war klar. Sie
waren mit anderem beschäftigt. »Wir sprechen dabei über
gewaltige Zeiträume, die einen nachdenklich machen sollten. Hier oben ist der Riss zu sehen, den der Salzfluss in der
Stadt verursacht hat. Die Schneise der Zerstörung mitten
durch die Häuserreihen. Ausgelöst durch Unterspülung,
fehlenden Versatz und zu schnellen Abbau. Bergbautech-
nisch gesehen. Man hat die Schächte nicht ordentlich ver-
füllt, und dann ist Wasser eingedrungen, aber das hat man

Ihnen ja bereits gesagt.« Stefan Kovac wusste, dass er hier auf jede Menge Unverständnis traf, aber es war ihm egal: »Keine Sorge, ich weiß, Ihre Zeit ist kostbar. Sie haben schon den Betriebswirt reden hören und danach den Bergbauingenieur, und jetzt kommt auch noch so ein Geologe, wo doch klar ist, Geologen hört man grundsätzlich nicht zu.« Er stoppte. Die Betriebswirte konnten denen das Blaue vom Himmel erzählen mit ihren Zahlen und Wachstumsprognosen. Bergbauingenieure mussten für niemanden glaubwürdig sein, es genügte einfach, dass sie fancy waren, mal was anderes, Bergbauingenieure kamen immer direkt aus irgendeiner Industrieromantik heraus, während Geologen stets nach langweiliger Information rochen, nach Pädagogik und Schulzeit. Aber sein Publikum dachte auch, Kaliminen seien was Vergangenes, genauso wie alle anderen Formen des Bergbaus in Mitteleuropa, und insofern nicht mehr existent. Er konnte es sich genau ausmalen, so einen Kalibergbau würden die nicht einmal erkennen, selbst wenn man sie mit einem ICE herumfahren würde, was man bis vor kurzem auch getan hatte. Vor Fulda beispielsweise, aber da blickten die dann aus ihren Zugfenstern und besprachen die Abraumhalde, als wäre sie vom Mond gefallen.

Sie waren vom Ökonomen Zusammengetrommelte, ein Grüppchen Investitionswilliger, die hier fette Rendite witterten, und das in Zeiten, in denen es keine fetten Renditen mehr gab, sich auf einer Butterfahrt der ungeahnten ökonomischen Möglichkeiten in Zeiten ohne jegliche Möglichkeiten wähnten. Sie waren auch kaum vom Betriebswirt wegzubekommen, klebten regelrecht an ihm. Ihm war klar, solche Leute saßen normalerweise hinter ICE-Fenstern und starrten auf ihre Notebookbildschirme und iPads. Sie führten Kalkulationen durch – nicht die richtigen – und sahen auf Excel-Tabellen – nicht die richtigen. Sie wussten gar nicht, dass sie durch Landschaften fuhren, strenggenommen, sie waren unterwegs zu einem Meeting und bereiteten sich vor. Und doch, der Finanzexperte hatte sie hierherverfrachtet. Er muss ihnen irgendetwas erzählt haben, denn normalerweise, so überlegte Kovac, stemmten sie sich bei solchen Informationen nur tiefer in ihre Flugzeugsessel und betrachteten alles strikt von einem oberirdischen Standpunkt. Und nun standen sie da, ein Grüppchen von ungefähr 20 Leuten, und hörten ihm gezwungenermaßen zu, da der Betriebswirt offensichtlich fertig war mit seiner Ansage und der Bergbauingenieur auch nichts mehr äußern wollte. Quasi aus Höflichkeit. Sie sagten ihm nicht: »Mein Mitarbeiter hat sich bereits ein Bild von dem Standort gemacht.« Oder: »Wir haben dafür unsere Fachreferenten.« Als wäre das hier plötzlich zu wichtig, als müssten sie sich diesmal in dieser gottverlassenen Provinz selbst überzeugen. Sie wollten es wirklich wissen. Sie wollten sich ein Bild machen.

Und er hatte ihnen auch ein Bild geboten, das sie erst einmal verdauen mussten, er hatte ihnen einfach nur die Stadt gezeigt und war nun unterwegs zu den aktuellen Brüchen. Von dem alten zerstörten Zentrum von Staßfurt, das im Prinzip wie eine renaturierte Verkehrsinsel aussah – ein lausiger Netto, wo einst ein richtiger Straßenname für Recht und Ordnung gesorgt hatte –, sollte es zu den Brennnesselfeldern im Norden gehen. Die paar Bahnhofsalkis, die es aus unerfindlichen Gründen hierher verschlagen hat – vermutlich weil es die Bahnhofskneipe nicht mehr gab –, zogen sich schon zurück, als ahnten sie Schlimmes. Misstrauisch sahen sie ihm zu, wie er vor diesen Leuten stand und redete.

Was für ein Wahnsinn es sei, radioaktiven Abfall in einem Salzstock unterzubringen, darüber hatte er sie schon im Vorfeld in Kenntnis gesetzt. »Wassereinbrüche sind zu erwarten – und dann? Mit Robotern können Sie freilich nach unten gehen oder mit Ihren kleinen Mondfahrzeugen. Oder wer, glauben Sie, fischt Ihnen dann die Tonnen aus der Salzlake?« Sie hatten ihm natürlich nicht geglaubt und starrten ihn irritiert an – das hatten sie nicht erwartet –, nickten dann vage, wie solche Leute immer erst einmal nickten, obwohl sie dachten, sie hörten einem Mann mit Tschernobylsyndrom zu, jemandem aus dem Tschernobylzirkus, der ihnen die ganze Tour vermasselte, nachdem er den Ökonom weggeschickt und den Bergbauingenieur zum Verschwinden gebracht hatte, oder warum war der am Ende verschwunden?

Wahrlich, vorbei waren die Zeiten, in denen sie zu dritt durch die Wälder streifen konnten. Der Ökonom, der Bergbauingenieur und der Geologe, beinahe wie in einem russischen Problemfilm, auf der Suche nach dem Standort des Unendlichen, den er seinem Publikum ein für alle Mal zeigen würde: Das Holz knackte, man hörte alleine das Atmen der Gesandten, ein paar Vögel flogen auf, und ein paar wenige Worte wurden gewechselt, die Anlass zu einer philosophischen Debatte boten. Und plötzlich stand es da, das Werk, d. h. das Werksgelände, das Zwischenlager der Stilllegungszone, der Ort, aus dem man möglicherweise noch etwas rausholen könnte. Ein Ort, für den es noch Abnehmer geben würde, wie seine Gäste spekulierten. Im russischen Film hätte man die unzureichende Sicherung der Gefahrenquellen längst besprochen, hier taxierte man nur kurz die Risiken, als wären sie unkonkret und weithergeholt, weil man sie ja nicht ausbaden würde müssen, »dafür hat man ja sein Expertenteam«. Aber das Expertenteam hatte sich verflüchtigt, es war davongeflogen, nicht einmal, weil man es für unfinanzierbar hielt. Zu viel Irreales war ihnen wohl untergekommen in den letzten Jahren. Zu viel Investitionsfiktion. Sie wollten Reelles. Reelles und doch Renditeträchtiges.

Es würde Kovacs Publikum schwerfallen mitzukommen, durch die Brennnesselfelder zu stapfen, die Hand vor den Augen als Schutz gegen die gleißende Sonne. Die Wildnis eroberte sich hier längst ihr Terrain zurück, nur ein paar verkrüppelte Obstbäume erzählten noch eine müde Geschichte von ehemaliger Landwirtschaft, Böschungen, die wie mit dem Lineal gezogen von einem Gestrüppwäldchen überwuchert waren. Kovacs Publikum war immer nur den Anblick von Rapsfeldern und Windrädern gewohnt und machte erwartungsgemäß saure Gesichter. »Warten Sie nur, bis wir am eigentlichen Schauplatz sind«, versuchte er ihnen noch einmal einen Vorgeschmack zu bieten, auch wenn er wusste, der eigentliche Schauplatz würde sie erst richtig nervös machen. Sie dachten ja immer noch, es han-

delte sich um einen Spaziergang in die deutsche Industrie-
geschichte mit unerwartet lukrativer Zukunft.

»Sie haben recht, lange Zeit waren Bergstürze auch in
Staßfurth nur eine Angelegenheit des Denkmalamtes«,
wandte sich Stefan Kovac erneut an den einzigen Kerl,
der ihn hin und wieder etwas fragte. Ein langer dünner
Lulatsch, von irgendeinem Pensionsfonds ausgesandt, irgendwelche Renditemöglichkeiten heranzukarren. Ansonsten hatte Kovac das Gefühl, mit sich alleine zu sprechen.
»Aber nicht einmal der ansonsten so eingefleischte Kali-
tourismus schafft es hierher.« Vieles konnte er seinem Pensionsfondsmann auch nicht erzählen, weil er es schlicht
selbst noch nicht so genau wusste. Aber immerhin war dieser Typ, obzwar wie die anderen händeringend nach loh-
nenden Investments suchend, als Einziger von allen mit
der der Situation angemessenen Nervosität ausgestattet.
»Wir sprechen hier immerhin von Realwirtschaft«, hatte er
es eben noch mal etwas lasch versucht, sich die Lage schön-
zureden, als wüsste er es noch nicht, was Realwirtschaft in
diesem Land noch heißen konnte: Während oberirdisch
Lastwagen quer durch das Land weg von den Produktions-
stätten hin zu irgendwelchen Zwischenlagern rollten, rollten unterirdisch die Fässer in der Salzlake in die Gegenrichtung. Das, und nicht seine Pensionsfonds, war die
einzige wirkliche Bewegung, die noch durch Deutschland
ging. Er ließ ihm ein letztes Mal die 100 000 Jahre auf der
Zunge zergehen, die das Ganze brauchen würde, bis es ab-
gebaut wäre, wissend, sein Publikum auf dem Weg zur An-
höhe bereits mehrfach enttäuscht zu haben, weil man im
Grunde nichts als Landschaft sehen konnte, d. h. wüste

postindustrielle naturhafte Gegend: »Nein, atomare Strah-
lung hatte noch niemals gelbgrüne Färbung, etwas Polar-
lichterndes – das muss also etwas anderes sein.« Sie waren
davon ausgegangen, hier ein Zukunftsszenario zu sehen,
eine Möglichkeit wahrzunehmen, eine Umsetzung zu
entwickeln, und trafen nur auf lange Vergangenheiten, in-
existente Gebäudereste. »Das ist alles?« – »Die ganze
Grube hat sich vertschüsst, na und?« – »Und was machen
wir hier?« Während sie redeten, sah sich Kovac bestätigt:
Salz fließt.

Er kannte allerdings ihre nächsten Fragen noch nicht:
»Fliegen bald alle Vögel auf, wie man das aus den einschlä-
gigen Filmen kennt?«, sowie: »Was ist es, das die Tiere aus
dem Wald getrieben hat?« Er verstand erst nicht, wunderte
sich dann, konnte ihnen aber schon nur noch schlecht antworten, weil sie durch den Brennnesselbestand, über die
Wurzeln und das ganze faulige Laub instinktiv um ihr Leben zu laufen begonnen hatten, immer weiter. Sie hatten
ihr Ziel also erreicht. Schneller als gedacht. Ein Ziel, an
dem sie einmal nicht die Zeit vorantreiben wollen würden,
sondern um jeden Preis zurückdrehen. Es würden ihnen
dabei seine letzten Worte im Kopf herumgehen, die vom
Geschmack in seinem Mund handeln würden – gleich, jeden Moment –, dass er so sauer, nein salzig, so verdammt
salzig sei, und wie er würden sie sich plötzlich fragen, was
mit ihrem Geschmack jetzt so los sei. »Salz fließt«, könnte
er dann noch einmal wiederholen, aber er ließ dann doch
seinem Pensionsfondsmann das letzte Wort: »Ich spüre die
Zähne schon nicht mehr.«

Nächsten Montag (Preppers)

Wann sie angefangen hatten, Plan B zu verfolgen, kann Habibe Süsem rückblickend nicht mehr sagen. Es hatten sich so Ideen eingeschlichen. Freunde erzählten das, Kollegen, Eltern und sogar der Kioskbesitzer. Alle schienen es irgendwie zu machen. Aber das kam erst viel später raus. Sie selbst hatten vielleicht mit der Liste begonnen, die sie sich ja nicht ausgedacht hatten, sondern die vom Bundesministerium für Bevölkerungsschutz ausgegeben worden war. Eine Liste, auf der Streichhölzer, Batterien, Lampen, Thunfischdosen, Wasserkanister gleichermaßen verzeichnet waren. Und Reis, jede Menge Reis. Sie selbst hatten bisher den Bargeldvorrat immer konstant gehalten, schon vor Jahren etwas Gold gekauft und Wodka eingelagert, obwohl Habibe Süsem den selbst gar nicht so gerne trank. Auch den Reis aß sie nicht gerne, und den Thunfisch, aber das gehörte eben dazu, sagte ihr Lebensgefährte. Jedenfalls hatte sie ihren Keller plötzlich kennengelernt, der früher nur ein Sammelsurium an Altmobiliar enthalten hatte, und nun Sinn machen musste, wie Flo das ausdrückte. »Wir sind vorbereitet«, zu dieser Aussage wollten sie endlich kommen, aber sie kamen dort natürlich niemals an. Wie bei allen anderen mussten auch bei ihnen immer gewisse Dinge noch erledigt werden. Sie hatten beispielsweise sicherheitshalber alles versiegelt wegen der Ratten, aber dann hatten sie doch noch irgendetwas vergessen. Sie hatten jede Menge Plastikbehältnisse gekauft und angefüllt. Werkzeuge, Material für Stromerzeugung, solarbetriebene Radios. Irgendwann, eigentlich ziemlich bald, begannen sie, über die anderen Hausbewohner nachzudenken. Im Fall des Falles wussten die nun, dass sie vorbereitet wären, und würden sich über ihre Vorräte hermachen, wenn ihnen die eigenen ausgingen. Das musste man irgendwie auf dem Schirm haben. Aber sich deswegen Waffen zuzulegen, so Habibe, das könne doch nicht sein. Sich deswegen wiederum keine Waffen zuzulegen, sei genauso bescheuert, meinte ihr Lebensgefährte, der die Zeichen der Zeit zu lesen wusste. Man würde jedenfalls stärkere Geschütze auffahren müssen oder sich dann schnell mobil machen. Hier in der Stadt habe man letztendlich ohnehin keine Chance. Es sah ganz nach einer Patt-Situation aus.

Bei Habibe Süsem und ihrem Lebensgefährten blieben insofern mindestens die Landkartenüberlegungen am abendlichen Tisch präsent. Wohin man auf Dauer könnte, und wie man dort hinkomme. Und dann, ja: Sie brauchten Komplizen, das verstand sich von selbst. Leute, die sofort verstünden. Foren im Netz gab es doch zuhauf. D. h. es gab Treffen in der ganzen Stadt. Dort sollte sich eine Gesellschaft der Überlebenden in spe abzeichnen. Tat es aber nicht. Die Leute verharrten in ihren Empfindlichkeiten. Eitelkeiten machten die Runde, wahnhafte Ideen. Nichts für Florian Meier und Habibe Süsem, die einfach nur überleben wollten, wie sie sagten. Nicht mehr und nicht weniger. Auch wollten sie eigentlich keine Community gründen, an keinem Siedlerprogramm teilnehmen, sondern einfach nur in der Lage sein durchzuhalten, am besten mit ihren Leuten und nicht mit diesen Fressen, die sich ihnen hier boten. Rechthaber allesamt. Auch hielten sie die grundsätzlichen Meinungsverschiedenheiten nicht aus. Die ganze Waffendiskussion kam immer wieder auf und wurde sehr unterschiedlich behandelt. Diesbezüglich sollte als Allererstes Einigkeit bestehen, fanden sie. Sie, so hielt man hingegen ihnen vor, würden ja nicht über den Punkt des erstmaligen Überlebens hinausdenken wollen. – Aber wie denn auch, wenn der nicht einmal als gesichert gelten konnte.

Es entging ihnen nicht, dass sich in den folgenden Wochen ihr Mietshauskeller insgesamt veränderte. So manch einer musste nun doch erkannt haben, wie wichtig Wasser beispielsweise war. So manch einer wollte doch etwas zu essen haben, wenn es so weit wäre. Sie sahen die Dosen in den Nachbarkellern, die Nudelpackungen, die Reinigungs- und Desinfektionsmittel. Das Vertrauen in die öffentliche Vorsorge war also dahin. Die kommende Gesellschaft blieb allerdings der blinde Fleck, der auch hier herumgereicht wurde. Irgendwann würden die Vorräte aufgebraucht sein. Alle schienen nur so weit vorzusorgen, bis die anderen Mitmenschen gestorben sein würden und sie dann übernehmen könnten. Aber was war das dann? Würde es so sein, wie man es aus Filmen kannte: Spaziergänge alleine durch die Straßen, eine entleerte Stadt, durch die noch etwas wie

Natur schießt und dann plötzlich etwas Feindliches, was einen aus der Stadt hinaustreibt? In den Filmen gingen sie dann alle aufs Land und fingen im Dörflichen wieder von vorne an, mit ihresgleichen, die noch zu finden wären. Doch was, wenn alle überlebten? Das war natürlich eine schreckliche Vorstellung, die niemand recht teilen wollte. Wozu dann das Ganze? Insofern wurde erst einmal nur die Campingausrüstung aufgestockt. Es wurden gewisse Messer und Werkzeuge gekauft. Das Überlebensbuch wanderte ins Regal und wieder zurück in die Hände und wieder zurück ins Regal. Ein zweites mit Kampftechniken kam in die Box. Sie überlegten, gewisse Selbstverteidigungskurse zu belegen, und stellten sich gleichzeitig dem Gedanken, wer mit ins Boot durfte und wer draußen bleiben musste von ihren Freunden. Schließlich konnte nicht ihr ganzes Umfeld mit, aber irgendjemanden wollte man doch dabei haben. Sie begannen schon mal vorsichtig mit dem Aussortieren.

Es war eine Art Fahrstuhlgeräusch, das sie dabei andauernd begleitete, entdeckte Süsem eines Tages. Sie würden sich wundern, hörte sie in diesem Fahrstuhl, wer alles rund um sie die Apokalypse wolle. Sie würde sich wundern, hörte sie, während sie weiter nach unten fuhr in ihren imaginären Bunker, dass gar nicht so viele Gegenmaßnahmen bereitstünden. Zudem gebe es heute doch immer weniger Erdteile, die in Frage kämen. – »Für was?«, fragte Habibe in die Dunkelheit hinein – »Für den Rückzug!« Sie landeten punktgenau im Keller ihrer Vorstellungen. Flo beharrte nur stur: »Quatsch, Plan B geht weiter.« Plan A war ja die Annahme, dass alles so weiterlief wie bisher. Er war längst ein Nebengleis geworden, das man nur aus Gewohnheit weiterbenutzte. Aber auch Plan B war eine fixe Vorstellung. »Man müsste sich einfrieren!«, rief Habibe aus, als hätte sie endlich die Lösung gefunden. »Ja, das ist es!« Das wäre der wahre Plan B! Man müsste sich einfach in fünfzig Jahren, wenn das alles hier vorüber sein würde, wieder auftauen lassen und dann hinausblicken auf die neu entstandene Landschaft. Das machten wirklich nur wenige Leute. Hmm, sagte Flo, er wäre im Grunde sofort bereit, sich einfrieren zu lassen, wenn das Prozedere gesichert sei, aber das sei es eben nicht. Doch Habibe wollte nicht mehr warten. Sie hatte ihre Lösung gefunden, die ihr in den verbleibenden Tagen (bis zum Montag) zumindest etwas Ruhe verschaffte.

Devotionalien

Immer wieder fand er ein Fitzelchen, kleine Bestand-
teile, Technikkram, Fetzen, Müll, den Jens Döring der Maschine zumindest zurechnete. »Wer weiß«, sagte er sich
eines Morgens, »vielleicht bilde ich mir ja nur ein, dass dies
und das zu einem Flugzeug gehört, und in Wirklichkeit
handelt es sich längst um etwas ganz anderes.« Sie waren
hier runtergekommen, hieß es ganz allgemein, vor über
fünfzehn Jahren hier heruntergekommen, das war schon
eine Weile her. Und doch schien bis heute noch nicht alles
angekommen zu sein von da oben. Nur der Devotionalien-
handel, den es hier über Jahre gegeben hatte, löste sich
schon seit einiger Zeit auf. Niemand verdiente mehr groß
an den Handyteilen, Flugzeugsitzresten, Emblemen, technischen Bruchstücken, den Zettelchen und Reiseuten-
silien. Mittlerweile legte auch er die Gegenstände wieder
zurück an den Ort, an dem er sie gefunden hatte. Drachenschätze, hatten seine Kinder früher gesagt: »Das sind unsere Drachenschätze.« Es war immer wieder betont worden, dass so was in viele Himmelsrichtungen gehen könne.
Die Maschine komme nicht einfach runter, sie verwehe
sozusagen über einem immens großen Gebiet. Manches

bleibe tagelang in der Luft, als würde die Schwerkraft einen Moment lang aussetzen, bzw. partiell ausgesetzt haben, und heute erschien es ihm, dass es bei manchen Sachen wohl Jahre dauerte, bis sie den Boden erreichten, denn immer wieder tauchte an manchen Stellen etwas auf, das am Vortag da sicher noch nicht gelegen hatte. Seine Frau meinte, das komme von unten hoch, das habe was mit Wetter, wilden Tieren oder Magnetismus zu tun. Sie wüssten es eben beide nicht, gab er ihr diplomatisch zur Antwort, »man wundert sich nur«. Ja, wenn wieder etwas erschien, praktisch aus dem Nichts, eine Nachricht des Himmels in Form eines Kugelschreibers, eines Handyakkus oder eines Zettels, wunderte man sich nur. Manches blieb auch unbegreiflicherweise jahrelang erhalten. Computerausdrucke mit noch lesbarer Schrift, die Auskunft über ein Geschäftsessen gaben, eine Joint-Venture-Planung Anfang der zehner Jahre oder eine kryptische Softwareumstellung, die wie Botschaften aus einem anderen Universum erschienen und die den Kindern immer wieder als Orakel gedient hatten. Sie hatten darin Informationen über geheime Regierungen gelesen, unentdeckte Länder, verbotene Zonen – was Kinder eben so lesen. Manchmal war ein Tastaturteil dabei, eine Platine, manchmal der Fetzen eines Kleidungsstücks. Wenn er heute durch das Gebiet ging und noch etwas sah, rührte es ihn seltsam an. Er hatte es eine ganze Weile vergessen gehabt. Er hatte nicht mehr daran denken wollen, gerade als die Lage sich erschwert hatte und die Kinder weggingen. Ja, die Fundstücke von dem da oben waren Relikte aus jener Zeit geworden, über die er lange nicht mehr nachdenken wollte, so formulierte er es für sich, »weil, was vorbei ist, ist vorbei und nicht wieder zurückzuholen«. Und nein, er konnte aus ihnen unmöglich die Maschine wieder zusammensetzen, wie das manche lachend behaupteten: »Ihr habt ja das ganze Flugzeug bereits in der Garage, was willst du mehr?« Bis heute verstand er nicht ganz, warum dies niemand gemacht hatte. Also warum niemand diese Teile des Flugzeugs zusammenhaben wollte, schließlich hätte darüber doch jede Menge Trauerarbeit geleistet werden können. Aber die von der Behörde kamen schon lange nicht mehr, nach den anfänglichen Suchen nach Überlebenden – nein, den Toten und Body Parts, passierte nichts mehr. Die Black Box war gefunden worden, und auch wenn sie keinen wirklichen Aufschluss über den ganzen Vorgang gegeben hatte, war der Fall abgeschlossen.

Er hatte auch lange alles andere als zurückschauen wollen, im Grunde hatte er immer nur nach vorne geblickt, er hatte der Familie ein halbwegs normales Leben bieten wollen. Und doch war es ihm jetzt möglich, eine gewisse Sehnsucht nach jenen Tagen zu empfinden, was an den Kindern liegen musste, die sich manchmal aus der Ferne meldeten und sagten, dass sie es nicht gut fänden, dass ihre Eltern immer noch da wohnten und er immer noch da seine Spaziergänge durch das Gebiet unternahm. Es sei nicht ungefährlich, fügten sie hinzu, und er fragte regelmäßig, wieso, aber bekam keine zufriedenstellende Antwort. Er hatte ihre Tätigkeit des Sammelns übernommen, an die sie sich so gar nicht mehr erinnern wollten. Sie waren keine Sammler mehr. Sie nutzten nur das, was sie unmittelbar brauchten, den Rest ließen sie liegen, behaupteten sie. Alle waren sie sicherlich unterwegs, ergiebigere Geschäftsfelder aufzureißen, aber von Flugzeugen verstehen sie nichts mehr, sagte er zu seiner Frau. Sie wiederum schien nichts mehr davon verstehen zu wollen, dabei hatte der Himmel noch nicht ganz aufgehört, Botschaften freizugeben. Die Maschine war wahrlich noch nicht zu Ende abgestürzt. »Quatsch, nichts mehr ist von ihr da oben«, unterbrach ihn Helma, »gib es auf, sie ist zu Ende abgestürzt. Das kommt von woanders her.« Sie hielt nicht viel von seinen Streifzügen, glaubte auch nicht daran, wenn er etwas von einem Teil einer Sitzgarnitur erzählte, die er noch nie in dieser Gegend gesehen hatte, oder von der zweiten Black Box, die ihnen Aufschluss geben könnte über den Absturz. »Die zweite Black Box ist für uns«, sagte er, ein Satz, den sie einfach nicht akzeptieren wollte. »Welche Information erwartest du dir von ihr?« Er schwieg enttäuscht. Vielleicht irgendeine Erklärung, irgendeinen Aufschluss darüber, was in dieser Region mit ihnen passiert war? – Etwas, das sich nicht so leicht vertuschen lässt wie der Inhalt der ersten Black Box, die anscheinend immer nur von einem technischen Versagen zeugte oder einem menschlichen Problem! Ach, was wisse er.

Er erinnerte sich noch genau, wie er anfangs über den Gedenkstein gestolpert war. »Ach, hier war das gewesen!« Natürlich hatte es ihn einen Augenblick lang erwischt, also die Unheimlichkeit hatte ihn erwischt, aber dann hatte er einiges von dem, was hier seit Jahren los war, nach und nach zu verstehen begonnen. Welche Umwege genommen wurden und überhaupt: Warum hier alle weg wollten. Auch seine Kinder waren sofort ausgezogen, als es möglich war. Dass immer neue Sachen auftauchten, hatte das Ganze freilich nicht unkomplizierter gemacht. Seine Frau hatte bald nicht mehr so einfach rauskönnen – verständlich, dass sie ein wenig neidisch auf seine Funde war, ja nahezu eifersüchtig. Immer sagte sie nur: »Bring doch mal frisches Obst mit statt diesen Blödsinn.« Freilich, frisches Obst würden sie so schnell nicht sehen, dafür kamen heute ganz andere Dinge zum Vorschein, von denen er ihr besser nichts erzählte. Es würde sie schließlich nur beunruhigen, wenn er ihr von der Piste erzählen würde, d. h. den Resten der alten Piste, die er erst kürzlich gefunden hatte, und die Hinweis darauf gab, dass das hier mal ein ganz anderer Ort gewesen war. Etwas, das man ihnen wohlweislich vorenthalten hatte. Er hatte es an alten Betonteilen bemerkt, die nach einem Unwetter freigewaschen worden waren.

»Gerd hat ein Problem mit der Erinnerung«, hörte er an jenem Tag Helma zu seinen Kindern am Telefon sagen, »er erinnert sich nicht mehr richtig. Was soll ich nur machen?« Sie erzählte Dinge, die er gar nicht gesagt hatte, aber so erfuhr er zumindest etwas mehr über den Flughafen, den es hier einmal gegeben haben solle und dessen Reste man erst kürzlich entdeckt habe. Ein bisschen westlich von hier, aber die Reste der Landebahn könne man schon sehen. Die alten Gastanks weiter nördlich passten auch dazu, und auch die einzelnen Metallschrottteile, die sie immer noch fanden. Das komme jetzt alles von unten hoch, hörte er im Nebenzimmer noch mal ihre These – »und jetzt weiß ich nicht, was wir machen sollen«. Es war alles in allem ganz einfach, er folgte dieser Spur. Die Terminals tauchten nach und nach auf, die Gates und Rollbahnen, sie kamen quasi von unten hoch, wie Helma immer richtig vermutet hatte. Die Welt setzte sich wieder zusammen, das war doch nicht das Schlechteste. Und: Zeigten nicht auch die Nachbarn immer mal wieder auf einen Hügel, einen Waldrand? Man müsse mal nachforschen, ob es in der Region mal einen Militärflughafen gegeben habe oder einen Billigflughafen, begrüßte er sie, und sie schraken zurück. Hatte sie nicht auch sofort das Bild vor Augen, wie hier Menschen am Gate standen und ihren Kram bei der Gepäckrückgabe abholten? Neulich hatte er sie sogar dabei beobachtet, wie sie auf eine Stelle im Gehölz deuteten, als würden sie sagen: »Hier war die Gepäckrückgabe und dort drüben der Check-in!«, aber ihm gegenüber leugneten sie es dann natürlich.

»So weit kommt es noch!«, begann er dann doch seiner Frau abends freimütig zu erzählen, »und man darf davon ausgehen, dass es hier einmal Luftkreuze gegeben hat und Billigflieger, die in jedes Land flogen, in beinahe jedes.« Ja, die Welt setzte sich wieder zusammen, war er sich sicher. Die halbe Bevölkerung sei unterwegs gewesen, habe er einmal gelesen, oft seien 200 000 Deutsche gleichzeitig in der Luft gewesen, und der Rest habe angestanden, auf den Check-in gewartet. Und Rollbänder, wohin man sah, quer durch die Städte, die im Grunde reine Einkaufsstädte gewesen seien, durch die man sich nicht zu Fuß bewegen musste, weil es ja immer Rollbänder zum Gehen gab, für

274

die Koffer, für die Kinderwagen. Die Kinder seien damals schon frühmorgens auf den Spielplatzhügel am Rande der Stadt gelaufen und hätten ihr tägliches Luftfahrtgesellschaftsrätsel durchgeführt, und nicht nur das: Es habe Besprechungsräume in den Trakten der Flughäfen gegeben, in denen seien ganze Regierungen beschlossen und wieder abgesetzt worden. Dort hätten sie alle gesessen, die Vorstandsvorsitzenden, die Berater und Regierungsmitglieder. »So war das Leben hier!« Businessfrauen seien hier drüben vorbeigegangen, den Blick andauernd auf ihre Smartphones gerichtet, und Männer hätten iPads in den Händen gehalten, die sie niemals sinken ließen, niemals! Man habe, überlegte er sich, gelebt auf diesen Flughäfen und sei sich permanent in irgendwelchen Ankunftshallen begegnet. Man habe sich in Kaffeebars verabredet und hauptsächlich Headhunting betrieben. Sie erzählten ja heute noch von dem phantastischen Essen an Flughäfen für Veganer, gluten- oder lactosefrei, ohne Fructose und mit Sprossen – es sei aber alles mordsanonym abgegangen, keiner hätte Informationen über andere weitergegeben. Das hätten schon die Computer gemacht, die aber gleichzeitig über Nacht neue Shoppingwelten in diesen Flughäfen entstehen ließen. Ja, die Möglichkeiten des Einkaufs hätten ständig zugenommen, und irgendwann habe es aber dann mit einem Mal diese letzten Gipfelgespräche gegeben – da hatte man schon einen Teil des Großflughafens abgesperrt gehabt, der damals halb Deutschland bedeckt habe, und auf dessen Grund und Boden auch sie gerade hier stünden, murmelte er, als er die Verwirrung seiner Frau bemerkte. Er zog sich zurück.

Es war nicht fair von ihm, so viel war ihm klar, sie konnte nichts davon überprüfen, und so musste sie wohl so unangemessen reagieren. »Ich werde es jedenfalls vermissen«, meinte er ganz lapidar am nächsten Tag, als man sie abholte, »das Gestrüppwäldchen hinter der alten Lagerhalle, die überwachsene Asphaltstelle. Ich werde sie vermissen, die kleinen alten Gerüche. Auch wenn ich es hier streckenweise wirklich gehasst habe, bin ich doch traurig, zu gehen. Die Benzinstelle wird mir genauso fehlen wie diese seltsame Quelle, wo von Zeit zu Zeit, ganz plötzlich, aus dem alten Rohr Wasser herausgeschossen war, das von weiß Gott woher kam.« Doch niemand glaubte ihm mehr, alle wussten ja, dass er Bescheid wusste und nur noch auf die Rückkehr dessen wartete, die Wiederkehr der alten Zeiten. Bis zu jenem Tag hatten weder er noch seine Frau ernsthaft daran gedacht, dass sie jemals abreisen würden. Neulich habe er das Geräusch eines Flugzeugs gehört, hatte er ihr noch gestern ins Ohr geflüstert, es sei ganz deutlich zu vernehmen gewesen. Und dann hatte er mit einem Mal gewusst, dass er schon eine ganze Weile nur noch in Erwartung eines Flugzeugs gelebt hatte, das sich urplötzlich wieder zusammensetzen und sie beide mitnehmen würde. Als es passierte, war er trotzdem überrascht.

Jüngstes Gericht

Im Gegensatz zu seiner Sitznachbarin nahm Gert Joske-Schwerenbüchler die Tiere ernst. Er wusste, die hielten jetzt Gericht ab. Sie fackelten nicht mehr lange, sie waren es satt und würden durchgreifen wollen. »Was ist nun mit Joske-Schwerenbüchler?«, würde der Löwe fragen. »Das wissen wir nicht.« –

»Schirnhuber?« Das würde dann schon der Wolf sein. »Auch so ein Fall.« Dem Wolf war nicht zu begegnen, das war hier allen klar. Er würde kurzen Prozess mit ihnen machen, wozu hatte er sich ein Rudel zugelegt? »Wie lange war er mit der Geschäftsführung beauftragt?«, würde das Nashorn aber schon nachsetzen, für das das Gleiche galt: besser nicht begegnen. Und die Affen würden sich natürlich beeilen, in nichts als in Hierarchien zu denken, wie sich das für sie gehörte. Schon gleich würden sie ihre eigene Hierarchie wieder ordentlich hergestellt haben wollen und diese dann in allen anderen Bereichen ebenfalls durchdrücken. Klar war, dachte Joske-Schwerenbüchler auf seiner Bank, die Tierwelt war ihnen nur noch feindlich gesinnt, und nicht nur die sichtbare Tierwelt, die hier auftauchte, auch die unsichtbare.

»Wir wissen nur, es gab Stress zwischen dem Vorstand und dem Aufsichtsrat, wie er im Buch steht.« – »Juristische Spitzfindkeiten«, würde sich die Hyäne jeden Moment einmischen, obwohl sie gar nichts verstanden haben konnte. Sie war gerade mit dem Rest einer Hand beschäftigt und schien nicht eben gründlich zu kauen. »Terge wollten wir kleingekocht haben!«, so in etwa würde sich der Gorilla etwas missmutig nach einer Weile zu Wort melden, während der Seeadler mit einem Teil eines Körpers beschäftigt sein würde, der sich augenscheinlich noch bewegte. »Genauso können wir davon ausgehen«, würde sich die Hyäne zu Wort melden, »dass die da drüben alle weiter an ihren Chefsesseln kleben bleiben, bis auch sie an die Reihe kommen.« – »Alles nur ein Problem der Optik.« – »Ihr wisst doch, wie das ist«, das könnte dann der sibirische Tiger etwas vermittelnd sagen und doch keine Wirkung damit erzielen. Dem alten Diplomaten tropfte das Blut von den Lefzen, er riss irgendetwas aus einem Brustkorb und bewegte dabei recht umständlich seinen Kopf. »Kann uns mal jemand den Namen des Typen sagen, der für die Fehlinformation zuständig war?«, nuschelte schon etwas ahnungslos ein Schwarm Piranhas, die strenggenommen nicht sehr laut zu hören waren, sie konnten ja aus ihrem Wasser nicht so einfach heraus, in das Joske-Schwerenbüchler springen würde, wollte er dem Eisbär für einen Augenblick entkommen, der sich schon zu lange um sich selbst gedreht hatte. Dieser würde gleich etwas Unverständliches brummen, bevor er zum Angriff übergehen würde. Er sah aber aus, als hätte er noch immer nicht begriffen, dass es jetzt zu Ende war. Unter seinem massigen Leib konnte man noch die

Reste der Körper erahnen, die sich irgendwann einmal zur Wehr gesetzt haben müssen, wenn auch nur kurz. Eine amorphe Masse, an der Kleiderfetzen von Hugo Boss und H&M gleichermaßen hingen. »Was ist nun mit ihm?« Ja, am Ende würde es der Aasgeier sein, der auf Joske-Schwerenbüchler deuten würde. Dieser rührte sich schon nicht mehr, als probte er die Leichenstarre. »Wir warten noch«, wusste er, würde der Elefant gleich bekanntgeben, der sich aber erst einmal brüsk abwandte und nun endlich von seinem Opfer stieg, das immer noch ein Handy in der Hand hielt. »Notrufe absetzen, das konnten sie.« – »Ja, wahrlich, das beherrschten sie perfekt, bis zum Schluss.« – »Was jetzt?«, fragten sich wohl die Ameisen in der Sprache der Mikroben, die sie alleine verstanden und als Dolmetscher viele wichtige Dienste verrichtet hatten, was allerdings bald nicht mehr notwendig sein würde. »Sie sind einfach weg«, musste ihnen der Wolf nun erklärt haben, weil er annahm, es wäre von den Fledermäusen die Rede, die man seit Wochen vom Himmel regnen gesehen hatte. Längst war, so viel wusste Joske-Schwerenbüchler, die Zeit angebrochen, in der die Tiere nur noch Leerstellen für andere Tiere darstellten, die zuvor ausgestorben waren und nun Platzhalter brauchten. Die kamen nun an, nach und nach. Jetzt waren aber nicht die Fledermäuse gemeint, hatte er verstanden, es waren die Menschen. Menschen wie seine Sitznachbarin, die aber längst schon durch den einfachen Biss einer Schlange dran glauben hatte müssen.

»Er ist der Letzte«, bekräftigten auch schon die Aasgeier – »Wirklich der Letzte?«, fragten die Schlangen nach. »Er ist der Letzte seiner Art.« Bestätigten die Mikroben, die ihn einfach nicht verschonen konnten und wohl am Ende alles übernehmen würden. »Aber nicht mehr lange.« Das Gericht der Tiere, so viel war Gert Joske-Schwerenbüchler klar, würde nicht mehr in diese Art Bilderbuch seiner Kindheit zurücksinken, aus dem er sie etwas sentimental entnommen hatte, um irgendwie so etwas wie eine Antwort zu erhalten. Sie kam aber nicht. Keine rettende Version von Gerechtigkeit, kein Strohhalm einer irdischen Verwandtschaft. Nur bloß belebte Materie, Einzeller, Pilze, Algen, Bakterien, die einverleibten. Das würde den Rest der Welt ausmachen, war er sich plötzlich in seltsamer Bitterkeit sicher. Er hatte keine Ahnung, wie weit weg er sich von einer realen Einschätzung der Lage befand. In Wirklichkeit waren es nämlich die Dinge, die sich auf den Weg machten. Die ganzen versammelten Gegenstände, all der Ramsch und Plunder, der Müll der Apparaturen und Plastikdosen sowie der sorgfältig aufgebauten materiellen Rettungsanker, die er höchstpersönlich arrangiert hatte in diesem Raum, in diesen Metallregalen, in dieser Vorratskammer, um das Ganze zu überstehen, wie er das dereinst bezeichnet hatte (Wann war das noch? Gestern? Vor einer Woche? Einem Monat?), die lange Reihe an Food-Supply, die Taschenlampen und Werkzeugteile, die Buchrücken (Kinderbücher, Tierbücher), Erinnerungsgegenstände (an die Welt, seine Welt) genauso wie der Stromgenerator und der Stuhl, der ihn die längste Zeit schon angestarrt hatte und nur darauf wartete (auf irgendeinen Anpfiff wartete), um loszulegen (um ihn zu zerlegen) um ... ja, damit hatte man am wenigsten gerechnet, es waren die Dinge, und ihre Art der Abrechnung würde umso vieles brutaler sein.

Starter

.

Seit der Durchsage herrscht erst einmal Stille. Alle warten ab, was geschieht. Noch ist nichts gesichert, hat man immer wiederholt, doch was da nicht gesichert ist, erzählen sie einem nicht. Es kommt überhaupt wenig von vorne. Die eine Stewardess schnallt sich gerade wieder auf ihrem Sitz an, die andere geht zum wiederholten Mal durch die Reihen und kontrolliert, ob alles in Ordnung ist, doch was soll nicht in Ordnung sein? Es bewegt sich ja kaum jemand. Niemand dreht mehr an den Lüftungen wie anfangs, niemand zückt noch ein Handy, es ist alles ruhig. Dann verkünden sie die alles erlösende Ansage: Man werde jetzt doch starten. Einfach losfliegen, als wäre nichts gewesen. Als würde es oben in der Luft keine Probleme geben, als würde das, was sich hier unten tut, da oben keine Konsequenz haben, als würde es sie nicht mehr erreichen können. Die Startbahn wirkt jedenfalls so, als wäre einfach jeder Start möglich. Und natürlich gibt es immer Leute, so einer aus Reihe 27, die dagegen sind, und Leute, die sich ohnehin nicht mehr für diese Ansagen interessieren, also rausfallen aus der Gruppe derjenigen, die endlich Taten sehen wollen – was bekanntlich die Mehrheit sein soll.

Niemand möchte Wasser trinken, obwohl es möglicherweise anzuraten wäre, aber umgekehrt entscheidet sich auch niemand dafür, jetzt nicht Wasser zu trinken. Ebenso verhält es sich mit der Lüftung. Haben in den ersten Minuten die meisten daran noch herumgeschraubt, sitzen sie nur noch da und sehen teilnahmslos nach draußen. Die Vorstellung, dass das, was da bis vor kurzem vor sich ging, sich auch oben in der Luft langsam auflösen würde, muss sich erst einstellen. »Unsere Zeit läuft ab«, dieses Gefühl aus Entscheidungssituationen hat mittlerweile jeglichen Sinn verloren. Er habe Wichtigeres zu tun als zu warten, hat sich fünf Minuten zuvor ein einzelner Typ weiter vorne aufgeregt, nach diesem Spruch hat er allerdings geschwiegen. Auch die Lady aus Reihe 7 war nicht mehr ungehalten, weil sonst in ihrem Leben immer alles extra ist und jetzt alles im Pulk. »Es sieht nach Quarantäne aus, sie haben an uns ein Virus entdeckt, hurra«, haben die beiden Biester aus der zweiten Reihe nicht noch einmal gekeckert. Die Gruppe aus Reihe 14 und 15 meldet sich ohnehin schon seit langem nicht mehr, es gehe meist ziemlich schnell, war ja auch ihr einziges Thema. Man merke in den ersten Sekunden nichts, dann sei man schon bewusstlos. Oder, waren sie sich nicht einig: Es gebe einen dumpfen Knall, dann ein schabendes Geräusch. Das schabende Geräusch sei das Letzte, was man höre, es komme schon nicht mehr von außen, sondern finde nur noch im eigenen Kopf statt.

»Da draußen«, sagt plötzlich der Mann in Reihe 27 und deutet hinaus, als sich das Flugzeug zu bewegen beginnt, »da draußen findet es doch statt?« Alle starren nach draußen, obwohl durch die kleinen Flugzeugfenster nicht viel zu erkennen ist und es möglicherweise da draußen auch nichts Auffälliges zeigen kann. Es wird ein heller Tag, ist anzunehmen, ja, man hat jetzt schon den Eindruck, als werde es immer heller. Und so ist es dann auch. Sie fahren los, starten, und es ist eigentlich so wie immer.

Inhalt